今日思想丛书

因为现状可以改变

For the Possibility of
Changing the Present

单世联 著

江苏教育出版社
凤凰出版传媒集团

目　录

第一辑　现代风

从现代化到全球化 …………………………………………（3）
"典范"如何转移 ……………………………………………（13）
迪尔凯姆又来了 ……………………………………………（18）
一个意象与一种理论 ………………………………………（21）
雅量与力量 …………………………………………………（26）
全球化时代的"天下之结" …………………………………（36）
告别"伟大而残酷" …………………………………………（61）
城市之光 ……………………………………………………（73）
寻找文化产业的中国论说 …………………………………（82）
何谓"文化研究"？ …………………………………………（98）

第二辑　探求者

大变动时代的一个苦闷人物 ………………………………（129）
诗人的戏剧性 ………………………………………………（137）
夏济安日记的"黑暗面" ……………………………………（146）
"天地间无非史而已" ………………………………………（156）
他从那里来 …………………………………………………（159）
为诗一辩——序华海《一个人走》 …………………………（163）
制约其实是被制约 …………………………………………（167）

文化批评的力量 …………………………………………… (172)
反艺术的哲人 ……………………………………………… (175)
绅士们的文化批判 ………………………………………… (200)
艺术的丑化与生活的美化 ………………………………… (216)
西方美学史与我们——序鲍桑葵《美学史》中文新版 ………… (225)

第三辑 学习路

"积极自由"在中国的另一个版本 ………………………… (237)
辛辣的现实感 ……………………………………………… (241)
从常识的观点看 …………………………………………… (251)
既简单又复杂的文化问题 ………………………………… (258)
故事中的模式 ……………………………………………… (270)
话语的力量 ………………………………………………… (279)
让人为难的希望 …………………………………………… (284)
文学的里面和外面 ………………………………………… (290)
作为生活的写作 …………………………………………… (304)
愉快的读与思 ……………………………………………… (313)
岁月平淡 …………………………………………………… (325)

后记 ………………………………………………………… (332)

第一辑
现代风

"兼"的雅量与"容"的力量是不可分割的，
没有"兼"的雅量就谈不上"容"的力量；
而近代以来的教训是，
因为没有或缺乏"容"的力量，
又使得我们对文化发展的兼容性产生怀疑。
如此循环，
使得我们的文化没有获得充分的兼容性和先进性。
正确的认识是，
"兼"是"容"的前提，
"容"是"兼"的实现。
但无论是"兼"是"容"，
都主要是一个文化实践问题。

从现代化到全球化

社会变化、社会变迁古已有之,任何时代相对于既往都是现时代,但直到文艺复兴特别是18世纪,在由地理大发现、工业革命、政治革命而塑造的新的历史时间意识中,一种不同于传统的"现代性"感觉才进入人们的意识。从18世纪到20世纪,从西欧到全球,现代化百折不挠,凯歌高奏,所谓"现代化理论",即是对现代化过程的概括、研究、解释的诸种话语和学说。

一、西风劲吹:现代化的双重含义

经典意义上的"现代化理论"是20世纪50年代末至60年代在美国兴起的一门综合性的社会科学理论。在此系统中,"现代化"首先是一个历史过程。一是在近代西方率先展开的传统社会的现代转化,二是19世纪以后在全球发生的不发达国家的西方化。其次是一种发展状态,一是指发达国家已经达到的世界先进水平所处的状态,二是指发展中国家赶上发达国家后所处的状态。一个综合性定义是本迪克斯1969年在《国际视野中的现代化》中下的:对于现代化,我的理解是源于英国工业革命和法国政治大革命的一种社会变迁模式。它存在于一些领先发展的社会的经济进步和政治进步之中,也存在于后来者的追随前者的转变过程之中。

现代化的根据由19世纪的进化论奠基:社会变迁是单方向地、进步地、渐进地、不可逆转地把原始落后的传统社会引向高级的现代社会。经过20世纪功能主义的发挥,"传统/现代"被建构为现代化理论的主导结构。"现代化"是一个进步过程,要达到的目的是使社会整体从传统"化"为现代,它涉及人类生活所有方面的深刻变化,如工业化、城市化、世俗化、集中化、结构分化、社会动员与社会参与等等;现代化是一个转化的过程,为了使社会变迁为现代性社会,社会的传统结构和价值必须完全由一套新的现代社会结构和价值来替代,如经济领域的工业化、政治领域的民主化、社会领域的城市化以及价值观念领域的理性化的互动过程。根据不同的研究领域,现代化理论可以分为以伊斯顿、阿尔蒙德、阿普特和亨廷顿为代表的政治现代化,以罗斯托、弗兰克、格尔申克隆和库兹涅茨为代表的经济现代化,以帕森斯、列维、勒纳和穆尔为代表的社会现代化,以英克尔斯和麦可勒兰德为代表的心理现代化,以布莱克和艾森斯塔德为代表的比较现代化等五种理论。

　　经典现代化理论对"现代化因素"或"普遍的进化因素"作了许多描述与规定。如艾森斯塔德在《现代化:抗拒与变迁》一书中就以"社会、经济、政治体制向现代类型的变迁"为现代化的定义,在社会领域,现代化的特征是社会动员与社会区分,是个人行动与制度结构的高度分化和专门化;在经济领域,现代化以具有高度工艺技术发展为特征,并为知识的系统利用以及与初级的天然物生产业相区别的第二和第三产业(工商业与服务业)所推动,由此发展出一种工业体制;在政治领域,统治的合法性不是来自超自然的神意而是来自世俗公民的批准,以对公民承担责任为基础;不断扩散政治权力以至更为广大的社会集团,最后扩及全体成年公民,将他们结合进一个意见一致的道义体系;在文化领域,现代社会的特征在于宗教、哲学、科学等主要的文化及价值体系的日趋分化,识字和世俗教育的普及,以及以更为复杂的智力组织系统来培养和提高专门的智力角色。这些发展的高峰,是一种新的文化观的出现,它注重进步、改良、幸福、能力与感情的自由流露,强调个性和个人尊严。类似这样的特征归纳很多,迄今也基本为现代化研究者认同。

现代化是产生于西方的从17世纪开始到19世纪结束的技术、经济、政治和社会的剧烈的变革。在帕森斯等人看来，现代社会只有一个以美国为领导的西方体系，作为历史概念的现代化可以转换为作为普遍概念的现代化。他们相信，在"现代化因素"的刺激和西方的引领下，所有不发达国家都会通过一系列固定的进化阶段而实现从不分到分化的社会形态的转变，最终经过一个传播过程或"扩散效应"与"渗透效应"，不发达国家的发展将导致经济、政治、文化、社会的变型而与西方趋同，历史从此终结。所以，现代化就是西欧和北美产生的制度和价值观念从17世纪以后向欧洲其他地区，18世纪至20世纪向世界其他地区的传播过程，它不但是"西方化"甚至就是"美国化"。这在发达国家是殖民和支援的示范和影响的过程，在不发达国家是模仿与学习的追赶过程。现代化理论的主要任务之一，就是探索非西方国家得以实现现代化的条件，并就由此产生的社会变动的性质作出说明。

二、历史哪能清如许：对现代化理论的质疑与批判

60年代末到70年代初，多年持续增长的西方经济开始衰退，西方内部危机严重，而殖民地国家又纷纷独立，现代化理论所提出的现代化的双重内涵因此受到众多质疑和批判。

第一，历史能否一分为二地切割为"传统/现代"？

"传统"与"现代"对立的含糊性及其适用的范围是现代化理论的主要误区。批评者指出，这一范式既误解了"传统"也遮蔽了现代。它只注意传统之间的相似性，而拒绝承认传统在时间和空间上的多样性。比如日本，从原始部落到德川时代都可贴上"传统"的标签，而事实上它们的差异绝非"传统"一词所能掩盖。把传统社会描绘成"静止的"、"没有变化的"社会，这是按近代西方社会的急剧变动的标准看问题，而事实上传统社会

绝非静止不变。同样，不同的现代工业社会之间的实际差别也是很大的，由于历史条件的不同，社会变革具有极大的复杂性和多样性，各个现代社会之间也必然有很大的差异性。而且"传统"的价值观念和制度在所谓的现代工业社会中也会长期存在，比如在东亚国家和地区，现代化的动力并不是用一套属性取代另一套属性，即不是以"现代性"取代"传统性"，它们之间实际是相互啮合、相互渗透的。传统与现代对立的范式是一种人为地构筑起来的"分析差距"。

第二，现代化能否化多为一地等于西化？

现代化首先是西方人的经验，经典现代化理论的价值核心是"西方中心主义"，甚至"美国中心主义"。批评者责问：为什么要不发达国家走西方的道路？难道仅仅因为大多数现代化研究者是欧美学者或出身于欧美？单方向发展导致现代化理论忽视了不发达国家实现现代化的其他模式。例如，由于美国标榜其民主制度，所以现代化研究假定民主是现代化的主要因素。然而，经济发展必须要民主吗？不发达国家还有其他的选择吗？它们能否走东亚的集权道路？这样的提问和实践多出现在一些权威国家。如新加坡前总理李光耀多年来就一直反对把西方的制度毫无例外地强加给那些根本行不通的社会，其具体含义就是东亚社会不需要西方的民主。

一分为二的切割简化了历史进程，化多为一的现代化很可能是西方的意识形态。对现代化理论的批判确实有理论与历史的根据，但现代化理论因其表达了现代化的一些普遍要素，具有经过自我批判走向重建的能力。70年代后形成的"新现代化研究"就不再重复一分为二或化多为一的模式，不再作不发达国家应走西方发展道路的单向度假设，不再把传统视为现代的对立面加以排斥。新的理论重在个案研究，强调只有历史能说明一个特定国家的发展模式。其代表人布莱克教授就在其《俄国和日本的现代化：比较报告》、《比较现代化》等书中采取比较的方法和跨学科的方法展开现代化研究，把现代化理论的主要任务理解为从各种社会内部的文化传统本身出发,加强对文化传统的研究,以确定在新的时代和条件下应当保留哪些有利于现代化的因素,抛弃哪些阻碍现代化的因素。

但对现代化理论的西方中心主义的批评也可能导致以民族主义拒绝人类文明的一些伟大成就。比如,思想、观点和发表思想、观点的权利是所有人的基本权利,是人的尊严不可抹杀的一部分,如果仅仅把这些自由说成是"西方的"发明,或者像李光耀说的是西方强加给东方人的,那么这里所表达的不过是人类不平等的观点,好像世界上有的人出于其本性或其文化上的原因,既不需要也不能够独立思维和为自己讲话。这不但与《联合国宪章》关于人类尊严普遍性的信念背道而驰,也不符合不发达国家公民的基本要求。如果说现代化的自由民主体制的最初形式是在北美与西欧形成的,那也绝不意味着这些思想雏形所基于的价值观不是属于全人类的。

三、眼前无路想回头:依附论与世界体系论的插曲

50年代末,拉丁美洲一些国家接受了联合国"拉丁美洲经济委员会"的"拉丁美洲经济复兴计划",希望通过引进西方的范例(从钢铁厂到选举制度)而完成现代化,但由于这些外来因素与拉美社会的不相容性,出现了很多预测不到的副作用。在短暂的复苏后,拉美经济立即陷入停滞状态,随之而来的是政局不稳和社会动荡。眼前无路想回头,拉美学者迅即从现代化的幻想中醒悟过来,认为拉美普遍存在的持续贫困正是它们对于发达国家的政治经济渗透的完全开放造成的,推而广之,外围国家的低度发展是由于资本主义中心国家的剥削造成的。他们以"本土/西方"的对立取代"传统/现代"的对立,呼吁第三世界与发达国家脱钩、断链,走自力更生的路。依附论的代表人物有多斯桑托斯、阿明、弗兰克等。

在依附论的视界中,发达国家的殖民化导致非西方国家原有制度的

解体,又阻碍了其资本主义结构的建构,发达国家不但直接造成了非西方国家的落后,还利用了这种落后继续为自己谋利,比如把自身的经济危机转嫁到非西方国家。依附论拒绝以"西化"为不发达国家的发展目标,要求第三世界国家采取孤立政策,工业化开始不依赖外国进口或外国援助。最有创见的依附论者是弗兰克,这个德国人从芝加哥大学毕业后只身来到拉美,以"本地人"自居,坚信第三世界国家落后的原因在于外部,而不在于内部的封建主义和传统主义。他以"中心/外围"的模式来解释欠发达是如何造成的:世界经济体系的中心和边缘之间构成"中心/外围"的连锁,双方都会得到发展,而外围只能低度发展,只能依附中心国家;如果两者关系淡化,外围国家减弱它与中心的联结,其经济发展,特别是传统资本主义工业的发展反而能够快速发展。弗兰克发现,在"中心/外围"结构中,今日最不发达的、最为封建的地区,曾经都和中心国家有着最为密切的关系。

依附论用来支持其理论假设的实验证据并不充足,似乎只要除去帝国主义的影响,就能自动地提高第三世界国家的现代化程度。基于对帝国主义与全球依附现象的谴责,依附论忽略了各个国家依附性质和程度的不同,没有考虑国内力量的自主性与它们在变迁过程中的潜在力量。其严格的关门和不接轨的态度,更是理所当然地受到指责。东亚"四小龙"的成功说明资本主义的渗透不会阻碍一个社会的发展,而会成为巨大的推动力,只要它能和真正的创新、变革结合起来。

不过,依附论对当代世界政治经济不平等的揭发仍然激动人心,只要存在着发展中国家与发达国家的矛盾,依附论就有市场。70年代中期以后,美国沃勒斯坦等人发展的"世界体系理论"就是拉美依附论的北美版。沃勒斯坦以"半边缘"概念来补充依附论"中心/边缘"的两维模式,中心区利用边缘区提供的原材料(包括用于铸币和饰物的贵金属)和廉价劳动力,生产加工制品向边缘区销售牟利,并控制世界体系中的金融和贸易市场的运转。边缘区除了向中心区提供原材料、初级产品和廉价劳动力外,还提供销售市场。半边缘区介于两者之间:对中心区部分地充当边缘区角色,对边缘区部分地充当中心区角色。三维模式避免了依附论的决定论的观点,即由于中心总是剥夺边缘,边缘将总是处于欠发展状态或者依附发展状态;半边缘的概念能回答东亚工业国为什么能超越其边缘状态。"世界体系论"把不发达国家的发展纳入世界体系,重视它们的问题与经验是有益的,但把传统与现代的二元论解释成世界体系中的剥削与被剥削关系,把现代化理论理解为强权国家的政治霸权和经济利益的表达,这除了支持不发达国家的关门政策外,似乎无助于不发达国家的现代化。

四、前度刘郎今又来:全球化潮流

20世纪80年代以来,"全球化"一词逐渐从学术界进入了日常生活,从简略地概括世界未来的趋势成了整个社会各个层面追逐的时尚。经济的全球化、世界市场的形成、电子化的信息交往手段等等,都使全球化既是一种状态,又是一个过程,甚至还是一种理想。

全球化的进程并不要等"全球化"的概念出现后才开始。以经济全球化为例,经济史家一般把它追溯到英国废除《谷物法》、单方面实行自由贸易政策的1846年。20世纪90年代,主要由于制度和技术两方面的动因,经济全球化再起高潮。在制度方面的动因是市场经济和经济自由化在全球范围内的扩展,包括中国在内的原来实行计划经济的国家也转向市场体制,各国在经济体制和经济政策上逐步趋同,经济联系更具亲和力。在技术方面,信息技术革命使信息传递和技术传播的速度加快,计算机网络的出现和迅速扩展,使远距离交易和控制可以在瞬间实现,大大降低了交易成本,不仅直接刺激了国际贸易和国际资本流动的快速增长,而且使劳动分工和专业化在更广泛的范围内更深刻、更细致地展开。

欧洲委员会组织的"里斯本小组"在1995年出版的《竞争的极限:经济全球化与人类的未来》报告中,首先对全球化进行了分析:"最近十五年至二十年在如此众多领域(金融、通讯交往网络、基础设施、公司企业组织、交通运输业、商业与服务业的流通、人们的消费行为、价值体系、民族国家的作用、人口增长、全球政治等)变化如此之巨大,国际化、跨国化概念对于描述目前发展和测量这些发展的意义已经变得很不合适。新的概念,如全球化的普遍流行绝对不是一种时髦现象,它反映了人们理解目前进程的需要。从这个意义上说,传统概念已经变得模糊不清,或者已经失去意义。"报告对"全球化"下的定义是:"全球化涉及的是组成今天世界体系的众多国家和社会之间各种联系的多样性。它描述的是这样一个过程,在这个世界部分地区所发生的事件,所作出的决策和行动,可以对遥远的世界其他地区的个人和团体产生具有巨大意义的后果。全球化包括两种不同的现象,即作用范围(或者扩大)和强烈程度(或者深化)。一方面,这个概念被解释为席卷这个星球大部分地区的,乃至在世界范围内发生影响的一系列过程。所以这个概念具有一种空间范围的内容。另一方面,它又意味着组成世界共同体的各种国家、社会彼此之间的交往和交换关系,横向联系和彼此之间相互依赖性进一步加强。这个过程在不断深化的同时,又不断向外扩展。它远远不仅仅是一个抽象概念。全球化说的是现代生活的一个众所周知的特征。"

全球化已经成为一股世界潮流,各个国家无论国势强弱、社会制度和文化背景如何,都将无可选择地置身其中,迎接它的挑战,接受它的洗礼。全球化涉及金融全球化、市场和市场战略全球化,特别是竞争全球化,技术全球化和与此相联系的知识、科学研究、发明创造的全球化,生活方式、消费行为与文化生活的全球化,调节与控制机会的全球化,作为一个世界从政治上紧密结合在一起的全球化,观察和意识的全球化。从现代化史来看,全球化是现代化的当代形式,现代化是全球化的内在规定。就是说,经过六七十年代的动荡,经过依附论和世界体系论的冲击,现代化以全球化的形式以更大规模滚滚而来。

全球化理论有三个明显特征:一是研究领域不断拓展。从早期的较注重物质层面的研究逐步拓展到精神层面;从国际政治、国际经济的研究逐步转向了全球文化和全球文明的研究。二是研究不断深化。从早期的简单化、描述化的研究逐步深化到抽象化、理论化的研究,并由探究影响全球化的物质系统深入到文化系统和社会系统;从探究全球化的单一动因或决定性因素转向寻找多种因素的解释,既看到了全球化同一性的增强,又看到了其分异性的扩大。三是研究方法不断创新。从早期简单综合的问题研究、现象研究、趋势研究逐步发展为复杂抽象的制度研究、结构研究和系统研究;从单线条探讨全球化进程的方法转向了重视不同轨迹的全球化进程,研究方法不断系统化,跨学科方法运用得更成熟、突出。

五、和而不同:全球化的前景

从现代化理论到全球化理论,种种现代化的言说一直徘徊在"中心论"与"反中心论"之间,这是看待现代化、全球化发展进程的不同观念或态度。"中心论"认为现代化、全球化进程源于一个中心,是这个中心模式在全球的扩展,全球化的结果就是这种现代化模式的普世化。这个中心可以是"欧洲"、"西方",也可以是"美国"。"反中心论"自觉反对西方霸权,认为现代化的进程不是由某个"中心",而是由众多主体推动的,全球化的结果不是一个模式的推广,而是众多模式的共存。60年代以后,"反中心论"力量逐渐强大起来,这主要得益于非西方社会力量的强大、自我意识的觉醒,以及以美国为代表的西方力量的相对削弱,全球化进程日益同资本主义全球扩张拉开一定的距离,表现为多种主体共同参与的特点。"反中心论"主张的全球化将是一幅多元化图景的观点得到了长期受西方挤压的非西方社会的认同以及其实践的支持。如果剔除其闭关自守的排外主义,它很可能是一幅现代化的理想图景。

从理论上说,很少有人不同意全球化的进程应当是文明的多元化共存;在实践上,不发达国家也不可能抛弃自己的传统而全盘认同西方的社会体制、经济方式和价值观。但之所以从经典现代化理论经依附论、世界体系论到全球化理论都一直难以摆脱"西化"的幽灵,主要原因是现代化首先发生于西方、全球化首先是欧洲国家海外拓殖的过程这一事实。"中心"的力量与地位是无与伦比的,它是现代性全球规则的制定者,不仅控制着政治、经济,而且掌握着部分文化意识形态。"现代化"在相当长的时期里实际上就是西方的现代化,并且在未来的一段时期内,西方模式也是一种全球模式。从而现代化也好,全球化也好,对于不发达国家既代表着希望又潜藏着陷阱。20世纪50年代以来的发展史表明,由于不发达国家经济的科技基础均较薄弱,并不同程度地背负着历史遗留的包袱,全球化过程带来的不仅是机遇,更多的是挑战。比如在经济上,不发达国家对发达国家的依附会更强,全球金融市场的风险也更大,贫富差距将拉大等等,都是全球化不能解决的问题,甚至就是它的后果。

但无论如何,从现代化学派到全球化论者的一系列论争告诉我们,不能因为西方的范例和强势就否认其他国家,尤其是非西方国家在现代化过程中的有益探索以及它们对全球化的贡献。经济技术、社会组织、信息手段等等的全球化并不意味着文化价值上的同一,不发达国家在全球化的语境中从事现代化实践的一个主要难题和重要任务,就是如何使自己的文化传统成为现代转换的积极动力,成为全球文化的组成部分。这既要加强各种文化的自我认识,更要倡导不同文化之间的相互理解、相互宽容。在这方面,"和而不同"、"理一分殊"的儒家学说可以也应当转换为多元共生的现代化的理想。

从现代化理论到全球化浪潮,几乎就是一部现代史,以上所述极其粗糙简略,稍微详细一点的介绍,见本文作者《现代性与文化工业》一书(广东人民出版社,2000)。

(原载《粤港信息日报》2001年1月1日)

"典范"如何转移

也许是考虑到中国文化与现代性的复杂关系,石元康先生有关这方面研究的论文集《从中国文化到现代性:典范转移?》(上海三联书店,2000)用了一个不太肯定的问号。但读完石著,我觉得问号完全可以拿去,因为作者要表达的是,从中国文化到现代性需要完成一种典范转移。

中国文化的价值与生命力无须怀疑,但把它与现代性联系起来,则有许多麻烦和曲折。石著以"总论"破题,然后分"伦理与教育"、"社会与经济"、"政治"三辑。从伦理学上看,以自由主义为代表的现代道德观区分事实与价值,把价值概念排除在道德领域之外。道德之所以有价值,是因为它能够使人们得以实现或获取更大的利益,它所关涉的范围只是人与人之间利害冲突的场合。而儒家伦理学则是一种"成圣之学"或"内圣之学",其基本概念如"仁"、"义"、"信"、"孝"等都不是规则性的概念,而是形容人的德性的概念,其目的是人的品格的培养、人生境界的达致。"儒家的伦理思想就这个意义上讲,完全不是现代的。"(第116页)从经济上看,现代经济是非政治化的独立领域,政府的功能只是制定一些人们以私人身份从事经济活动时所必须遵循的规则,人际关系是奠基在契约之上的市场关系。而儒家重农抑商、反对营利,私有财产的制度始终不清楚,个人利益始终得不到保障,无法直接导向现代经济。从政治上说,现代政治是以自然权利为基础的民主政治,以保护个人权利和私人利益为其目的。而儒家的政治理念却以血缘上的自然秩序为基础,以圣君贤相以仁政治理天下为理想,从来不考虑如何限制无所不在的政治权力,即使曾被认为具有民主主义精神的黄宗羲,细究起来也没有乖违传统儒家的政治理念,所以儒家传统的政治理论不仅与民主政治不同,甚至是不相容的。

对于信奉中国传统理念的读者来说,所有这些中国文化与现代性的不相容性的观点可能是颇有些令人难堪和不快的。换一种角度,也不难找出中国文化与现代性的相容、相关甚至相似相通,已有不少学者这样做了。如暂不考虑对中国文化的多维解释,这里重要的是我们如何理解现代性?虽然从18世纪启蒙运动以来,现代性已经在西方成为建制性现实,但有关现代性的西方言说却仍然莫衷一是、议论纷呈,一些曾经差不多是公认的观念也屡屡受到挑战,它与传统的关系更是不断有人提出新论。从而讨论中国文化与现代性的关系,首先要明确我们是在什么意义上使用"现代性"这一概念。石著在这方面表现了高度的自觉。他所凭依的主要是黑格尔与韦伯。黑格尔的文化观是演化论的,即历史从东方开始而终结于西方;韦伯的文化观是比较性的,他要探索为什么在西方世界之外,没有发展出理性的资本主义。无论是纵向的追溯还是横向的对比,中国文化都与现代性有根本性区别。

黑格尔论述现代性的关键概念是《法哲学原理》中提出的"市民社会",即由独立的个人所组成的联合体。"市民社会"有两个原则,一是它的每一个成员都是利己主义者,也就是斯密所说的"经济人",他们唯一关心的是自己的个体利益能否得到满足;二是利己主义者要满足自己的欲望以及获取最大利益,必须通过与别人的交往,进入一个由规则所限定的市场关系之中。而在中国社会中,特殊性没有得到发展,个人权利的观念没有被肯定,中国的民间社会只是隶属于国家和政治的"非市民社会"。之所以如此,原因是黑格尔在《历史哲学》中说的,包括中国在内的东方世界缺乏主体的自由,还没有进入现代社会,没有进入"世界历史"。主体自由就是肯定特殊性,特殊性得到肯定才会出现"市民社会"。韦伯是在确认新教的经济伦理对理性化的资本主义影响的前提下以中国文化为西方的对比类型,他判断一个宗教的理性化程度的标准是它的"解咒"程度,具体而言一是它对巫术的排斥程度,二是超越世界与此岸人间的紧张程度。

恰恰在这两点上，中国的儒教和道教都未达到。儒教不是没有理性化，但它的理性与新教的理性化有不同性质，比如神中心主义、拒世、禁欲、入世天职等联系在一起之后，产生一种独特的新教伦理精神，它要求消灭欲望、勤奋工作、宰制世界，因而与资本主义精神有极大的亲和性。而儒教与道教则是宇宙中心主义的，得到拯救并非由上帝的恩宠而来，而是由人通过冥想融入这个神圣的秩序，它肯定世界、欣赏世界，不可能形成新教那种入世禁欲的工作伦理，所以中国文明有些要素是与西方理性主义不相容的。虽然黑格尔与韦伯有很大差别，但在中国论题上却惊人地一致。韦伯说中国宗教没有理性化，原因在于中国人的世界还没有"解咒"，人与自然还没有区分，这与黑格尔说中国没有出现主体自由是可以相通的。尽管石著没有明确认可黑格尔与韦伯，但就他认真分析这两位德国思想家的现代性言说，并主要围绕个人权利、特殊利益的基点进行中西对照来看，他是接着黑格尔与韦伯讲的。

无论是就中国文化与现代性的比较还是黑格尔与韦伯两位重要思想家的看法，中国文化不惟与现代性无关，甚至还是不相容的。从中国文化到现代性，需要一个"典范"的转移。这一论点不但有许多先驱者，似乎也与一般常识比较接近。石著的贡献，我觉得主要是对现代性的一些基础性问题的详尽分析，可以矫正我们有关现代性问题的似是而非的认识，使我们对现代性的知性了解具体化。在承认石著的基本结论的前提下，我们接下来最关心的是如何完成从中国文化到现代性的"典范转移"。

这是一个艰难而漫长的历程。"中国目前仍然是一个农业社会，80％的人口是农民，要想人们对主体性的自由有所认识、特殊性有所发展恐怕还有一段漫长的路要走。"（第190页）我觉得不满足的是，石著没有就此作出像他在进行中西或古今对比那样细致的分析。这本书最后一篇文章以中国台湾为例作了一点提示："这半个世纪以来台湾社会由于实行了资本主义生产关系，已经由一个中国传统形态的农业社会变为一个工商业的社会。传统式的那种建立在血缘关系上的组织社会的办法，也由契约式的市场方式所取代。今天没有人可以否认中国台湾社会基本已经是一个黑格尔所说的市民社会,也没有人可以否认,中国台湾社会的根本组织原则已经是个人主义式的市场原则,而非传统社会中的那种家庭原则了。中国台湾如何会有这种根本性的转变这个问题,其实并不很难回答。这个转变之所以发生就是由于经济上采取了资本主义,而资本主义生产方式的采用,使得传统那种社会形态不可能再维持下去。"(第348页)

不管人们对中国文化、对中国文化与现代性的关系如何看待,也不管一些批评者如国外的社群主义、国内的新左派对以个人主义为原则的自由主义、市场体制有多少批评,一般地说,通过实行市场经济重组社会关系,实现现代化,已经为国内从上到下所普遍认可。不过确立了这个方向后仍有许多问题需要讨论,因为正如石著所说:"现代化是一个全盘性的革命。在西方,由中世纪转入现代,文化上的各个领域都产生了革命性的改变。"(第41页)我由此想到的问题是,仅仅靠市场经济能否完成此一全盘性的革命?中国文化的"典范转移"是否"并不很难回答"?

至少有两个问题需要探讨。第一,市场体制或"资本主义生产方式"是否仅仅是一种经济方式?市场经济是非政治化的经济,这就有一个权力如何退出市场的问题;市场关系是所有可能的人与人的关系中最非人化,也即工具性的契约关系,这就有一个对人和社会关系的全新看法;市场经济是法制经济,而目前我们距此仍很遥远,如此等等,都说明市场体制有一整套文化预设和历史前提。如果这些条件不具备,现代性的生产方式能否建立?早期的德国、日本片面发展经济、技术型的现代化已经提供了教训;东南亚诸国因此导致曾经高速增长的经济出现"金融危机"也是前车之鉴。以为发展市场经济可以逐步解决这些问题当然不错,但经济与政治乃至整个文化系统如何与之配合的问题却是当代中国的当务之急。"黑金政治"、"哥儿们经济"、"亲友资本主义"等等至少不是中国现代性的理想状况。第二,石著已经分析了现代道德、现代政治、现代社会以及现代知识观、教育观等等与传统特别是中国传统的根本差异,在此情况下,把中国文化的"典范转移"化约为经济方式的转移在论证上似乎有避难就易之嫌。以黑格尔"市民社会"的两个原则为例,第一个原则是个人利己主义,这在中国已得到事实上的普遍承认,谋利作为人生的最重要的目标也不再受到道德上的指责。但第二个原则,即建立市场交往规则这一点,却是当代中国最头痛的难题。由于这些规则没有建立或虽有所建立却没有得到遵守,个人的利己主义很可能成为破坏性力量。就目前来说,中国现代化的根本问题不在于选不选择市场经济,而在于如何在掣肘极多的环境下发展这种"理想型"的市场经济。

中国现代化历程的艰难与困顿也使有关现代化、现代性的言说异常麻烦。要求一本著作、一个学者对这样一个困惑了中国一个世纪的难题作出明晰的回答是不合理的,而且学术思想史已经证明,差不多任何一种有关这方面的构想都会引起争论和反对。我想以此说明的是,即使如此,读者对学术思想界有这方面的期待仍然是合理的。我很希望学养精深的石先生能在这方面写出新的论著。

(原载《中国图书商报》2000年10月31日)

迪尔凯姆又来了

作为社会学的主要创始人,埃米尔·迪尔凯姆(Emile Durkheim)遇上了一个好时代:1858—1917,这是欧洲百年承平(自拿破仑战争到第一次世界大战)的后半期,他可以专心建立自己的社会学理论并为社会学在大学体制中争得一席之地;这也是欧洲文化的危机时代:传统宗教的解体使得个人充满厌恶和无休止追求的空虚,社会则成了"一盘散沙"。迪尔凯姆从此获得思想动力,把为崩溃的现代社会(当然首先是法国)重建秩序作为社会学和他本人的使命。

迪尔凯姆著述众多,以《宗教生活的基本形式》、《社会分工论》和《自杀论》三本最为著名。我这里要简述的《宗教生活的基本形式》除导言和结论外计有三卷十八章,与作者其他著作一样,论述程序也是三部曲:首先是对原始宗教,主要是澳洲一些部落的氏族体系和图腾制度进行描述和分析;其次是从此研究中引出对宗教本质的理解;最后是由他的宗教社会学进而提出他的知识社会学。论证方法也是三部曲:提出定义、反驳异说、确定本质。

迪尔凯姆对宗教有一个极为理性化的宗教定义:宗教是一种与既与众不同又不可冒犯的神圣事物有关的信仰与仪轨所组成的统一体系,这些信仰与仪轨将所有的信奉它们的人结合在一个被称之为"教会"的道德共同体之内。受过马克思主义宗教观教化的中国读者,也许比较容易理解迪尔凯姆的宗教观:他们都认为宗教是社会的产物。不过他比马克思更进一步:宗教不但是社会环境的产物,它实际上就是被神化了的社会。在他的定义中,宗教的要素有二:一是神圣与世俗之分,二是教会这个共同体。神圣之物是超个人的,教会是一个集体,所以宗教就是社会,神就是一种能在个人身上创造出从属于社会需要的责任感的力量。雷蒙·阿隆概括迪尔凯姆的论证方式时指出:其宗教理论的"目的在于建立信仰客体的现实性,而不承认传统宗教的精神内容。传统宗教已为科学理性主义的发展所指责;然而,科学理性主义却又使人得以拯救似乎趋于毁灭的东西,指出归根到底人类崇敬的不是别的,而只是他们自己的社会。"①为什么社会是人崇拜的对象?迪尔凯姆的回答可能是循环论的:因为社会本身就有某种神圣的东西。社会既存在于个体之中,又超越于个体的存在;社会的力量远远超出了个人的存在,个人从属于社会,社会的存在需要我们忘记自己的私利、克制自己的天性、忍受遭遇的折磨和牺牲。社会之所以为社会,在于它有道德基础。这就是迪尔凯姆与韦伯的区别:韦伯注重现代性"祛魅"之后"诸神纷争"的精神状况,前者则关注现代性在"祛魅"的处境中有什么样的社会团结基础。

现代性消解了传统宗教,但社会却悄然崛起,现代人可以直接认识此前必须通过宗教这一媒介所了解的个人对社会的依赖性,我们应当将迄今为止赋予神的感恩转给社会,将宗教准则转化为世俗道德,迪尔凯姆为现代社会所缺乏的共同信仰和价值基础开出了一个保守主义、整体主义的药方。其宗教论其实是一曲"社会颂":"事实上,所有创造,只要不是处在科学和知识的范围之外的神秘运作,就是综合的产物。而既然发生在每个个体意识中的各种特殊概念综合起来,就已经能够产生大量的新鲜事物,那么构成社会的全部意识的综合究竟会产生多么大的效力啊!社会是物质力量和精神力量的最强劲的组合,自然已经为我们提供了例证。在社会之外的其他地方,我们怎么能找到如此内容丰富、高度集中的物质啊!"②如果不论自由主义、个人主义必然会对此提出的疑问,其理论上的欠缺至少有二:第一,他要建立信仰的实体性,不承认传统宗教的精神内涵,不承认对人类的一种看不见的超自然秩序实际存在的信念。迪尔凯姆在解释一切现象(从自杀到宗教、从教育到道德、从社会主义到民主)时都过于强调社会的实在性,对人类精神生活的一些精微幽暗处视而不见;

---

① 雷蒙·阿隆:《社会学主要思潮》,373页,上海译文出版社,1988。
② 埃米尔·迪尔凯姆:《宗教生活的基本形式》,583~584页,上海人民出版社,1999。

因此第二,现代性第一次使道德个人主义成为可能,而道德的基础却是崇拜一个能够具体感觉到的社会,那么这个社会是不是一个国家集权、一个小团体?存在于迪尔凯姆思想中的这种个人主义与社会决定论之间的张力,一方面固然是现代性矛盾的反映,另一方面也与他过于热切地为现代人提供整合方案有关,与他使用的人类学材料有关:他依靠的那些材料,后来已经证明是不可靠的了,特别是有关图腾崇拜和曼纳的理论已经有了许多质疑。但大师的欠缺也是有价值的,他以法国大革命中的理性狂热为例说一个社会能够自封为神,国家可以成为崇拜的对象。传统的神退隐了,现代强人却以神自居。

1949年以前,迪尔凯姆在中国有广泛的影响和被接受,他的社会理论是各大学社会学讲坛的主题。但自20世纪50年代社会学被取消后,这位"社会学之父"也从中国的知识生活中销声匿迹了。近十来年,他的《社会学方法的准则》、《自杀论》等主要著作都有了不止一个译本,上海人民出版社还推出"迪尔凯姆文集"多种,《宗教生活的基本形式》即是其中之一。这固然是社会学学科建设的需要,更反映出处于社会转型而又面临文化失范危机的国人对整合秩序的渴望。如果说我们长期以来以政治调控国家,"社会"与"社会学"一起被取消了的话,那么,类似于迪尔凯姆这样的社会学大师的论著的重新引进,理所当然地会促进当代中国的社会团结。没有宗教的时代并不意味着一盘散沙或一片混乱,如果传统社会的整合主要靠宗教和宗法血缘等先赋规范完成,那么,在以交换/契约关系塑造的现代社会,统一与和谐只能在社会人的交往中寻找。这就是《自杀论》一书的结论:"解决这种矛盾的唯一办法是建立国家之外的力量,这种力量尽管要受国家的影响,但能更多样化地发挥它的调节作用。"[①]

(原载《羊城晚报》2004年3月11日)

---

① 埃米尔·迪尔凯姆:《自杀论》,361页,商务印书馆,1996。

一个意象与一种理论

80年代讲现代化,90年代讲现代性,这是一个顺理成章的过程:现代化注重的是由传统性转向现代性的"化"的过程,现代性讨论的是现代社会结构与文化精神的特性,是现代化所要达到的目标。理解了现代性,我们才可以比较自觉地、有效地推进从"传统"向"现代"的"化"的过程。

不过,从现代化转向现代性,又使我们的"现代意识"深沉起来。至少在中国,对现代性的关注可能主要是由"后现代"论者不自觉地激发出来的。如果说现代化理论是启蒙理性主义的扩张,那么现代性讨论却首先包含着对启蒙心态的反省。比如韦伯的《新教伦理与资本主义精神》80年代中期就翻译进来,这本书的主题是:为什么科学的、艺术的、政治的或经济的发展没有在印度、在中国也走上西方现今特有的理性化的道路?韦伯本人是要从发生学上说明近代西方形态的独特性,非西方之于他只有方法论的意义。但唤起中国读者关注的却是:中国为什么没有走上西方现代社会那种模式的理性化的途径?更进一步是为什么中国传统宗教没有产生像新教那样的入世转向?这一提问显然意在反省中国传统的惰性以推进中国文化的现代转换。这个论题迄今仍值得讨论,但在现代性话语中,韦伯的另一面突显出来,理性的扩张及理性化的完全没有带来预期的自由,却导致了非理性的经济力量和科层制的社会组织对人的控制,现代性的后果是个人陷入所谓理性化的"铁笼"。韦伯对工具理性日益增长的霸权有一种特别的悲剧性的敏感,"丧失自由"、"丧失思想"是他对现代性的前瞻性洞察。这一点,当然不仅仅是韦伯个人的悲沉意绪,也是从卡夫卡到加缪的现代主义文学一再渲染的。

90年代以来,哈贝马斯是国内学人极为喜欢谈论的人物之一,推其原因,一是他与后现代诸家的顽强论战,在现代性尚未确立、后现代却八面风光的中国颇为引人注目;二是由于他的著作始终咬住18世纪以来各种现代性的社会理论和哲学话语不放,总是在与他们的对话中提出自己以"交往行动理论"命名的现代性方案,这使其著作具有综合历史与理论的特点,以至于其《现代性的哲学话语》一书可以当做现代哲学的导论来读。但更重要的是,虽然哈贝马斯全力对抗后现代,坚持启蒙计划,但他提出的"现代性是一个尚未完成的规划"的观点,仍然显示出他对现代性的思考的复杂性。要点之一,是他批判启蒙理性压抑性的一面,同时又倡导启蒙理性进步和解放的现代性的另一面。他同意韦伯,现代性规划中实际发展起来的工具理性之维走向了启蒙的反面,但他不满于韦伯把理性等同于工具理性、把现代性等同于西方实际发展起来的病态性的现状。启蒙计划的未完成性即在于其解放的和进步的一面受到了工具理性的抑制,当代的迫切要求是把生活世界从科学技术和科层体制的殖民统治中解放出来,重建自由交往的公共领域。基本上,哈贝马斯对现代性的计划是同情的,而对西方已经实现的现代化工程却又严厉批评。

所以,现代性的论域比现代化理论更其丰富多维。事实上,现代性本身就是一个内含着对立甚至分裂的结构,比如作为一个文化或审美概念的现代性,就与社会经济意义上的现代性严重地不协调,现代化运动总是伴随着反现代性的呼号。无论是韦伯还是哈贝马斯,他们的思想都还有很大的发掘空间。近年来,韦伯的其他著作如《儒教与道教》、《经济与社会》等都出了中译本;哈贝马斯的著作也有六种完整的译本,但对其多声复义的阅读似乎尚未开始。这一方面因为在国内的"哈贝马斯热"中,一些学人较少愿意花工夫认真做此工作;另一方面,哈氏重建现代性的方案是通过协商讨论以达到相互理解的交往行动理论,就此一结论来看,这不但比较容易理解,而且因为通过平等对话以求统一的设想似乎是浪漫主义的乌托邦。这样的理解当然没有错,但因为我们过于简化地接受,哈氏构思中的许多丰富内容就可能被忽略。

这就提出了探索交往行动理论的起源的问题。我觉得可以从三个角度来理解此一论题。

第一是哈氏本人学术进路。通常把哈氏的学术生涯分为三期。第一期为60年代初至1968年,主要著作是《公共领域的结构转型》;第二期是与激进学生分裂到80年代初,主要著作是《交往行动理论》;第三期80年代初重返法兰克福大学至今,主要著作是《道德意识与交往行动》、《话语伦理学解说》等。简单地说,第一期是交往行动理论的准备,第二期是交往行动理论的完成,第三期是交往行动理论的扩展。从而,起源问题主要涉及的是第一期与第二期的关系。《公共领域的结构转型》(1962)的重要意义,在于它发掘了近代早期曾经有过的一个自由讨论的公共领域。这成为后来哈氏魂牵梦萦的理想意象,而它后来的衰亡及被操纵则又唤起哈氏重振这一理想的努力。这就是说,《公共领域的结构转型》一方面启示了现代性的正面形象,另一方面又点明了"现代性的病理学"。如何走出歧途?《作为意识形态的技术与科学》中《劳动与相互作用》(1967)一文特别重要,劳动与相互作用的对立就是目的/工具行动与交往行动对立的原型:劳动在此被视为等同于目的理性行动,表现为工具性行动的理性选择,它基于经验知识而以技术规范为导向,以目标得以实现的有效性为依据;相互作用即是在具有共识的规范原则下表现出主体间性的期待而让步、理解和认同,其理性化表现为免于被宰制,代表了现代性解放的和自由的方向。从第一期到第二期,哈氏思想有其高度的连续性,早期的著作已经明确表达了交往行动理论的基本内涵。

第二是哈氏与其思想前驱们的交锋和对话。哈氏运思的特点是始终与18世纪以来现代性思想家保持紧密的对话,他的论著既是理论建构也是历史阐释。对话的对象主要有两组,一是韦伯等人的社会理论。韦伯受到目的合理性观念的局限,以个人的自利行为解释理性化,他的理性化只是工具意义上的理性化,过于狭窄,实际上是把理性化的西方的历史形式与普遍的理性化等同起来,只能陷入悲观而看不到现代性的出路。此后卢卡奇及第一代批判理论家也仍然把目的/工具理性化理解为现代性的基础,只有米德和迪尔凯姆启示了出路,前者注意到以符号为中介的相互作用行为,后者区分了道德行为与工具行为,强调了社会一体化。从群体发生学上补充前者,在世俗化的趋势中、从语言行动上理解后者,哈氏引出了"生活世界"的概念,这是主体间相互承认的文化视界,也是现代性"解咒"的主要成果。至于现代性的另一个成果,即资本主义的物质生产领域,哈氏把它归属于结构功能主义的系统一体化。哈氏综合韦伯的行动理论和帕森斯的系统理论,要求把现代社会同时理解为生活世界与系统:生活世界体现的是交往行动的合理性,系统体现了目的的合理性。由此可以分析现代社会的系统如何干扰了生活世界而造成现代性病理学,而以交往的合理性克服目的合理性对生活世界的殖民化则是重建现代性的出路。与哈氏对话的另一组是黑格尔、尼采以降的现代性哲学话语。黑格尔以主体性原则为基础意图克服现代性的分裂,尼采则彻底质疑主体理性哲学,明确告别现代性的姿态。尼采之后,一方面是海德格尔/德里达摧毁主体意识,另一方面是巴塔耶/福柯的反理性,他们拒绝抱有的有效性宣称,除了攻击现代主体意识哲学的基础外,不能给现代性以任何规范性内容,批判现代性的结果是付出了否定现代性的代价。现代性的社会理论与哲学话语是相互对应的,工具理性是以主客体对立为基础的,代替工具理性的交往行动是以语言行为为媒介的,交往行动的哲学只能是语言哲学,也即哈氏修正奥斯汀、塞尔等人的言语行动理论而提出的"普遍语用学"。他意在以此重建理想情境下主体间自由交流与理解的前提条件。从工具理性到交往理性,从意识哲学到语言哲学,这一过程确立了哈氏在现代性思想史上的主要贡献。

第三,哈氏与当代现代性话语的关系,大体可以用"修正第一代批判理论、对抗后现代言说"来概括。第一代批判理论家看到渗透一切的工具理性已经走向反面,开始时他们还认为存在着解放的合理性或其他形式的理性,但其对另一种理性的渴望越来越被现实的非理性,包括法西斯主义及其他种种极权主义所摧毁,以至于走向对现代性的"大拒绝"。哈氏对老师辈的主要批评是他们缺乏规范性基础。为此他强调:"现代性的病态是理性的片面化实现,面对片面的东西,我们不应去拒绝,而应去改革它,补充它,使之全面化。"应当说,哈氏的看法是可以讨论的,比如理查德·沃林在《文化批评的观念》中就指出,批判理论发展的所有阶段都表明了他们对方法论基础问题的潜在的自觉和关注。如果是这样,那么哈氏对老师辈的矫正就不是无中生有,而是由潜在到明朗,即借助在老师们那里关系还不太确定的观念伸展为系统的言说。对于要走出现代的"后现代",哈氏的态度更为严厉。现代性有它的危机和病症,但重要的不是否定它而是完善它。所谓"完善",一是调校工具理性压抑性的一面,二是恢复倡导现代性潜在的进步与解放的另一面。简言之,就是协调现代性的各个要素,把生活世界从经济与权力的殖民中解放出来,恢复其作为"公共领域"的本来面目。哈氏与后现代的关系,国内学界讨论较多,哈氏之进入中国,一开始就是作为后现代的批判者出现的,我们要特别重视哈氏捍卫现代性与民主的价值的立场,并把他与普特南等人的"新理性主义"置于同一背景的脉络之中,准确把握哈氏在当代思想格局中的地位。关于哈贝马斯现代性话语的综合性述评,可以参阅本文作者《哈贝马斯现代性理论述论》一文(载包亚明主编:《现代性与空间的生产》,上海教育出版社,2003)。

掌握了这三点,再来阅读哈氏众多论著,就能够比较明晰地认识哈氏重建现代性的计划及其他在现代性话语中的位置,由此也使我们认识到,哈贝马斯有他自己的特殊语境,这就是高度发达同时又是片面发展的西方现代社会,他强调现代性与西方理性主义的亲缘关系,不是其他民族文化可以随意搬用的。这一点很重要,我们当然要广泛吸收西方现代性思想,但中国的现代性如何建立,却需要中国自己的实践探索和理论思考。

2000 年 12 月

雅量与力量

尽管当代学术思想的重心是对历史文化的一些具体论题的研究,但在剧烈的社会变迁的压力之下,文化理论也受到日益强烈而自觉的关注。我觉得,从文化发展的兼容性来看,还有些问题需要强调申论一下。

一、关于兼的雅量

兼容多样是文化"现代"的标志之一。应当说,文化的时代性、先进性比经济方式的时代性、先进性更难以掌握。无论基于什么立场,"民族的"总是现代文化建设无法回避的要求之一,而"民族的"显然是历史地形成的,仅此一点就说明,文化的现代化主要不是一个时间性的概念,不仅仅是"当代的"、"新颖的"。比如在文艺学术方面,我们不能说今人的诗就比屈原的诗好;再如宗教,一般认为它不是先进文化,但无论在西方现代转换过程中,还是在当代西方文化生活中,都发挥着无可比拟的积极作用,我们很难说它是落后的、不先进的。但文化领域的复杂性不应当导向文化相对主义,以为文化没有先进与否。文化是为人的现实生存服务的,中国文化是为中国的发展强盛服务的,任何一种文化资源只要依然活跃于今天的生活之中,能够引导我们向前向上,它就是今天的先进文化的要素之一,我们就应当采取拿来主义。严格地说,兼容性是现代文化的内在要求之一,文化的现代与否,标准之一就是看它是否具有包容性、开放性,是否能够不断吸取新的要素和成分来丰富自己,封闭的、狭隘的文化肯定不是先进的。事实上，中国文化特别是在它的鼎盛时期是敢于拿来、极具开放性格的，而当中国文化在明清时期趋于僵化、保守时，它也就不再先进了。先进文化无论在其价值精神、知识系谱、制度实践上都应当是兼容的，一种僵化的、排他的、封闭的文化不可能是先进的。

国情论、特殊论不应成为拒绝世界文明主流的理由。即使全球化浪潮滚滚、丰富多元也仍然是全球文化的特点，但我们绝不能以国情论和文化的特殊性为理由，回避现代性的一些起码的、已经经过实践检验的理性标准和知识标准。从文化影响史来看，20世纪初世界上各种思潮和理论大量涌入中国，外来的"德先生"（民主）、"赛先生"（科学）成为批判中国旧思想、旧文化、旧礼教的强大武器，新文化运动就是在西方近代民主主义的旗帜下进行的。改革开放以来，西方近代人文精神、各种社会理论、生态文化理论、人权理论、社会民主主义、后现代主义等思潮均先后进入我国，其观念、视角和方法，对我们树立知识经济观念、可持续发展观念、民主观念、法制观念、人权观念、效率观念、社会均衡观念等新的文化观念产生了积极的影响，成为我国现代化过程中的重要思想资源。然而，从晚清的文化保守主义到"文化大革命"的极"左"实践，它们的共同点就是无节制地夸大国情论和文化特殊性，拒绝引进和学习外来文化，实用主义地继承传统文化，这是中国文化建设的严重教训。改革开放以来，对西方文化的引进和借鉴已经成为中国文化建设的必要环节。从领导人到知识分子都清楚地认识到，中国的发展离不开世界，中国要赢得与西方世界相比较的优势，就必须大胆吸收和借鉴人类社会创造的一切文明成果，除了向发达国家学习先进的科学技术、经营管理方法以外，也还要吸取西方及发展中国家一切对我们有益的知识文化、精神和价值观。20世纪与21世纪之交，范围不断扩大、速度不断加快的全球化趋势必然对中国文化发展产生深刻影响。随着资本、技术、信息和人员的国际流动，知识、意识形态和文化、价值观念也超越国界，在世界范围流动，引起各种文化的冲撞、震荡、渗透、整合和交融。这种趋势在互联网时代变得更加显著，发达资本主义国家的文化日益成熟,凭借其经济和科技优势,以"强势文化"的姿态向发展中国家扩散、渗透,对这些国家的思想造成很大的压力和冲力,即使想关门也做不到。这就决定了中国的文化建设必然是在世界各种思想文化相互激荡的国际语境中进行的。现在的问题不是无视外来思潮的消极影响,也不是不顾国情地照搬外来的观念和体制,而是应强调不能先入为主地定下几条框框,特别不能以"与国情不符"为借口拒绝现代性的普遍规范。

在上述两个基础上,我们需要特别注意研究当代中国最需要"兼"的是什么?一般而言,承认文化的多样性、多元性并不难,难的是在马克思主义的氛围中如何以开放的态度面对其他各种非马克思主义的文化,真正的开放态度必须具有兼的雅量。所谓"兼的雅量",不只是兼容那些与马克思主义相近相通的文化思想,对那些非马克思主义的文化思想,也要能从中发现、吸收有价值的成分。从历史上看,1949年以前的中国文化是马克思主义革命文化、以新儒家为代表的文化保守主义和以英美思想为主体的自由主义的三足鼎立。1949年以后,后两种文化已基本上在中国大陆绝迹。改革以来,马克思主义意识形态逐步摆脱了过去曾经出现过的僵化和极端,开始走向开放,文化思想日益丰富,甚至有"马克思主义的儒家化"的观点。① 应当指出,在政治系统的有力支持下,马克思主义文化不但是当代中国的主流文化,也构成中国文化的整体环境,严格地说,真正的问题不是文化思想上会背离马克思主义,而是马克思主义如何吸纳、消化中国传统与自由主义。20世纪90年代以来,文化保守主义在继承传统优秀文化的旗帜下有明显抬头和发展,不但海外新儒家广泛进入大陆,国内各主要文化、教育机构也都有相当一部分人在研究、阐释、发挥传统文化。从各发展中国家的经验来看,在现代化乃至全球化的背景下,民族文化的自我认同不但不会削弱,反而会更加强烈。可以预期,没有任何一

---

① 参见李明辉:《论所谓"马克思主义的儒家化"》,见《儒学与现代意识》,台北,文津出版社,1991。

种文化思想可以与传统无关而在中国生根。同时,自由主义的新旧学理广泛进入中国。20世纪自由主义的主要代表阿克顿、海耶克、伯林、波普尔、罗尔斯、德沃金等人的主要著作已翻译出版,其中海耶克的书在十种以上。虽然受到主流意识形态的批判和约束,但由于得到市场经济和政治民主化的支持,自由主义在中国特别是在知识分子中仍有相当多的接受者。

因此,与其被动不如主动,中国现代文化的建设,关键因素之一就是如何协调作为意识形态的马克思主义与儒家传统、自由主义的关系。儒家传统作为中国文化传统的代表,是现代文化获得民族性的主要依据。现代化并不是历史的突变和断裂,而是传统的转化和新生,儒家传统是我们由以出发的思想起点。自由主义曾经长期被视为马克思主义、社会主义的敌人,但现在中国在建立市场经济,而至少在西欧主要国家,自由主义是市场经济的意识形态。有中国特色的社会主义市场经济不同于西方资本主义的市场经济,但既然都是市场经济,就必然有其相通相近的一面,因此自由主义就不应当为中国先进文化全盘拒绝。

二、关于容的力量

"兼"不是目的,兼的目的是"容",即融会贯通,为我所用。这里有两个层次。

首先,应当在全球性的文化挑战下维护国家文化主权。从政治上说,文化资本、话语霸权如今已经成为国际政治斗争的武器,发达国家的社会制度、生活方式、大众传媒和文化价值观都已成为当代霸权体系的组成部分。从价值观上说,西方文化中也自有其消极因素和腐朽思想,通过大众传媒和文化工业产品,在消遣和娱乐的旗号下进行大规模的传播和渗透。这些东西即使在西方也已受到越来越多的抨击。因此,我们对当代西方思潮决不能不加区分地照单全收,而必须有所鉴别,有所批判。

鉴别和批判的前提是了解,鉴别和批判的目的是为了更好地学习。因此,"容"的关键还不只是鉴别和批判,还在于吸收与转化。近二十年来,西方文化如潮水般涌向中国,但现在反省一下,除了若干论著被译成中文,除了若干概念术语被我们挪用以外,各种思潮、学说、理论有多少真正为我们所吸收和接受?真正的接受意味着消化,消化的前提要求我们有一个结实的胃。这个"胃"就是基于文化传统和现实需要的当代中国人的文化创造力。

其实,从形式上看,当代中国社会文化生活其实已经相当具有兼容性了。在各大城市,在沿海地区,甚至在中西部农村,我们都不难发现许多与传统观念、主流意识形态不相一致的文化行为和思想观念。但我们还没有做到真正的"容",以至于出现了极少数恶劣的文化现象,如传统迷信的沉渣泛起,色情文化、暴力作品的局部泛滥等等。获取"容"的力量主要不是靠信念,而是靠不断地试验和总结。这就需要研究中国现实,研究中国的文化心理,发展中国文化善于消化吸收、取长补短的传统。比如我们要仔细研究一下佛教中国化的胜利和教训,研究一下马克思主义中国化的胜利和教训。现在我们迫切需要反省现代中国文化思想史。现代文化思想是在本土古典文化与外国文化接触过程中形成的。认真地说,当代中国有两个文化传统,第一是从先秦的"轴心时代"就奠基的以儒学为中心,也融合了儒学以外的其他学说及异域文化(如佛教等)的"旧传统";第二是近代以来在中外文化交流的背景下形成的"新传统"。"旧传统"本已是极其复杂且充满紧张的系统,近代以来一方面是外来的压力,另一方面是主动的创新和适应,经过不断的重组与变化,"新传统"已经不是纯粹的"中国文化",而是包含了中国人或主动或被动地消化、理解过的外来影响。对于当代中国文化而言,不但两种传统都是我们发展的起点,而且这两种传统是密切相连不可分割的。我们现在所说的中国文化,本身就具有中外融合的性质,要来分辨什么是真正中国的文化,已是极为困难甚至是不可能的了。这不是坏事,而是好事,表明中国文化有极强的"容"的力量,我们无须担心进一步的"全球化"会把中国化掉。

在这个问题上,我们特别要注意一种在"后殖民主义"的时髦旗号下的保守态度。后殖民主义理论是生活在西方的一些非西方出身的学者,对在新一轮全球性经济和文化的扩张中,西方世界强加给第三世界的不公平所做的自我批判,但传入中国以后,这一理论却走向另一个极端,以为中国在现代化过程中无形中认同了西方帝国主义的话语霸权,中了帝国主义的"东方主义"的圈套。这就把内在于中国自身需要的现代化运动视为对西方刺激的弱智式被动反应,用西方的理论来拒绝向西方学习。

三、在实践中兼容

"兼"的雅量与"容"的力量是不可分割的,没有"兼"的雅量就谈不上"容"的力量;而近代以来的教训是,因为没有或缺乏"容"的力量,又使得我们对文化发展的兼容性产生怀疑。如此循环,使得我们的文化没有获得充分的兼容性和先进性。正确的认识是,"兼"是"容"的前提,"容"是"兼"的实现。但无论是"兼"是"容",都主要是一个文化实践问题。

从文化实践上看,我觉得最重要的是不能把文化建设当做政治任务和宣传话题,而应当视之为一个需要全体中国人,特别是中国文化人创造性实践才能达到的一个理想。

文化建设的过程比经济建设更为漫长,它的成果主要是体现在人而不是在物上。孔子创立儒家学说后,经过了几百年才为董仲舒等人制度化;儒学受到佛学挑战后,又经过了几百年才在朱熹等人的手中得到重建。西方从14世纪开始近代转型之后,直到18世纪的启蒙运动和法国大革命,现代文化观念才真正落实。所以建设现代中国的先进文化不能操之过急,要有几十年、几百年的心理准备,要从基础做起。现在一些讨论文章把先进文化的前进方向归纳为几个要素、几种特性,理论上说都有些道理,但所有这些,都只能是设想和预测。严格地说,先进文化的建设不是几条抽象的观念,不是一些理论家、一些宣传干部的几篇文章、几本书所能预言的,它的建设成形,只能是亿万中国人民的创造性实践,是中国现代运动的历史成果。

文化建设是创造性工程,所以我们要真正地实行宽容和开放,充分发挥专业文化工作者和全体公民的主动性和创造性。文化需要自由,就是说文化能够自主,它不是一种奴隶的活动。本来,人多多少少都是自然需要的奴隶,脱离不了因果定律,唯有在文化活动中,人超越了自然的限制,发挥自己的理想,赋予自然材料以生命和形式。文化需要自由,也因为文化的要求是人性中最宝贵的一点,真、善、美三大价值都是文化的产品,离开了文化,人与动物就没有什么差别。在这个意义上,文化不但自身是一种自由的活动,而且也是令人自由的一种力量,它把人从被压抑的状态中解放出来,把人从逼仄狭小的环境中解放出来。从上述两点看,自由是文化的本性,问题其实不在于文化应不应该自由,而在于我们是否真正要文化,是文化就必然是创造的、自由的。① 但无论是传统儒家还是极"左"路线,都以其权威主义消解国民的权利意识,令其放弃对文化价值建设的主动参与。而且在现实体制中,政府之于个人仍然是强势的、压倒性的,所以应该改革文化生产管理体制,使个人的创造性和文化发展权得到自由发展,这种发展当然与保障其他一切人共享这种机会是一致的。说到底,现代文化不能仅仅通过权利和物质条件来建立,而只能建筑在公民的自觉自愿之上。

文化建设的特点是积累性、实践性的,古今中外曾经有过的当时当地的文化理想,无不是当时的人们在实践中获得某些创见之后,逐步把它们落实、转化为制度性设施,然后通过不断的积累、丰富、调整而完善的。建

---

① 参见朱光潜:《自由主义与文艺》,见《朱光潜全集》,第九卷,安徽教育出版社,1993。

国以来,我们也努力建设自己的文化系统,也有过一些与现代性要求相一致的文化追求,但它们并没有转化具体的文化系统层次和由之出发建构的文化制度。据薄一波回忆,1956年毛泽东鉴于苏联的教训提出正确处理人民内部矛盾的观点,但一年后的"反右"却把大量属于人民内部矛盾的知识分子当做敌我矛盾来处理;1956年毛泽东针对苏联忽视轻工业和农业的弊端,提出要两条腿走路,以农、轻、重来安排国民经济,但1958年的"大跃进"却搞全民炼钢,重复甚至扩大了苏联的失误;1962年初的"七千人大会",毛泽东与中央主要领导都强调了民主问题,但此后不久的"文化大革命"却大量践踏民主。薄一波认为,之所以发生这种理论上充分认识、实践上却一再违反的现象,除毛泽东个人的原因外,根本原因是没有制度上的落实和保证。① 文化是观念,但不仅仅是观念,不能只是党的领导人的观念,它必须制度化、经验化,成为中国人的生活实践。

在这个前提下,提两个具体建议。

第一,重建思想文化队伍。当代中国文化的形象实际上有三种人在塑造。首先是得到政府支持并成为当代意识形态主体的理论宣传系统,主要从事马克思主义、毛泽东思想、邓小平理论和"三个代表"的理论研究和宣传,是当代中国意识形态的生产者和宣传者。其次是以思想界、学术界、文艺界的知识分子为主体的精英文化,它主要不是意识形态性的,有时甚至与主流文化有一定偏离,但由于这部分人中的大多数还是在高等学校和国家事业单位工作,他们基本上还是在政府指导下进行各专业性的文化生产。再次是以大众通俗文化为基础、具有现代产业性质的"大众文化"或"文化产业"。在巨大经济效益的推动下,大众文化在中国从无到有、从小到大发展很快,既是国内经济生产的一部分,又是文化生产的主要部门。目前文化产业的发展特别迅猛,它和主流意识形态及精英文化的关系迄今没有得到认真辨析。

---

① 参见薄一波:《若干重大决策与事件的回顾》(修订本),下卷,人民出版社,1997。

三种类型的文化人都为现代中国文化建设作出贡献。但目前这种格局有分离甚至对立的潜在倾向。比如,理论宣传在片面强调"导向"的同时缺少学术理论性,且难以落实到日常文化生活中;精英文化容易忽略制度性环节并缺乏普遍关怀;大众文化经常被批评为庸俗、浅薄、媚俗,如此等等,不但浪费了有限的文化资源,而且使当代中国文化呈现出一种分裂性的特点。

因此,首先要对第一种类型的文化界进行改革和提高。这个队伍有人才,有成绩,但总的来说不能适应建设文化的需要,主要表现是缺乏对现代性的敏感,缺乏对中外文化的深切了解和专门研究,满足于配合性、突击性的宣传工作。有少数人甚至对马克思主义理论系统知之甚少,没有认真读过《马克思恩格斯全集》等经典著作,只是把理论宣传工作当做写公文,抄抄编编,自己也不当一回事;还有的人把它作为升官致富的敲门砖。其次要整合精英文化和大众文化,不拘一格降人才,引进新人,组织一支学有专长的学者队伍,从各个方面对文化现代性论题进行充分的学理研究;同时充分利用大众传媒,克服目前三种文化人之间客观存在的分离甚至对立倾向,把现有的文化研究人才凝聚成一个整体。

第二,要有几份以研究文化建设为主要内容的学术理论刊物。虽然相对于中国庞大的需求而言,我们的学术理论刊物还很少,但基本上各个学术领域,从中央到地方(省、市)都有自己的学术理论刊物,但从内容上看,目前似乎还没有专门研究文化理论,特别是宣传、研究、普及先进文化的专门阵地,一些以文化批评和文化理论自居的刊物,其实不过是诸人文学科无原则、无主导的综合。从学术水准和理论层次上看,不少学术刊物缺少自觉的编辑意识和道义担当的使命感,缺少文化人应有的人文精神和价值关怀,少数刊物更成为一些毫无建树的学者发表"职称论文"的阵地,不但无助于文化理论的发展,也污染了学术文化的空间。对此,仅仅批评是不够的,重要的是以更健康、更严正的文化产品取代它们,恢复文化的堂堂正气。

历史的星空漆黑如墨,人类的心灵暗昧不清,仰赖先知先觉的探索开拓,文化开始塑造历史、修饰人性,我们有责任把文化之火更熊熊地传给后人。

2002 年 2 月 19 日

(原载《广东社会科学》2002 年增刊)

全球化时代的"天下之结"

世纪之交,全球化日益展示为一种新的世界秩序和社会秩序,对世界各国经济、政治、社会、文化等所有方面都造成越来越大的冲击。2001年中国"入世"以来,全球化不但成为我们经济活动、社会政策、文化思想的基本背景,也逐步开始成为我们的生存环境。虽然近年来对全球化的种种揭发和抗议有其真实的客观内容,但对于一个已经走上开放道路的国家来说,所面临的问题不是要不要全球化,而是如何争取在全球化进程中获取更多的利益以实现繁荣发展。中国现代化建设将在一个高度开放的国际化环境中进行。

理所当然地,中国的社会信用建设也面临全球化的挑战。这不仅是因为经济全球化必然要求信用全球化,没有信用或信用不够,我们将无法参与经济社会的全球化合作,而且也因为只有一个重诺守信的国家,才能堂堂正正地自立于全球民族之林。鉴于目前中国社会信用体系的相对不完善,信用建设应当成为中国建立全球发展战略的当务之急。

一、被全球化的不只是经济

最近二十年来,"全球化"(globalization)一词逐渐从学术界进入了日常生活,从简略地概括世界未来趋势的专业概念普及为社会生活各个层面追逐的时尚。在有关全球化的种种解说中,第一种是分析性的,它着重于社会生活的一些具有"全球性"的事物、现象与观念;第二种是描述性的,它试图描述一种根本的、持续不断的变化序列;第三种是历史性的,它指的是在世界历史上的一个决定性时期发生的一场彻底的革命。① 因此"全球化"这一概念可以分别指称一种特征、一个过程、一种理想。"全球化"重在"化",就是要使原来相对独立的地方的、民族的、国家的观念、行为、制度等逐步具有全球性的普遍性意义。

历史地看,全球意识及其现实进程并不要等"全球化"的概念出现后才开始。在19世纪的德国,歌德第一个提出了"世界文学"实即"世界文化"的概念;马克思、恩格斯在《共产党宣言》中也指出:"资产阶级由于开拓了世界市场,使一切国家的生产与消费都变成世界性的了……过去那种地方和民族的自给自足的闭关自守状态,被各民族的各方面的相互往来和各方面的相互依赖所代替了。物质生产如此,精神生产也是如此。"马克思还以"世界历史"的概念提示了人类政治经济一体化的未来前景。事后看来,全球意识的觉醒不是突然的,自有人类开始,他们的一切行动就有互动的特性;国家产生后,又产生了国际关系;近代经济体系的建立要求双边国际贸易及地区性的自由化贸易的开展,史家们一般把经济全球化追溯到英国废除《谷物法》、单方面实行自由贸易政策的1846年。

20世纪80年代以来,文明世界逐步告别冷战进入以和平与发展为主题的新的历史时期,不是阶级利益、意识形态,而是人类共同面临的问题开始突出,全球化进入高潮。首先,世界各国经济体制的趋同消除了全球化发展的体制障碍。越来越多的国家认识到,只有选择市场经济体制,才能加快本国经济发展的速度、提高经济的运转效率和国际竞争力。封闭经济由于缺少外部资源、信息与竞争,而呈现出经济发展的静止状态;计划经济体制则由于存在信息不完全、不充分、不对称和激励不足的问题,导致资源配置与使用的低效率。所以,不管是传统的封闭经济,还是源于苏联的计划经济都不约而同地走上了向市场经济转型的道路。各国在经

---

① 参见马丁·阿尔布劳:《全球时代》,134~151页,商务印书馆,2001。

济体制上的趋同，消除了商品、生产要素、资本以及技术跨国流动的体制障碍，有力地支持了经济行为的全球性。其次，微观经济主体的趋利动机推动了经济活动的全球化发展。经济学把商品与要素的价格在不同地区的差价称为"区位优势"，而区位优势则为企业提供了进行全球性套利的空间，这就有了对外投资、技术转让，以及企业生产过程的分解与全球配置。企业全球套利的动机促进了经济行为的全球性扩张。再次，信息技术的进步降低了远距离控制的成本。企业活动的半径与其所有权控制的成本负盈相关，远距离控制成本低，企业的活动半径就大，从而经济全球化的程度就高；反之，则相反。远距离控制的成本主要是信息成本，多媒体技术的发展与网络经济的诞生，使得这种成本大幅度下降，完全意义上的全球交易真正诞生。从理论上说，对于一家有能力进行全球扩张的企业来说，它的活动范围可以遍及世界的任何地方。

综合大量的文献介绍和数据统计，经济全球化的主要标志可以概括为以下五个方面：

国际贸易成为发展经济的重要因素。一是金融国际化，最突出的表现是货币国际化，资本全球化，金融组织和金融制度国际化、规范化，世界银行和世界货币基金组织是最大规模的国际组织，成为资本在全球范围内流动的中心。二是国际市场融为一体。各国企业竞相加入市场竞争，以进出口贸易为特征的国际市场越来越广泛，进出口贸易在各国国民经济中所占的比重日益扩大。各国只有在国际市场竞争中提高资源的利用效率，节约生产成本，发展社会生产力，获得比较经济利益。国际贸易对世界经济的拉动作用日益增强。

作为经济全球化的载体和先锋的跨国公司的迅速发展。国际经济分工越来越专业化，国际资源配置也越来越合理化，资本在国际间流动，商品在国际间交易，劳动力在国际间组合，技术在国际间转让，信息在国际间传播。跨国公司可以将自己的业务流程分解开，根据各个经济环节对外部环境的不同要求，分布于不同的国家和地区，不仅可以绕过许多壁垒,直接掌握当地的市场需求,有效利用当地资源,也可以通过内部贸易降低生产和交易成本,提高经济效益。这种遍布全球的经营体系形成了"企业选择国家"的趋势。另一方面,跨国公司为了顺利推行其全球化经营战略,又不得不在经营和管理上更多地适应不同东道国的社会人文环境,雇用当地人承担经营管理工作,并注意避免自己的决策与东道国的利益和需要相冲突。这使得跨国公司的国籍色彩趋于淡化,呈"无国籍企业"的特征,促成了生产、流通和消费的全球化,企业的经济行为具有实际意义上的全球化。到20世纪末,跨国公司已成为全球经济的核心,在推动经济全球化和世界对外直接投资的高速发展上起到了主导作用。

"新经济"的出现。科技真正现实地成为第一生产力,以高新科技为特征和内容的知识经济在经济活动和经济成果中占有越来越重要的地位。信息革命和数码革命使人类知识所形成的第三次技术储备在通讯、计算机和网络领域不断实现,数字化、网络化、智能化即是其具体体现。信息技术和互联网把各个国家和各个机构连在一起,人类在这个全新的基础上进行生产、贸易、科研、学习,开展各种社会活动并进行文化交流,一方面出现了一些"网络企业"、"虚拟企业",其组织结构不是金字塔,而更像一张蛛网,是一张无固定边界和固定结构、高度动态化的蛛网。另一方面,信息和网络技术已经将世界连为一体,全球性联系越来越紧密、越来越便捷,使"地球村"变成现实。

更大领域的全球联系日益密切。近数十年来,不少国际组织机构在全球范围内分别从事金融(国际货币基金组织)、社会(国际劳工组织)、环境(联合国环境计划署)、卫生(世界卫生组织)、农业(联合国粮农组织)和文化(联合国教科文组织)诸方面的协调促进工作,它们的卓越工作,使跨越国界的贸易、政治、外交、艺术和文化协作等不断加强,由此而发生的相互理解与和平合作便与经济全球化相互渗透、相互促进。

全球意识的自觉。人类各种关系与活动在世界范围内的相互内在联系性,唤醒了一种崭新的全球意识:人类拥有共同的命运,我们不能相互排斥而必须团结一致谋求共同繁荣，没有一个国家能够在闭关锁国状态中生存，没有国际合作就不会实现全球经济的可持续发展。

全球化正在运行之中，它的方向是全球各民族国家之间经济上的趋同和政治、文化方面的加速相互影响。全球性的资源控制、市场控制和经营竞争，生产、金融、科技等领域的国际化程度的提高，全球性经济组织的设立与权限的扩大等等，都使国家和地区之间的经济关系逐步走向互相渗透、横向联系、广泛合作的时代，各主权国家将会让予部分经济主权，经济国界将会有所淡化。而经济全球化带来的不同政治理念、文化思潮的碰撞和融合，也将逐步改变以往各民族国家封闭自守的状态，最终将诞生出一种新的世界形态，也许它就是马克思所说的"世界历史"。

世界大势，顺昌逆亡。各个国家无论在强弱贫富、社会制度和文化传统上有多大差异，都将无可选择地接受全球化的洗礼，任何以民族特性、地区差异及意识形态方面的理由拒绝全球化的思想和行为，都只能使自己更为落后、更为被动。全球化有利于资源在世界范围内的有效配置；有利于发展中国家经济结构的调整与升级；有利于发展中国家发挥比较优势，开展对外贸易；有利于促进发展中国家的体制改革；有利于提高国际合作的质量；有利于科技和信息的全球共享；有利于大气污染、臭氧层减少、毒品泛滥、非法移民等全球性问题的解决。最重要的是，它将使迄今为止仍徘徊于文明人类主流之外的国家和地区日益"文明化"起来。

然而，全球化绝非康庄大道。由于现代化首先发生于西方、全球化首先是欧洲国家海外拓殖的过程这一事实，由于西方发达国家是现代性全球规则的主要制定者，在目前阶段，它们不仅控制着政治、经济，而且推行文化和意识形态领域的霸权，从而全球化很容易被扭曲为西方化，而现实的全球化过程确实包含着以美国为首的西方发达国家的国家利益和价值标准的渗透。由于发展中国家与发达国家不在一个起跑线上，所以在"公平互惠"的背后，经济全球化的最大受益者是发达国家和国际垄断集团。它们积极推动经济全球化的用意在于：利用其相对于发展中国家强大的经济、技术优势,尽力在经济全球化过程中占领更多的国际市场份额,继续保持其在国际经济领域中的主动权,以实现国家利益极大化的目标。与此同时,由于发展中国家经济的科技基础均较薄弱,并不同程度地背负着历史遗留包袱,大部分发展中国家不仅只能分享较少的经济全球化成果,而且要更多地承担经济波动带来的风险,少数最不发达国家甚至可能在世界经济基本格局中日趋"边缘化"。2000年6月底,日内瓦联合国特别大会指出了贫困与不安全问题正在上升,世界绝对贫困人口已经从五年前的十亿增加到现在的十二亿,除亚洲外的所有第三世界的贫困率与收入不平等都在增加。工业化国家与三十多个最穷国家的人均收入相差至少七十四倍,世界上三个最富有的人的财富超过六十个穷国国民生产总值之和。到目前为止,全球化没有在减轻贫困方面取得成功,全球化也没有确保稳定,全球化没有在正在从计划转向市场的国家中产生预期的作用,全球化可能存在着发达国家对发展中国家的伤害。如此等等,重要的不是反对全球化,而且是要看到问题所在,对全球化浪潮有一个清醒的认知。

在既是机遇又是挑战、既带来希望又带来风险的意义上,人们通常把全球化称为"双刃剑",但其正面的积极影响和反面的消极作用是相互渗透和融合在一起的,很难把它们分开,不宜机械地"一分为二",而应"合二为一"。这就是说,经济全球化既是基于世界经济发展的内在要求,又对世界经济产生巨大的推动作用,但它对发达国家和发展中国家的影响是不一样的。对经济实力雄厚、科技发达、国际竞争力强的发达国家明显的是利大于弊;而对发展中国家总体上说则利弊交加。进一步的观察可以发现,全球化在不同类型的发展中国家的情况差异很大。对一些以新兴工业体为代表的少数发展中国家来说,其经济科技实力与国际竞争力虽不如发达国家,但在发展中国家中处于上层,它们在经济全球化过程中应当说是利大于弊的。对于以撒哈拉以南的非洲国家和少数亚洲及拉美发展中国家为代表的被称为"边缘化"的国家来说,由于它们的贫穷、落后,加上资源不足,在全球化过程的目前阶段明显是弊大于利,处于受损的地位。大多数发展中国家则介乎上述两类发展中国家之间,它们在经济全球化中既受益得利也受损有失。但在这类发展中国家之间,彼此也有差别。中国属于中间类偏上的国家,在对外开放中明显得益,也受到一定的冲击。

总之,经济全球化绝不等同于"全球普遍富裕化",发展中国家要改变自己"二等公民"的命运,绝不能坐等全球化送来福音。而必须主动参与国际竞争,以理性的对话和实力的竞争等有效的方式参与建立真正公平合理的国际政治经济新秩序。

二、必先诚信然后接轨

20世纪70年代末,中国从封闭走向开放,并逐步扩大开放的广度和深度,融入国际分工体系,成为经济全球化进程的参与者。中国的国际贸易规模迅速扩大,从1993年以来一直是仅次于美国的世界第二大外商投资东道国。国际化程度的提高有力地促进了国内产业结构升级,创造了大量新的就业机会,推动了国内经济体制改革,提高了国民经济运行效率,增强了综合国力,使中国在国际经济与政治事务中具有一定的竞争力。

中国经济增长的主要经验是从本国的比较优势出发,制定了日益理性化的对外开放战略,并一以贯之地加以实施。具体而言,中国经济的比较优势主要是其低廉的劳动力与土地,成体系的制造业基础和潜在的巨大市场规模;比较劣势则主要是一些重要技术开发能力弱、某些自然资源相对匮乏和经济体制中存在的缺陷。中国并行地在汽车、石化等"制高点"领域实行"进口替代"战略和在劳动密集型部门实行"出口导向"战略,避免了其他单纯实行"进口替代"战略的发展中国家所出现的国际收支严重失衡的恶果。为了克服体制上与国际规则不接轨的劣势,中国在经济特区、开发区等局部地区率先实行与国际接轨的体制和优惠政策,这种局部突破的策略有效地促进了吸引外资与国际贸易的扩大,并逐步向全国扩展。当然,上述开放战略虽取得了巨大成功,但其成本也相当高昂。例如,汽车、石化等"制高点"产业由于长期受到过度保护,其国际竞争力一直较低;出口导向部门具有"大进大出"的特点,与国内经济联系较少,对国内经济的带动作用有限;国内市场的部门分割与地方保护现象普遍存在,大国经济的优势难以发挥;不同所有制企业之间在税收、市场准入、投融资等诸多方面存在着普遍的差别待遇,严重影响了市场的公平竞争等。

中国经济及社会发展将不可逆转地、越来越深地卷入全球化进程,我们能在多大程度上从经济全球化过程中争取利益,取决于我们在多大程度上发掘、培育和发挥自己的优势,在多大程度上提高自己在政治、经济、文化方面的竞争力。在国内改革的动力已明显不足的情况下,我们只有借助国际性压力和动力,以政治改革为契机,不断加强制度建设和体制创新,建设完善的社会环境;通过经济改革,不失时机地制定面向世界的经济发展战略,创造有效率的市场环境;通过文化改革,把本土文化传统转化为现代转进的精神支持,全面建设与世界文明主流相一致的现代政治文明、经济方式、文化价值,提升中国在全球化格局中的政治、经济、文化实力。

全球化时代的经济行为不再仅仅局限于国家和地区的范围,经济主体可以分属于不同的民族国家和宗教文化,但它们都必须按统一的国际市场规则进行经济活动,这就意味着要有全球统一的信用体系来约束和支撑,经济全球化的实现必然要求信用的全球化。

首先,经济全球化要求经济市场化,市场经济就是信用经济。经济全球化是在各国经济体制趋同与信息技术条件下,通过企业的跨国投资与全球性套利来实现的。因此,经济全球化在本质上是一个自发的市场机制作用的过程,全球化以市场化为前提。中国也是在转向市场经济体制后,才真正参与经济全球化进程的。现代市场经济乃是一种建立在千头万绪、错综复杂的信用关系之上的经济。市场经济越发展,信用关系越复杂,买卖、借贷、租赁、雇佣、信托等经济关系都要靠信用维系,由此产生了一套每个市场主体必须遵守的信用规则和法律规范,以约束和强制每个市场主体的行为。失去了信用,交易的链条就会断裂,市场根本无法运转,普遍的守信行为是交易能够进行、经济能够运转的前提,也是每一个企业立足于市场的必要条件。市场经济之所以应当是信用经济,同时也因为市场体制本身就蕴涵着对市场主体的信用要求。价值规律要求人们遵守等价交换、平等互利的原则,竞争法则要求人们树立公平的竞争观;经济交往的复杂性要求市场主体尊重契约和合同。从商品市场的买卖到资本市场的借贷,从要素市场上的交易到证券市场上的支付等等,无不需要因自愿和重复而产生出商业社会所需要的道德即商业信誉。因为市场交易具有自愿性,必然要求只有双方都觉得有利可图的情况下交易才能进行;因为市场交易具有重复性,某个交易者在某一时刻可能具有欺诈性,但他不可能在同一地点和同一时刻再欺诈同一对象,所以出于自我利益的最大化和长期化,交易者自然要形成一种重信誉的习惯。市场主体只有讲信用才可能获得牢固的伙伴,才可能有品牌形象的树立,才可能进行规模扩张。在成熟的市场经济条件下,信用已经成为每个人立足社会不可或缺的"无形资本",恪守信用乃是每个人应当具有的生存理念和经营意识之一。它不是空洞的概念,而是资本,是财富,也是竞争力。一个企业,缺少资金可以借贷,而缺少信用,则无人会与之进行交易。没有人因无信而长久立足,没有企业因无信而不断发展,没有国家因无信而兴旺发达。

其次,跨越国界的经济行为只能在全球性的信用框架中进行。尽管任何时代、任何国家或地区,只要有交易活动,就一定有与之相适应的信用规范,无论它是如何的简单粗糙,也不会毫无普遍性。比如无论何时何地,遵守契约、按时交货等都是不能违背的。然而,经济行为是人类行为之一,经济信用与文化传统、道德习俗、政治制度等等密切关联,一定的信用体系从属于一定的社会治理体系,所以信用体系仍有不同的时代和民族文化特色,各种信用体系之间仍有一定区别,它们可以分别支持所属的国家和地区的经济活动,但难以推广到国家或地区之外。现代市场经济是一种普遍性的经济体系,它首先在各民族国家内被建立起来,与之配合的就是得到制度性保障国家信用系统。随着全球化的到来,此前仅仅适用于各个国家、各个地区的信用体系就不够用了,统一国际市场不可能建立在分散的、个别的信用系统之上。商品、服务、资金、信息的全球性流动使得世界市场成为一个不断扩大的统一的整体,客观经济规律将在全球范围内发挥作用,这意味着从上海到悉尼、从巴黎到墨西哥城的整个世界都必须遵循同一种信用体系。这种体系一方面与全球各国的信用传统有若干关联,特别是与西方发达国家的信用体系密切相关;另一方面,它要面对全市场,所以又不只是某一国家、某一地区信用体系的扩大,而有其全新的规范和制度。从而参与经济全球化的国家和地区,必须也只能按照国际标准进行现代信用建设,任何一个不能完成这个转变的国家,原则上就只能徘徊于经济全球性之外。近几年来,国际市场上的各种经济纠纷或冲突经常出现,其中一个很重要的原因,就是它们虽然都接受了国际市场的普遍规则,但因为它们原来就有不同的交易习惯和信用传统,所以在具体实践中就可能对同一规则作出不同理解和解释,相互之间出现歧异和偏差。适应、掌握全球化的信用体系需要一个较长的过程,信用全球化的过程肯定是一个充满冲突和谈判的过程。只有经过长期的经济交往实践,不同政治制度、文化传统的国家或地区的经济主体才可能减少矛盾,也只有到那时,全球化的信用体系才真正确立并得到认真实践。

其三,只有信用全球化,不同发展水平的国家和地区才能在同一舞台上合理竞争。全球化的直接后果之一是国际竞争的空前激烈,发达国家之间、发达国家与发展中国家、发展中国家之间都会展开空前的竞争:经济竞争、商品竞争、技术竞争、人才竞争等等。与经济全球化的其他规则一样,全球化的信用体系目前也主要是由发达国家制定,但我们不能说全球规则只是少数发达国家利益的反映,加入WTO的国家和地区越来越多,说明全球化符合绝大多数国家和地区的利益。由于经济全球化遵循的"非歧视原则",上述种种竞争原则上是理性的竞争,对话和谈判是解决矛盾和冲突的主要方法,用军事暴力和武力威胁取得经济利益的行为越来越为世界各国所不齿,所以在新的世界秩序中,专横将逐渐消失,法规将占主导地位。这在一定程度上使全球各国获得了一个相对平等的机会。发展中国家往往具有这样一些特点:产业结构素质低下、抗风险能力弱;经济规模相对弱小,具有易受操纵性等等。它们的经济实力、技术水平、金融财力等都落后于发达国家,由于经济全球化的发展,贸易自由化程度的提高,贸易壁垒不断减少,发展中国家也获得了开拓国际市场、发展对外贸易的机会,只要发展中国家熟悉规则,恪守信用,其国家市场上就可以赢得较大的发展空间、争取自己合法利益的主要优势。正是基于这一考虑,各国政府不再设置人为的贸易壁垒,不再坚持只对本国有效的信用体系,这就打开了通向信用全球化的通道。

同时,我们也要看到,加强社会信用建设不只为了国际竞争,也是建设中国市场经济秩序的内在需求。由于目前的中国经济是由计划经济脱胎而出的,信用约束的真空状态不可能迅速改变。在社会经济转型时期,由于体制原因和人们思想认识上的偏差,在一定程度上造成了个人信用、企业信用乃至政府信用的缺失。假冒伪劣产品冲击市场;偷税、漏税、走私、骗汇、骗税;合同违约,商业欺诈,欠债不还,三角债、多角债,逃废银行债务;财务失真,做假账,搞两本账;假数字、假政绩、报喜不报忧,甚至出现了失信者取代守信者的逆淘汰现象。凡此种种,都像毒瘤一样正侵蚀着经济肌体,它不但影响社会的投资需求和消费需求,而且增加企业的交易成本,破坏企业的正常经营,导致政府的宏观调控政策难以发挥应有的作用,甚至严重影响我国的国际竞争力,影响我国对外开放的整体形象。在2002年初九届全国人民代表大会第五次会议和全国政协九届九次会议上,政府信用、企业信用、中介信用、个人信用均受到来自各方的质疑。越来越多的人注意到,中国加入世贸组织后,从长远看,最缺乏的不是资金、技术和人才,而是信用,以及建立和完善信用体系的机制。

从"入世"后与国际接轨来看,完整的信用体系是我国走向全球市场的通行证。其一,作为世贸组织成员,中国必须遵守规则,履行承诺。具有不同民族文化和交易习惯的市场主体要在全球范围内从事经济活动,必须制定统一规则。如果说在一个较小社区范围内的信用,由于人们"抬头不见低头见",还可以用宗族关系、邻里关系来支持交易,那么,发生在整个民族国家范围内乃至全球化的市场上的现代交易就必须以有切实保证的信用作为中介。WTO是一整套规则系统,"入世"后,面对的最大风险就是规则意识不强。一是不懂规则,二是不按规则办事。中国入世,最重要的承诺有两项,一是遵守规则,二是开放市场。要在WTO的平台上做生意,谁违背了游戏规则,谁就可能造成贸易争端,就可能受到规则的惩罚,甚至被淘汰出局。其二,在全球范围内的经济活动中,市场认知和国际形象十分重要。企业之间的竞争最终是信用与品牌的竞争,而品牌由信用凝聚而成,没有信用的企业是没有客户的企业,它必将失去所有未来发展的可能。正如一些学者发现的,"全球化最有力的一个调节因素,金融市场,特别是股市在很大程度上并没有反映经济基本数据资料的发展,反而是心理、感觉和通讯起了决定性作用"。[①] 这就是说,市场主体的经济实力是一回事,市场对它的评价和期待是另一回事,两者并不完全等同,后者特别涉及若干非经济因素,信用就是各市场主体被接受和欢迎最重要的条件。在一个由规矩、诚实、合作的行为组成的共同体中,一个国家、一个企业的竞争力取决于其被信任的程度。信用是全球化时代企业的生命。其三,"入世"后会有更多的跨国公司进入中国市场,发达国家的公民、企业规则意识比我们强,重视信用是他们的一个突出优势。他们带

---

① 特茨拉夫主编:《全球化压力下的世界文化》,62页,江西人民出版社,2001。

给中国的不仅是物质资本、技术和管理,而且有维持市场运转的信用资本。在这个意义上,开放是利用外国人积累的社会资本建立我们的市场秩序,是信用的国际转移,一个诚实的外国企业实际上比不讲信用的中国企业能给本国人民带来更多的福利。即使在国内市场上,部分习惯于家庭关系、地方主义、个人权威的国内企业要与他们同台竞技,优势也不明显。据中国外企协会调查,外商认为在华投资最大的风险之一就是信用。比如,一些地方引资过程中的朝令夕改、暗箱操作,让外商无所适从;有的外企因品牌屡被侵权,只好撤资或不再追加投资。显然,一个地区、一个国家其实也是一个市场主体,信用是投资环境的重要组成部分,它甚至决定着一个国家、一个地区的竞争力和可持续发展。

从中国经济要实现跨越式发展来看,在相当长时期内,由于发达国家在科技领域的明显优势,发展中国家很难扭转这种不利形势。但是,中国有自己的优势,只要扬长避短,我们在某些领域和某些产业尽快提高国际竞争力,争取在经济全球化中占据较为有利的地位,是有可能的。现代技术的发展弱化了经济领域自然资源的优势垄断,非物化的信息资源成为新的优势资源。与自然资源不同,信息资源的高流动性和跨时空性特点,改变了自然资源的地域指定性特征。这就意味着,发展高新技术没有地域垄断,也没有不变的"先行者",高新技术与产业的有机结合,可以创造出后来居上、实现跨越式发展的奇迹。然而,我们目前在信息资源、科技优势方面并不领先,我们必须寻找、挖掘现有的优势以争取获得信息资源和高新技术。全球化竞争是综合性竞争,在自然资源、金融资本的竞争外,还有社会资本、文化资本的竞争,我们的自然资源相对贫乏,金融资本也不占优势,但五千年的文化积累使得我们拥有充分的社会资本、文化资本。社会资本说到底,就是社会信用;文化资本的现实化,就是转化为社会信用。我们必须发挥包括信用在内的商业道德、人文优势,避免自然资源相对贫乏的弱势,占有和掌握跨越式发展过程中非常重要的非物化信息资源。所以如果没有良好的信用,跨越式发展的战略是不可能实现的。

当然,我们也要看到,真正能实现超常规发展的只能是少数地区,多数地区经济发展仍要走常规发展的道路。这不仅仅是经济条件的制约,还包括人力资源条件、社会文化条件等多方面环境的制约。经济发展应当正确把握常规发展与跨越式发展的关系,着眼于从常规发展中寻求跨越的机会。所谓"常规"发展,就是有规矩、有规范的发展,根据前面所论,信用就是经济的基本规矩和规范,就是我们要尊重的客观规律之一。从而,常规发展的战略也需要我们建设良好的信用。无论跨越式发展是不是常规发展,发挥后发优势,迅速地采用先进技术和体制以追赶发达国家都是中国的一大法宝。后发优势是中国跨越式发展的必要条件,包括不断改革和完善政治、经济体制,建立和完善符合国际惯例的法律体系,营造有利于科技创新的环境;加快产业结构调整,以先进科学技术改造和武装传统产业,找准产业发展的切入口,大力发展具有本国特色和国际竞争力的优势产业。尤其要树立全球意识,积极发展跨国企业和名牌产品,在国际市场竞争中提高国际地位,等等。跨越式发展也好,后发优势也好,都有一个学习、借鉴外国经济体制和技术的问题,如果我们没有信用或信用不够,学习借鉴就成了一句空话。近几年,由于我们保护知识产权的力度不够,致使一些国家实行技术封锁,就是一个教训。

在相当一个时期内,中国受到的压力和挑战将会随着中国卷入全球市场的广度和深度而加大,信用建设的成绩将直接与中国在国际上的处境有关。

三、制度创新与文化转型

加强社会信用体系建设,需要从政治、经济、文化多方面、多层次与国际接轨。仅就应对"入世"以后面临的新形势而言,中国信用体系的建设有四个不能回避的前提。

第一，信用建设的必要准备：学习、掌握 WTO 的规则。

信用首先是指社会交往中诚实、守信的道德规范和行为准则，在市场交易中，信用是一种交易方式以及由此衍生出的各种金融工具和服务，它是指一种建立在授信人对受信人偿付承诺的信任的基础上，使后者无须付现即可获取商品、服务或货币的能力。现代市场经济的信用，不是口头承诺，而是具有法律效应的书面规定，讲信用就是严格遵守规则。WTO 主要有三个方面的职能：第一个就是制定规范全球贸易、市场经济运行的国际规则，并且监督这些规则的执行。第二个职能就是组织各成员国相互开放市场。因为世界贸易组织的宗旨就是在全球建立一个开放的经济贸易体制，因此它是一个为各成员国提供谈判的场所。第三个职能就是解决争端，这实际上是第一、二个职能的延伸。世界贸易组织各成员之所以会产生争端，要么是成员之间没有遵守贸易规则，要么就是没有开放市场，所以第三个职能是确保第一、二个职能的执行。所以，WTO 作为具有法人地位的一个国际性贸易组织，既是一整套针对所有成员国都具有法律约束力的贸易条款及争端处理规则，也是世界各国建立在相互间"利益捆绑"的基础上，就国际贸易领域相关问题所形成的一套"游戏规则"以及针对这套规则所展开的多边对话。从静态角度看，为了实现成员国国内市场的相互开放以及企业间的平等竞争，最终获取贸易利益，就有必要消减直至根除那些有碍于国家间经济贸易活动的因素，制定相应的规则，以对整个"贸易游戏"发挥监督和指导的职能；而从动态角度看，随着贸易活动本身的千变万化，以及各类派生性问题的陆续出现，各成员国还必须经常结合新情况和新问题，针对规则展开多边对话，以图在原有的基础上有所改进。

"入世"意味着中国政府代表中国所有企业全盘接受了 WTO 现有的一整套规则，也意味着中国所有企业对国际市场做了一整套承诺。有了承诺就要守信，要守信首先就要知道我们答应了哪些，我们必须做哪些。由于这套规则基本上是以发达国家的交易习惯为基础而又在当代国际市场竞争中形成的,对于长期游离于国际市场之外的中国人来说,对这套别人制定的规则我们还相当陌生,这就需要我们全面系统地学习。我国虽进行了长期的社会主义市场经济改革,但要应对"入世"后的开放化的国际市场,还不能说已经做好了足够的准备。我们必须进一步加深对市场经济体制的理解和再学习,加强对国际规则的了解,学习、调整、转变、接轨的反复摸索将是"入世"后的首要任务。在这方面,容不得半点虚假和含糊。

学习是为了应用。只有掌握了国际规则,我们才能利用这些规则在国际市场上争取更大的信用空间。由于利益方面的冲突,发达国家之间关于规则的吵闹犹如家常便饭,无休无止,美国与欧盟之间多年来关于农产品补贴与反补贴问题的争执即是一例。与中国直接相关的是,由于国力方面所存在的巨大差距,广大发展中国家至今尚未获得与发达国家之间平等的对话权。可以预料,在世界各国经济发展水平参差不齐的格局没有得到彻底改观之前,有关 WTO 规则的多边对话永远都将是荆棘丛生。随着经济全球化的深入发展,现行的国际经济秩序急需改革,尤其是一些国际经济规则需要重新修订,一些新的国际经济规则需要制定,以适应信息技术的飞速发展和应用等。这实际上是经济利益在世界范围内重新分配的过程。因此,西方主要发达国家利用其经济实力和在国际经济组织中的控制地位,千方百计地要使国际经济规则的制定为其利益服务,有的国家甚至试图以此建立新的经济霸权。发展中国家为了维护自己的利益,应积极参与国际经济规则的制定,中国作为一个发展中大国,理应在建立国际经济新秩序和制定国际经济规则的过程中发挥作用,而不只是被动地服从、遵守,这样才能在经济全球化中分享更多成果,为缩小与发达国家的差距创造条件。

第二,信用建设的制度保障:改革政府管理体制。

加入 WTO,实质上是按照统一的市场经济规则参与国际经济竞争,能否通过进一步开放市场和引入竞争来促进本国经济的发展,前提在于国内市场机制能否充分发挥作用;能否在全球市场上重诚守信,前提在于我们能否拥有与国际接轨的市场经济环境。市场经济一般不需要政府直接介入,但创造并保护良好的市场秩序,却是政府的主要功能之一。由于各种历史原因和现实制约,目前政府规范、监管市场秩序的力度不够:

一是规范市场秩序的法律法规仍不健全,经济体制改革进程与立法进程不协调。目前中国在制定有关市场主体、市场行为和宏观调控的法律法规方面已经取得长足进展,但是由于经济体制转轨和政府职能转变还不到位,执法效果往往不理想。例如反垄断法迟迟没有出台,难以运用法律手段打破行政性垄断;证券市场的退出机制至今没有最终建立,难以保证上市公司的质量。

二是执法不严,对有法不依、执法不严甚至违法不究的行为缺乏有力的监督制约,人治大于法治的现象在许多地方时有发生,严重损害司法独立和司法公正,使已有的法律、规章和制度形同虚设。

三是地方保护主义和部门分割妨碍全国统一市场的形成。一些部门、地方政府的法规甚至内部文件与国家法律存在矛盾。在行政执法实践中,出现内部文件的权威大于部门法规、部门法规的权威大于国家法律的现象。一些部门和地方政府在处理矛盾和问题时,往往先依据本地内部文件和法规,然后才考虑中央政府的法规、部门规章和国家法律。更有甚者,一些地方法院在审理案件时,不是以国家法律法规而是以内部文件甚或长官意志作为判决依据。此类问题较多地表现在企业改制和涉外经济纠纷等方面,严重败坏了中国政府的信用形象。

四是一些政府部门出现利益集团化和非公共机构化倾向,公共服务职能弱化,乃至体制性腐败加剧。政府改革中专业经济部门陆续撤销以后,综合经济部门、执法监督部门和社会公共管理部门的公共服务职能需要加强。但是,目前一些政府部门在制定规划、方案和法规时,或在处理部门利益和公共利益的矛盾时,往往受到本部门或所管辖的行业利益的局限,对国家利益、公众利益考虑不够,甚至做出违背这些利益和法定程序的行政决策。随着市场化改革向垄断性行业的逐步深入,相关领域的部门利益、行业利益与社会公共利益的矛盾正在成为社会各界关注的焦点。现行行政管理体制中存在的同一部门兼有决策、执行和监督职能的状况,容易强化部门的既得利益,使某些行政主管部门比地方政府更加留恋行政审批权。由于对微观经济活动设置了过多的行政审批事项,使体制性腐败难以得到有效遏制,在一些地方和部门甚至愈演愈烈。

"入世"以后,中国政府要履行所承诺的开放市场时间表,所涉及的问题包括降低关税、取消非关税壁垒、放开贸易经营权、开放服务贸易市场、对外资实行国民待遇、加强知识产权保护等。政府只有具备较强的在开放条件下稳定本国宏观经济的能力,在危机治理、维护国家经济安全上表现出更强的能力,才可能为本国企业创造一个较平稳的市场环境,避免种种具有很大不确定性的金融危机和经济危机。这就要求政府尽快改变上述四种现象,创造出有利于增强中国经济竞争力的"软环境",一面取信于国际市场,一面取信于国内企业。

目前最需要改革的,一是政府按照"入世"所做的承诺,全面清理现行的法律、法规和政策中不符合WTO规则的部分。增强法律法规的统一性和公开性。具体而言,按照开放市场的承诺,逐步取消非关税贸易壁垒,取消对外资准入领域的限制,取消对外商投资企业在本地含量、出口比例、外汇平衡和技术转让等方面的强制性要求,对外资企业与外国商品实行"国民待遇",加强知识产权保护等。二是以放松或取消进入限制为重点,营造国内各类合法经济主体公平竞争的环境。WTO最基本的一项规则是非歧视原则,在国内对所有企业实行"国民待遇"。除了为数不多的关系国家安全和有特定要求的行业需要有严格的进入限制外,对其他行业,特别是竞争性行业,原则上都应放开,取消种种基于所有制、地区和部门的或明或暗的限制,清理并大幅度减少政府行政性审批。三是按照建立统一、开放、公平竞争的国内市场的要求,抓紧对一批具有自然垄断和公用事业特点的行业进行改革、重组和规范。四是不断精简有关经济行政审批的各项规定,同时建立、发展自律性的行业协会和各种经济鉴证类的中介组织。政府只当裁判员,不当教练员,也不当俱乐部老板,逐步实现政府从直接管理经济到服务于经济的转变。五是加快行政程序立法,规范行政权力,落实依法行政。应尽快制定统一的国家行政程序法,通过建立完善的行政听证制度、公开制度、说明理由制度、卷宗阅览制度、时限制度等,加强对行政行为的程序监督,提高政府行政过程的民主性和透明度,减少行政腐败,克服官僚主义,提高行政效率。与此相应,扩大法院对行政案件的受理权限,加强司法权力对行政权力的制约和监督。

政府管理体制的改革,说到底就是通过政府强有力的管理和干预,提高中国市场经济的理性化水平,使信用而不是权力、利益等成为维持中国市场有序运行的基本机制。

第三,信用建设的核心要素:建立产权制度。

产权制度的基本功能就是给人们提供追求长期利益的稳定预期和重复博弈的规则。由于中国企业的产权制度改革没有突破,不但严重影响到生产力的发展和企业的有效竞争,而且使信用主体无从诞生。企业作为信用载体的条件之一,是企业决策者有实在的"赌注"在企业中,从而有维护企业信用的积极性。一些企业不讲信用的根本原因,就在于产权不清,没有确定的私人所有者,市场价值与决策者的利益无关,人们无须或较少对自己的行为负责,也不能从企业的信用得利,自然也就没有动力和必要看重企业的信用。

以国有企业为例,虽然改革经历了不同阶段,但产权制度改革始终没有真正到位,所有权与产权高度集中于国家。所有权是经济关系在法律上的表现,产权则是所有权的转化形式。国有企业所有权是明确的,国家是唯一的所有者,拥有所有权。但产权是不明确的,这种不明确表现为本应属于企业的产权,仍然合并于所有权之中,并集中于国家手里。这就是说,国家拥有全部企业产权,包括企业的经营权在内。企业没有任何法定独立权利,一切都由国家任意给予。国家的支配不仅是在价值形态上,而且包括对实物形态的支配。整个全民所有制经济构成一个以政企合一为特征的庞大的科层组织,政府与企业统一于这个组织之内,政府是这个组织的最高层次,企业是这个组织的最低层次,是政府的附属物。在这个组织中,政府职能与企业职能既相互交叉又相互重合,企业的职能可能通过政府的活动来实现,政府的职能也可以通过企业的活动来实现。

这种政企不分的体制不仅不能建立"产权防护机制",不能形成有效的产权制度来对经营者和员工进行激励与约束,而且使企业决策者的利益与企业利益之间没有长远的关系。在一定意义上说,信用意味着为长远利益而牺牲眼前利益,当人们不考虑长远利益的时候,信用是个无须考虑的问题。比如一个企业的领导对他的决策及其后果不承担责任,而且不能确定他会在这个位置上坐多久,企业的未来收益或许为他人所分享,那么他就只会追求眼前利益。产权不明晰,企业领导人就没有追求企业长期发展的动机,就不会讲信用。这里我们要特别正视现代企业发展的一个突出现象,就是所有权和经营权在新的起点上的合一,经营者部分地成为所有者,其中一个主要实现方式就是股票期权。以美国为例,在20世纪70年代至80年代,美国大企业的高级经营者很少持有股票期权,当时的报酬形式基本上是现金。到了80年代中后期,经营者的报酬结构发生变化,股票期权日益受到重视。到1994年,有10%的上市公司开始给经营者股票期权,三年后,这一比例发展到45%。目前,全球五百家大企业中,有89%的企业实行了股票期权制度,在企业管理人员的薪酬结构中,股票期权占到30%甚至更高。近十余年来,股票期权制度给美国管理者带来的收入增长了两百多倍。由于所有权和经营权的重合,部分地解决了经营者的短期行为和道德风险问题,使经营者更注重培育企业的长期竞争优势和战略目标,信用真正成为企业的内在要求。

因而,要建立信用体系,就应以产权为纽带,对国有经济进行战略性重组,重构国有资产的管理体制,集中解决政府作为所有者代表的身份问题。这一问题不解决,不但不可能真正实现政企分开,不可能真正解决政府对经济的干预问题,而且使中国企业面临信用主体缺失的问题。

第四,信用建设的文化资源:推动传统转型。

现代信用体系是由一整套规范和制度保证的,但信用的基础,却在各民族文化传统之中。文化可以理解为共同经验存储的总和。面对反复出现的问题,它构建了一个统一的导向系统。经验的存储和这个导向系统使个人能够主观地认识自己和本地的我们"群体",同时也能够区别与"其他人"和"陌生"环境之间的虚拟界限。因此,可以将文化看做是一个由意义结构严密编织的网络。这个网络围绕个人并通过由社会化所决定的习惯感觉和思维模式对个人的政治行为发生影响。从历史上看,信任可以在一个行为规范、诚实而合作的群体中产生,它依赖于人们共同遵守的规则和群体成员的素质。这些规则不仅包含公正的本质这种深层次的价值问题,而且还包括世俗的实实在在的规则,如职业规则、行为准则等。我们相信一个医生不会故意伤害病人,是因为我们期望他或她不违背自己的医德誓言,遵守医生的职业规则。

经济全球化不仅仅是经济利益和经济关系,而且涉及更为复杂的政治制度、意识形态和文化观念等领域的冲突。语言、宗教、种族都是本土认同的重要组成部分,而与经济最密切的则是信任网络。世界各地不同的人们处于不同的信任网络中。如果我们要真正地理解世界各地是如何运转的,我们就必须真正地理解当地的信任网络;一旦建立起信任关系,随之就能形成商业关系。面对全球化在信用方面的挑战,我们不但要进行经济体制、政治体制的改革,也要通过创造性实践来完成传统文化的现代转型。

中国文化有"诚信"的优良传统。早在中国文化的"轴心时代",奠定中国文化基础的导师们就对"诚信"问题寄予了浓厚的关怀。"人而无信,不知其可","朋友有信","修辞立其诚,所以居业也","正心诚意"等等都是中国文化的基本信念。在古中国的主导思想儒家看来,诚信的基本表现形式是"内诚于心,外化于人,言必信,行必果"。言而无信的是小人,而

"大丈夫"则是"一言既出,驷马难追"。古中国的诚信传统并没有仅仅停留在口头上,它不但成为中国人修身成人的主导原则,也在中国社会生活中有具体体现。春秋时代的思想家管子,还曾从国家管理的角度提出诚信问题。《管子·枢言》有云:"先王贵诚信。诚信者,天下之结也。"这就是说只有坚持诚信这种制度,才能集结人心,一盘散沙似的无数人才可能团结一致。特别要强调的是,明清时代,中国商品经济开始勃兴,那时的许多商人也是非常重视信用的,这方面,余英时先生在《中国近世宗教伦理与商人精神》一书中有大量材料和深入分析,若干经济史论著也对此相当重视。①

尽管如此,作为一种与现代社会和市场经济相适应的社会信用体系,并未从中国文化社会中生长建立起来。首先,儒家的诚信主要属于个人道德修养和人文规范的范畴,它特别与家庭及亲属关系相关。美籍日裔学者福山在研究信任时,区分了两种商业品德,一种是可以由个人单独完成的,如努力工作、节俭、富于理性与开拓精神、敢于冒险等等,这些都是企业家应具的品格,但仅凭这些还导不出市场体系;另一种是社会品德,如诚实可靠、善于合作、对他人的责任感等等,属于社会"信任"范畴。对一个企业来说,后一种社会品德更为重要,因为"在创造财富之前,人类必须学会一起工作,如果接下来还有其他进程,新的组织形式就会随之产生"。② 显然,古中国的诚信主要属于个人品德的范畴,以致梁启超批评中国人有私德而无公德。其次,传统中国缺少对个人产权的尊重和保护,与资本主义、商品经济相应的契约制度、信用关系和法律制度等等在中国没有充分发育。中国商人的经营范围基本限于相对有限的、简单的商品交换,而且主要发生在"情感社会"和"熟人圈子"之中,与建立在大工业、大市场基础上,且有完整的法律制度与之配合的现代信用还有质的不同。迄今为止,海外华人企业大多数也是家族企业,且在实现从家族企业向专业管理型企业转变的过程中困难重重。第三,在漫长的专制制度中,包括

---

① 余英时:《中国近世宗教伦理与商人精神》,安徽教育出版社,2001。
② 福山:《信任》,47页,海南出版社,2001。

财产权在内的基本人权从来得不到保护,每一次王朝更迭都伴随着对当朝财产人的大规模剥夺;债务人对其债务的处理有很大的随意性,历代王公大臣中,经常欠下商贾巨额债务,最后常常是通过皇帝或官府的一纸"德政令"而将债务一笔勾销。特别重要的是,政坛官场的黑暗加剧了中国社会信用的缺失,"只许州官放火,不许百姓点灯","大人者,言不必信,行不必果"。中国政治实践经常是虚伪成习,奸佞丛生,"厚黑学"盛行,"关系学"猖獗,严重毒化了中国的人际关系和社会风气。"一个农民只会信任家人,因为外面的人——官员、官僚、地方当局和士绅等等——对他没有对等的责任感,而且对他进行肆意掠夺。"[①]

如何发扬、转化传统的诚信资源,克服、矫正不诚信的恶习,是中国现代化的必要过程。从19世纪40年代开始,中国作为一个古老的文明中心被帝国主义的坚船利炮强行纳入了西方国家主导的全球化进程。鸦片战争之前,中国的文化体系平行于其他的世界体系,并且一度比西方世界体系更为发达,但是长期的封闭导致的政治专制、科技落后、经济凋敝,使这个庞大的体系逐渐失去活力,终于被西方列强的殖民扩张所压倒。长期的落后挨打,迫使先进的中国人进行自我反思,经过洋务运动的近代化努力之后,以康有为、梁启超为代表的维新思想家认为中国的政治制度不能应对现代世界的挑战,必须进行政治制度的改革,但19世纪末的戊戌改良很快就夭折了,制度性转换没有完成。20世纪初的新文化运动进而把中国积弱贫困的现状归之于以儒家为代表的传统文化,但在猛烈揭发专制伦理对中国的危害的同时,新文化运动没有来得及完成新的文化思想体系的建立。此后由于民族危机的逼进,思想文化和制度建设等问题一度被置于民族解放战争之下。1956年,在生产资料私有制的社会主义改造基本完成后,我们长期实行计划经济,一方面我们的经济运行只有政府调节,无所谓信用问题,另一方面计划体制使我们脱离并抵抗了经济全

---

① 福山:《信任》,87~88页。

球化进程,无法从全球化交往中学习、接受现代信用体系,结果我们不但在现代经济方面落伍了,而且在打开国门后也深感社会信用的不足。

从上述简单的描述之中,我们不难发现,古中国的诚信观念并没有转化为商业信用;而在近代转换的一个多世纪中,社会信用体系也无由建立,甚至没有作为中国现代化的一个重要因素。近二十年来,中国在政治上与西方各国加强接触和了解,融洽了在"冷战"时期冻结的关系;在经济上以经济特区为先导,依次开放沿海城市、沿江城市和内地,进行经济体制改革,转向市场体制,形成了加入经济全球化潮流的制度性保障;在文化上打破了僵化的意识形态系统,在继承传统文化、学习西方文化方面做了不少努力。所有这些都为中国信用建设打开了道路。全球化正在冲破传统的民族国家壁垒,随之而来的是越来越多的国际性标准和国际性规范为世界各国所共同接纳和遵守,"与国际接轨"已经成为许多国家的共同口号,许多国际通用的标准或准则到现在才第一次获得其真正的国际意义。但是,各国在接纳和遵守这些普遍的国际准则时,始终没有忘记本国的传统和本国的特征,而是将国际准则与本国传统结合起来,使国际准则本土化。例如,世界上的多数国家都同意接受和遵守有关环境保护和人权保护的国际公约,但是在解释这些公约的意义,特别是在本国实施这些国际公约时,都深深地带有每个民族国家的特殊烙印。如果说作为一个有普遍意义的现象,目前信用的缺失正反映出中国现代社会建设的一个不足的话,那么,我们现在就特别需要从建立社会信用体系入手,一方面弘扬中华民族重信重诚的美德,另一方面学习发达国家的经验,通过制度创新建立中国社会信用体系,从诚信开始铸造民族信用之魂,推动中华民族在全球化的国际竞争中的崛起和复兴。

现代信用体系是品德、规范、制度的统一;全球化是一个涉及经济、政治、文化的整体性过程,所以,建设有中国特色的现代社会信用体系,既是在全球化时代发展市场经济的需要和保障,也逻辑地包含着建设有中国特色现代社会制度和思想文化,信用建设是全面提高中国在经济、政治、文化诸方面竞争力的基础。如果说建立现代信用体系是为了更好地参与全球化进程,而参与全球化又对中国信用体系提出更高要求,那么历史实际上给我们提供了合二为一的契机,只要真心实意地抓住机遇,我们就可以在信用建设上实现跨越式发展。

(原载谢名家主编:《信用:现代化的生命线》,人民出版社,2002)

告别"伟大而残酷"

2003年的中国,可能会以"非典"的爆发和人们对它的战胜而留在未来的历史上。"非典"过后,无数的人对此作了无数的思考和反省,在最抽象的层次上,"非典"的肆虐是大自然报复人类的又一无情形式。我们曾乐观地期待,经济的发展会确保人类的幸福,科技的进步会彻底消除传染病。确实,半个世纪以来,由于抗生素的研发和各种疫苗研制成功,不少以前威胁人类健康的传染病,如天花、麻风病等几乎消失,相当一个时期以来,我们已经没有见过致命的烈性传染病爆发,在人们的大脑中,"防疫"这根弦已经越来越松了。但是,"非典"来了,它无情地让一千多人死于非命,而且,至今,我们还不能说对它已了解得十分透彻,可以有把握地说:我们不必再害怕它了。

其实,不要等到"非典",从国家卫生部定期发布我国疾病统计情况看,传染病依然是威胁我国民众健康的第一杀手。随着工业化进程的加速,生态改变、土地开发、水利建设等等为多种昆虫传媒繁衍增殖提供了有利机会;旅游、移民、交通发达,使传染病迅速扩散为全球性蔓延,使输入性及国际性传染病增加。近年来,有些老的传染病如白喉、鼠疫、登革热、结核病等重新抬头,新的传染病如埃博拉病毒、疯牛病、艾滋病等不断出现,新老传染病的产生和再现终将继续困扰人类。在这个意义,我们或许应当"感谢""非典"。因为,正是"非典"以最危险的方式提醒我们:人类并不能真正掌握自己的命运,文明的进步并不能彻底消灭一切危害人类的传染疾病。我们需要对"人定胜天"、"进步带来幸福"、"科学的力量是无穷的"之类观念进行深刻的反思。

这远不是什么新话题。文明的命运似乎注定了它不可能简单幸福和快乐完满。20世纪下半叶以后,冷战结束,文明人类内部的对立、冲突和斗争显示逐步消解的前景,但生态环境的日益恶化却成为文明世界的严重不安,人类惊讶地发现,曾经被认为是征服了的自然,此时再一次显露了桀骜不驯、倔强峥嵘乃至狰狞可怖的一面,再一次向人类的生存提出挑战。

1962年,美国海洋生物学家蕾切尔·卡逊出版了《寂静的春天》一书。书名诗意浓郁,描绘的却是大量使用杀虫剂之后没有鸟鸣、鱼类绝迹的春天。作者指出,由于人的错误观念和行为,原本生机勃勃的春天如今陷入一片死寂。据说卡逊开始写作此书时,已患有恶性肿瘤,在终于完成了这本给美国带来一场意识革命的名著之后,她遗憾地说,如果十年前我就有这种观点该多好。她的意思是,十年之中,人类的生存空间更加恶劣,作者自己的遭遇便是例子。

没有人会认为这本书是在耸人听闻。数百年的工业文明创造了巨大的社会物质财富和精神财富,我们曾自豪地描述这个时代生产力的空前发展,高科技的迅猛进步,人类智慧的惊人增长,以及世界面貌的革命性变化。然而与此同时,工业化也给人类带来巨大灾难。它把自然视为人类附属物,粗暴开发、无限制索取,甚至无节制地破坏,由此导致了生态环境的恶化,如大气污染、水体污染、土地污染、食物污染,水土流失、土地沙化、森林骤减,并引发地球温室效应、酸雨增多、生物灭绝。人口越来越多,资源越来越少,生命的未来越来越令人担忧。

自然以它自己的方式对人类实施了无情报复和严厉惩罚,但人类究竟从事实的教训和先知的告诫中明白了多少?2002年8月上旬,欧洲中部暴雨连绵,洪水泛滥。从电视画面上我们看到,一些令世人向往不已的历史文化名城已是一片泽国,汽车在水中漂浮,街道被浊流淹没。有报道说,此次洪灾造成一百多人死亡和两百多亿美元的损失。强大的低气压带来持续的暴雨,天灾确实可怕。但仅仅是天灾吗?环境专家们认为,极端天气的频繁出现本身,就是人类活动的恶果之一,比如大量气体排放加速全球气候转暖。而暴雨之所以引发洪灾,直接与人类的三个行为有关。第一,有关国家为了提高内河航运能力,追逐经济效益,将许多河道建成"水上高速公路"。这就要加高堤坝、修建船闸,人为地提高水位,这确实增加了水流速度和船舶的载重量,但也大大压缩了河流的自然面积。第二,一些国家为了获得更多的土地,大量围垦河流蓄洪用的洼地,降低了自然泄洪的能力。比如在莱茵河上流的泄洪区就在一个世纪内从一千多平方公里缩小到一百三十平方公里。第三,大量使用混凝土、沥青等材料建造的居民区、城区和道路,阻碍了降水的自然渗透,增加了河流的水量。许多小河道在降雨后迅速形成洪峰,加大了对主河道的行洪压力和对下游的危害。比如德国几条大河的洪峰形成时间近年来平均缩短了一半,洪峰次数却增加了五倍。

一年之后,洪水没有再度光临繁荣的欧洲,代之而来的是持续的、亘古未见的高温,欧洲人面对的不是一片汪洋而是赤日炎炎,去年的泽国变为今年的火炉,到处有高温打破历史记录的报道,到处有高温带来的危害。法国今年的最高气温达43摄氏度,南部地区发生二十五年来最大的森林火灾。连夏天一向凉爽宜人的西北欧国家也犹如烤箱。灾情在南欧尤为严重,许多国家三个月滴雨未降,森林火灾迅速蔓延,多人死亡,数万公顷森林被毁。在弥漫欧洲的大火中,葡萄牙东部地区的火灾最为严重,这场大火已经波及了这个国家十八个地区中的十五个。在火灾入境之前,西班牙全国遭遇了多年不遇的炎热和干旱,中部地区的首都马德里、南部地区的塞维利亚等省份以及靠近葡萄牙西部地区的气温连日高达40摄氏度以上。在意大利,因为干旱,位于该国北部、阿尔卑斯山脉以南的波河平均水位已比往年低了八米,创一百多年来最低水位记录,宗教机构甚至在考虑组织集体祈祷"求雨"。据法国媒体报道,热浪已开始把欧洲推向混乱的边缘,不少国家和地区均有衰弱老病之人热死。我们不知道是否可以从中得出结论,即从今以后,大规模消灭生命的,已不是战争,而是由人类自己造成的生存环境的恶化。

"福兮祸所伏,祸兮福所倚。"难道自然的存在不是为了给人的生存提供资源?难道用科技武装起来的工业文明还不够强大,以致战胜不了无知无识、不言不语的自然?工业文明的"伟大而残酷"的后果,警告我们必须重新反思人与自然的关系。

人是自然进化的产物。在原始采集狩猎时期,人类与自然是一种混沌同一的关系。人类是以极其简单的石制、木制工具,以采集、狩猎等劳动方式,去直接获取自然界赐予的"现成产品"。在旧石器时代,妇女采集水果、坚果、谷物,挖掘块根植物和昆虫,男子捕捉小动物和鱼类。通过采集和狩猎活动,人类既对他赖以生存的动植物种群施加影响,又受到自然界植物果实的生长季节、动物繁殖、迁移规律的制约。人类对大自然的依附性在人类社会的各个方面都留下了印记,他们不能不关心周围的一切,否则就难以生存。可以说,在这一时期,人类还基本上只是自然生态系统食物网链上的一个环节,人类对自然的影响只是通过直接作用于食物网链而反馈到生态系统中去的。这时期出现的图腾崇拜说明原始人存在着完全依赖于自然、归属于自然、融化于自然的混沌。

进入农业文明时期,人们创造了农田栽培技术、渔牧技术以及定居的生活方式,把人和自然的相互作用扩大到了物质循环、水循环、气候条件和生物物种关系等许多层次,人类改造和利用自然的能力大大增强了。由于传统农业大都采用粗放型的经营方式,刀耕火种、广种薄收、耗尽地力、掠夺性地开发自然生态系统,没有重视从外部经常补充相应的物质和能量,于是在局部地区,特别是人口集中地区,逐渐破坏了农业生态系统的稳定条件,甚至带来了严重的自然灾难(如古代两河流域和我国黄河流域的生态破坏)。然而,由于农耕工具的破坏力小,范围有限,也由于农业生产受制于自然规律,所以总的来说,此时人与自然的相互关系基本上还是一种动态平衡、相互协调的状态,人在同自然的互动中获得了维持生活的必需品,也享受到了自然提供的安适,人的生活充满了泥土的芳香和田园牧歌式的诗情画意。这种人与自然和谐相处的关系在中国传统中以"天人合一"的理想表现出来。

工业革命开始了人类文明的新纪元,人类与自然的关系也发生了根本变化。人不再因循自然,不再与自然和谐共处,而是建立了以人类为中心、以人类统治自然的"反自然"的社会。科技发展迅猛,生产力急剧提高,人口数量不断增加,人类的活动领域日益扩张,至少在原则上,工业技术手段可以使人类改造地球上的一切自然系统,直到整个生物圈。在人类中心主义的支配下,现代发展观纯粹从人类利益的角度判定世间一切事物的价值,认为人类文明的每一个进步都是征服自然的结果。一方面认为自然资源是取之不尽、用之不竭的,毫无节制地向自然界大量索取;另一方面,又把自然界当做天然垃圾场,任意向环境排放废弃物。这就必然衍生出各种问题,不但对自然,也对整个人类继续生存的条件构成了威胁。20世纪30年代末,苏联政府为了生产更多的粮食,强制采取大规模的毁林开荒运动,大片森林和草地被开垦出来种上农作物。粮食增加了,干旱和洪水也联袂而至。数年之后,这些被开垦的土地迅速变成荒漠。同样,20世纪和21世纪之交,美国中西部连续发生森林火灾,每年毁掉数千万英亩的森林。仔细研究发现,火焰的起因居然也是气候转暖导致生长茂盛,大量枯枝落叶成了火灾的滋生地。

解铃还须系铃人。生态危机的解除,只能由人类自身来完成。尽管在"征服自然"、"控制自然"的思维方式下人们可以为了人类自身的利益而善待自然,可以采取某些措施阻止破坏自然生态的行为发生,但由于工业文明把人和自然置于绝对对立的位置,忽视人对自然的道德责任,它不可能从根本上解决全球性的、整体性的生态危机。正如人类历史上经历过狩猎与采集文明、农耕文明的先后更替一样,工业文明的时代已经走向衰落,过时的文明形态必须终结,而应该代之以新的、生机勃勃的文明形态,即生态文明。

生态文明观的核心是重建人和自然的关系。事态已经很明显,人类要继续生存下去,就必须对传统的文化积习作出调整,就必须约束"理性的疯狂"并改变固有的观念,就必须对人与自然的关系的恶化作出积极的回应。人既有改造自然的权利和自由,同样有保护自然的义务和责任。人有责任、有义务尊重自然和其他物种存在的权利,因为人与其他物种都是宇宙生物链中不可缺少的有机组成部分,享用自然并非人类的特权,而是一切物种共有的权利。要使人和自然共同迈向未来,人类要在维护生态平衡的基础上合理地开发自然,把人类的生产方式和生活方式规范在生态系统所能承受的范围内,倡导在热爱自然、尊重自然、保护自然和维护生态平衡的基础上,积极能动地利用自然。正是在这个意义上,生态文明理论家阿尔多·利奥波德1949年提出了"大地伦理"这一理念:大地伦理使人类的角色从大地共同体的征服者变为其中的普通的成员和公民。它蕴涵着对它的同道成员的尊重,也包含着对共同体的尊重。大地伦理简单地扩展共同体的边界,使之包括土壤、水、植物和动物,或者由它们组成的整体:大地。于是,大地伦理反映了生态良心的存在,依次反映了个体对大地健康的义务和确信。健康是大地自我更新的能力。保护是我们了解和保持这种能力的努力。[1]

如果说迄今为止的人类发展史,主要的就是由服从于自然的"必然王国"不断走向主宰自然的"自由王国"的历史,那么走出工业文明的误区的唯一方式,就是重新追求人与自然关系的和谐,对现代文明发展提出了新的标准和新的展望。除非从根本上认识人在自然界的地位问题,否则人类的生存环境还将恶化下去,我们面临的危机将不会消失。充满错误的历史理应给人以智慧,生态文明基于三个重要共识。

进步是有代价的。人类的根本特征,是自身本质力量的对象化,也就是说,人的本性就是在自觉的实践中将人的目的、计划、蓝图变为现实的

---

[1] 参见阿尔多·利奥波德:《沙乡年鉴》,吉林人民出版社,1997。

存在。在人的本质力量对象化的过程中,由于对自然和对自身的认识并不能很容易就达到科学的程度,因此人类对象化的活动往往会有偏差,这就是过度的对象化,以至于向自然进军成为人类力量的象征。技术的发展不断地增强人类的力量,而力量日益增长的人类也就更肆无忌惮、更方便轻易地榨取自然。马克思说过:"资本主义农业的任何进步,都不仅是掠夺劳动者的技巧的进步,而且是掠夺土地的技巧的进步。"资本主义是现代文明的主导形式,资本主义的掠夺不过是代表了整个现代人类的掠夺。事实上,整个现代文明都是建立在对自然(包括人在内的自然)的压迫、掠夺之上,文明的进步依靠的是剥夺自然,但自然不是无穷无尽的,因此不可能永远为文明进步付出代价。如此,则必须寻找文明进步的另一种模式。

人的行为是有限度的。人是自由的存在,有意识、有目的的活动是人类追求自由的基础,随着社会的进步和技术能力的提高,人类认识自然、改变自然的能力也空前增长,现代化所取得的伟大成就也强化了人类中心主义的自信心和盲目性,自由因此被理解为不受限制地控制自然,而自由的必然性则被当做自由的对立,本身不再具有价值。当人类拥有越来越多的自由时,自然则被破坏了,这种自由显然是片面的自由,实际上也违背了人首先是自然界一员的生存论原则,走向非自由。在思想史上,第一个明确批判"人类中心主义"的哲学家海德格尔,有一个著名的观点叫"诗意地栖居"。在大地上居住,即对大地就其本质加以维护,这意味着把大地当做"服务性的基础的东西"加以保护,把它当做"欣欣向荣的结果实者,它伸展在岩石和五湖四海中,涌现为植物和动物"。但是,在今天,大地恰恰没有在它自己的本质中受到维护,而是被开发利用得筋疲力尽。在技术本质的统治下,它被限定在能量和原料上,被迫"交出不可能的东西"。在海德格尔看来,我们处在这样一个奇特之时:用于控制的手段本身也必须被置于控制之下,因为它"摆脱人的掌握的危险"。所谓"诗意地栖居",其基本特性就是保护和保存,就是"接受大地的恩典,并习惯于这种接受的法则,以便保护存在的秘密,并照管可能的东西的不可侵犯性"。通俗地说,诗意地栖居就是终止人对自然的功利行为,用自己的聪明智慧避免自然进化链的断裂,通过和解来达到人与自然和谐共处的诗意境界。① "万类霜天竞自由。"

人是不能离开自然的。人存在于自然之内,人既是自然之子,又是自然之友,人和生物圈具有共同的命运,人文主义与自然主义不可缺一。一方面,人与自然是一种依赖、服从关系,人作为生物体是自然界的一部分,要参与自然环境的物质循环和能量流动,依赖自然环境提供的物质生产资料,要服从自然环境生态平衡规律;另一方面,人与自然又是一种改造与被改造关系,人作为自然界的一个特殊组成部分和最高产物,具有能动性,人以其心理的、社会的及文化的因素影响自然环境,通过社会劳动有目的、有意识地改变环境,创造属于人的自然界。当然,人类与自然从分离对立走向和谐共生,并非意味着人类与自然及其他物种的绝对平等,并非意味着人类将放弃人为、放弃理性和创造性去消极适应自然。在人与自然的共同体中,人类以自然之子的身份作用于自然,改造自然。人类是自然的依存者和改造者,更是理性的调控者。他将凭借人类的智慧、科学技术的力量,深入到自然之中,以一种与自然共生的博大胸襟和境界,感受自然、认识自然、尊重自然,在与自然的对话中,守护生命,创造生命。这就要由人类中心主义转向人与自然和谐发展,由以牺牲环境为代价的社会经济发展模式转换到人与自然和谐发展、经济增长与环境保护协调发展的模式。

从而,第一,生态文明观虽然包含限制人类消费行为的观点,但不是主张人在自然面前无能为力,消极无为,不是叫人们"存天理、灭人欲",而是唤醒人类的自然意识和生态良知,在充分认识自然生命的内在价值和生存权利的基础上,增强对自然的责任感和义务感,热爱自然、善待自然。

---

① 关于海德格尔的技术观,参见瓦尔特·比梅尔:《海德格尔》,122~138页,商务印书馆,1996。

在爱护环境和保持生态平衡的前提下,合理地寻找人类可持续发展之路。第二,生态文明观也不是要回到原始文明、农业文明时代去,而是前瞻性地提出要在继承工业文明时代生产力高度发展、高科技迅猛发展的基础上,取消人对自然的主宰意识,将自然视为平等对话的伙伴,进而将人类征服自然、改造自然的价值理念转变为人类不能离开自然而存在、不能离开自然而发展的理念,在文明的更高阶段实现人与自然的和谐。第三,生态文明不是一般意义上的反人类中心主义,它因环境的破坏已妨碍人类生存发展的现状而起,以人为本重新解释人与自然的关系,如果说人类中心主义的基础是人对自然的自信,生态文明的核心则是人对自然万物的尊重,并以前所未有的姿态关心人与自然的协调发展,所以生态文明的出发点也是以人为中心。人就是人,他不能丢开自己为自然而自然,保护自然是为了更好地可持续地利用自然。总之,生态文明观不是否定人的权利和自由,而是更合理地理解并实现人的权利和自由,正确行使人对自然的权利和义务,使人类由牺牲环境和后代人利益为代价换来的"黄色文明"、"黑色文明"转变为以人和自然和谐发展为特征的"绿色文明"。为此,一方面要认清人在自然界的位置,承认自己的渺小和无知,虚心向大自然学习,另一方面引发对生存方式以及相应的价值观、人生观、生态观、哲学观的反思和调整,在人类社会中确立一种生态伦理、生态道德、生态文明,以求得主客观两个宇宙的相互沟通与和谐相处。

  无疑地,我们要结束的是一种已经出现危机的文明观,而不是文明的历史。文明史是一条连绵不断的长河,每一种新近的文明形态都是对前一种文明形态的辩证否定。生态文明对于工业文明既有否定,也有承续。工业文明时代所创造的辉煌的科学技术、伟大的思想理论、不朽的艺术成就和空前的社会发展,我们必须充分肯定和继承。但是,工业文明时代关于人与自然关系的观念,我们却要进行清理,特别是那些关于要做自然的主人、要主宰和控制自然的思想,需要进行根本性的改造。因此,我们要终结的,是一个时代的文明模式,而人类文明的历史是不会终结的。

中国历史是一部漫长的农业文明的历史,"天人合一"是中国文化的最高理想,"情景交融"是中国审美的最高境界。"惜春长怕花开早,何况落红无数";"寒波澹澹起,白鸟悠悠下";"鸟归花影动,鱼没浪痕圆";"花浓春寺静,竹细野池幽"……翻阅这些人与自然和谐一体的古典诗词,我们不能不为先人对自然的敬爱、尊重所感动。然而,除了诗人、艺术家外,自然并没有受到我们的呵护,如今中国面临的生态环境也十分严峻:水土流失面积占国土面积的38%,而且还以每年一万平方公里的速度扩展着;森林覆盖率只有16%,15%~20%的动植物受到生存威胁;草原退化、沙化和碱化的面积占草原总面积的三分之一,每年还以两百万公顷的速度增加;以城市为中心的环境污染和以农村为中心的生态破坏与水源污染并存,严重制约着我们的可持续发展与人民生活质量的提高。西北、华北地区的沙尘暴天气,几十年来愈演愈烈,20世纪60年代出现八次,70年代十三次,90年代至今二十多次,2000年三、四月间,连续发生了十二次,其中八次袭击了北京。这种状况的出现,并不是因为没有环保政策,也不是因为没有投入和治理,其主要原因是植树种草的速度赶不上乱砍滥伐的速度,生态治理的速度赶不上破坏的速度。

从历史上看,破坏生态的主角是进攻性的工业文明,但现代化进程落后的中国并没有辉煌的工业文明史。中国人习惯的是那种与自然节奏完全一致的"日出而作,日落而息"式的生活,技术发明之类常被冠以"奇技淫巧"而为"君子"和"士人"所鄙视。真正近代意义上的工业生产,在中国只有一百年左右的时间,而且在相当长的时期内只集中于少数沿海城市。严格地说,中国还不具有破坏生态环境的巨大力量。如此,则中国的生态何以会快速地恶化?

从理论上看,我们长期以马克思主义为指导。在《1844年经济学哲学手稿》中,马克思宣告:"共产主义是一种人性的复归。共产主义,作为一种完成了的自然主义,等于人本主义,作为一种完成了的人本主义,等于自然主义。"在马克思看来,人类理性与实践把握能力的提高并不只是意味着对自然存在的改变,还包括对它的自觉主动的适应,人的自然化应是人与自然关系历史进化的内在方面,而不应成为自然人化的客观结果。从而马克思自然观的辩证性不只是人类认识与实践意义上的辩证性,也包括主动适应与能动改变之间的辩证性,未来人类社会的基础应当是人与自然的共存共生,协同进化。如果说资本主义的生产方式内在地包含着生态矛盾和对自然环境的破坏,那么社会主义由于实现了人与人关系的合理化从而导致人与自然关系的根本改变,未来社会的基本特征之一是人类最大限度的自由和对自然的尊重。为什么马克思自然观没有为我们真正实践?

比较起来,第二个问题好回答一些。主要有两个原因,马克思的这一思想并未对中国建设产生规范性影响,其一我们总是以为青年马克思还不是马克思主义者,总是以为人道主义是反马克思主义的;其二我们总是对马克思主义采取为我所用的态度,习惯于临时抱佛脚,借马克思的言论为现实的需要张目。

回答第一个问题,需要我们检讨整个现代史。简略地说,第一,近代以来的落后挨打,使我们过于热切地拥抱西方工业文明的理念和实践,在反省传统文化时过火地批判中国的一切,以至于把人与自然的和谐也当做中国的落后面加以抛弃,中国传统中具有普遍意义的、可能为人类文明提供特殊价值的内涵没有得到有效保持和合理转化。第二,经济不发展、生存的恶劣,使得我们把改善生活条件、提高物质福利放在发展的第一位,环境问题从未引起我们真正的关心和警觉。虽然工业文明没有充分发展,但粗放经营的农业、手工艺式的破坏、个体和家庭行为的不计后果,在中国却相当普及。看看这一段时期经常报道的遍及各地的"小煤窑"吧!那里很多是原始的挖掘手段,但造成的环境破坏却一点也不"原始"。我们没有享受到工业文明的益处,却仍然付出了环境方面的代价。

中国正在进行现代化建设,我们还需要向西方国家学习,但我们必须对西方现代化道路认真反省。工业时代的文明模式,已经不适应当代人类的实践,已经无法正确处理当代人和自然的关系。20世纪90年代以来,随着中国现代化建设的加快,国家的政策和各地方的具体实践也日益合理化,正视环境危机和生态危机,成立环保机构,制定环保政策,推行环保措施,这些的确标志着人们环境意识的觉醒。但是,对于建立人与自然的和谐关系这样一个终极目标,人类还只是走出了第一步。要走出工业文明的危机,要终结工业文明时代,这不是一个纯粹自然的过程,生态危机是人类自身而不是自然界造成的。为了真正的幸福,我们必须放弃工业文明以来的人类中心主义,全面认同生态文明,探讨符合人与自然协同进化和可持续发展原则的社会发展模式。

对于智慧的人类来说,每一次灾难都是一次学习和更新。2003年应当是中国确立新的文明观的起点,为了告别"非典"、各种传染病以及形形色色的自然"杀手"和"魔爪",我们必须告别"伟大而残酷"的工业文明,走向"伟大而美丽"的生态文明。

(原载《广东文艺界》2003年第3期)

城市之光

> 一切的路都朝向城市去。
>
> ——维尔哈伦

现代化是政治、经济和文化诸领域从传统向现代的转换过程,虽然或快或慢且充满冲突和分裂,但有一点是可以肯定的,那就是没有现代性文化系统的配合与支撑,就不会有完整的、成熟的现代政治体制和经济形态。现在的问题是,经济增长有明确的可以量化的数据性指标,政治发展也可以毫不犹豫地定义为民主化,只有文化领域虽然有满足公民日益增长的文化需要的功能性要求,但其发展目标似乎难以把握。

本文要论说的是,仅就中国农村地区,特别是沿海发达地区的农村而言,文化建设的基本目标就是走向城市化、培养城市人。显而易见,这里所谓的"文化"是主观意义上的,它意指一个社会中的价值观、态度、信念、取向以及人们普遍持有的见解。

以珠江三角洲为例。与全国一样,其农村地区长期处于自然经济条件下,生产力发展水平低下,社会结构比较简单,交往范围相当狭窄,居民一生的大部分时间都消耗在生产劳作上,日常生活中文化要素极少,只有在岁时佳节才能有一些舞狮、粤曲演唱一类的文化活动,偶有重大喜庆,请一个戏班子唱一出大戏就是惊动四乡八里的大事了。当生活方式和生产方式相对稳定时,他们不感到、也不可能有更多的文化需求。二十多年来,由于率先改革开放,乡镇企业、个体企业和外来企业的迅速崛起,经济的快速增长和人口的大规模增加,珠江三角洲农村已经开始或基本完成了城市化过程。其标志是一大批乡村已经成为中等规模的城镇,农民大多已洗脚上田成了工人、职员,外来人口已远远超过本地人口,农业收入在国民收入中所占比例越来越小。虽然由于目前的社会体制,这些城镇还只能广义上称为农村乡镇,但就生活环境、生产方式、经济收入而言,它们已经是典型的移民城市。

发展是分阶段、有层次的。此前二十多年,地方政府和广大群众的主要精力是发展经济、提高生活水平、满足物质需要,这是可以理解的,然而,这种主次先后的发展战略既不是永恒的,更不是合理的。现在,珠江三角洲的乡镇在人口规模、经济水平、基础设施等方面已初步达到城市化水准,而居民的行为方式、思想观念和文化素养方面却严重滞后。无论是本地居民还是外来民工,虽然已经具有了城市生活的环境,但其行为方式和生活观念还基本停留在传统状态,如缺乏公共意识、生活习惯散漫、因循保守、平均主义、小富即安等等;他们现有的文化活动主要还是一般的休闲和娱乐,少数居民还停留在较低层次的娱乐包括黄赌毒上。总之,从农民转化为城市人的基本要求还没有得到文化生活的有力支持,由此产生的矛盾是:不但没有丰富的文化产品和环境来满足居民日益增长的需要,而且因为没有现代形态的文化系统,珠江三角洲经济社会的更进一步发展也势必将受到严重制约。

其实,现代文化在性质上就是城市文化,正如马克思在《政治经济学批判大纲》中说的:近代历史"是农村的城市化,而并不像古人所说,是城市的农村化"。中国的国情使我们的现代化不可能完全模仿西方都市化的道路,发展小城镇是中国发展的最佳模式,这意味着中国现代化不必采取人口大规模迁徙,纯粹以城市带动农村,而是就地消化、就地发展,离土不离乡,进厂不进城,在农村建设城市。在坚持这一符合中国国情的道路时,我们也要看到,正因为中国的城市化不需要多数公民背井离乡,因此农民们也就较少感受到改变生活方式和文化行为的迫切性和必要性。在这个意义上,中国城市化的过程就显得特别复杂和艰难,农村的城市化、文化的现代化也就特别漫长曲折。

关于城市化与城市文化，学界讨论甚多，有关论题也没有统一的答案。仅就农村与城市也就是乡下人与城里人的区别来看，我觉得最重要的是由不同的生产方式与生活方式而来的人的区别，第一是个体素质的差别。农村人是附着在土地上靠耕作吃饭的，体力和经验是他们的凭借，他们不需要特殊的教育与技能；而在工厂、企业做工的城里人却必须具有一定的文化知识和技能训练；第二是交往方式的差别。农村人祖祖辈辈生活在一个地方，以家为本位，定居是常态，迁移是变态，血缘关系和邻里关系是他们的联系纽带；城市是移民的聚集地，以社会为本位，他们之间的关系主要是雇佣关系、契约关系。概括地说农村文化是自然的、保守的，城市文化是人为的、创新的。我们这样说，不是把农村与城市截然对立，而是要突出它们确实具有差异和区分，以唤醒、强化农村城市化的自觉性和迫切性。据此来看城市文化，它有这样几个特点：

城市文化是现代文化。城市的诞生是一个古老的社会事实，城乡差异也是一种普遍历史现象，只是在西方，城乡对立才成为从古代向现代演进的动力，所以马克思在研究历史时突出的是历史的进步与城市的至上相一致，而农村的优势往往与历史的停滞或倒退时期相联系。在这个意义上，可以说城市化就是现代化，城市文化是具有区别于传统的明确特性的文化，它意味着传统规范的解体、新的价值观与行为规范的建立，包括不断进取的竞争意识，勇于创新的开拓意识，积极变革社会、变革自我的求新意识，讲究效率、珍惜时间的务实意识，面向世界放眼天下的开放意识，遵纪守法、公正平等的民主意识，弃旧迎新、提高技能的学习意识，参政议政、关心公共事务的政治参与意识等等。现代与传统并不是水火不相容，传统的特性仍然可以以一种转化了的形态保留在现代文化之中，但现代文化不再像传统那样具有确定的地域特征，而具有普遍性、世界性。

城市文化是工商文化。现代城市首先是商业都市和工业中心，理性地追逐利润的欲望不会容忍文化成为商品化之外的"飞地"，文化产品也要被"物化";而巨量集中的人口也创造了庞大的消费市场,从而在现代传播技术的配合下,文化的生产和消费就越来越具有商业性。除了政府必须保证的福利性文化和知识分子创造性的精英文化之外,文化产品主要是通过工业化的生产方式由市场提供的。所谓"工商文化"不只是指文化行为与经济行为密不可分,也是指它像日常用品一样具有消费性。不是少数精英人物的天才杰作,不是农村生活中难得一遇的稀罕享受,文化之于城市正如衣服与食品。

城市文化是公民文化。20世纪,乡间的"社群"与城市的"社会"之间的反差是许多思想家最基本的信念之一。中国市场体制逐步建立并完善之后,社会成员在传统乡村或计划体制下固定了的身份界限得以淡化乃至消失,所有人都面临越来越多的角色变换的机会。从而,一个人不再是先赋的、固定的"农民"或"工人",而是可能成为任何一种角色的"公民",城市文化因此是一种公民文化,它所包含的信用状况、法律意识、道德规范等等不是对某些人,而是对所有人都适用的普遍性要求。以法律意识为中心,公民文化包括高尚的社会公德、优良的职业道德、良好的家庭美德、文明的礼仪规范、必要的科技素养等等。

城市文化是多元文化。城市作为流动人口的聚集地,不同地域、语言、宗教和种族背景的人从四面八方来到城市,任何单一的文化价值与形态都不足以满足城市需要。现代社会是个性解放的社会,日益觉醒的主体性必然要在文化行为中表现出来。如果说工厂生活的机械性和统一性在一定程度上限制了个性发展的话,那么城市居民更需要在文化生活中发展、张扬自己的个性和特殊性,文化消费的主体因此是个人而不是一般意义上的集体或群体,其文化形态也必然是"和而不同"、"多元互补"。

显然,正处于现代化过程中的农村文化建设,无论自觉与否,最终都要走向以城市文化命名的现代文化。现在的问题是进一步自觉地把城市化作为我们文化发展的目标,对已经进入城市化生活的农民进行现代文化启蒙,淘汰其落后的行为习惯和思维模式,弘扬并转换其优良的传统美

德,真正从多方面推动其向现代城市市民的转化。以珠江三角洲为例,本文认为下面四个方面最为重要:

全面理解文化的功能。文化有用,它是文明人类不可缺少的生存要素。但是,文化之"用"与一般物质商品之"用"是不同的,它具有不确定的意象性、精神性、情景性,作为人区别于动物的标志,文化的存在与价值是明确的;作为文明人类的生活要素,文化的存在与价值又不是那么确定的。文化信念和习俗是适应环境的工具,而不是对人生和社会起决定作用的固定模式。然而,文化信念和习俗一经形成,便会对人生和社会发生相对独立的效能。珠江三角洲文化建设中的一个普遍性问题是,一方面我们经常把文化作为经济的附庸,以文化为支持经济发展的手段,最典型的表现就是"文化搭台、经济唱戏",许多文化行为其实只是经济行为的衍生或工具。结果是以经济效益而不是社会效益作为文化的标准,抑制文化发展的空间。另一方面,在承认、尊重先富起来的人有权利也应当享受各种形式的感性娱乐的理由下,习惯于把文化看做是一种可有可无的休闲和娱乐,对文化在塑造人的心灵、提高生活境界方面注意不够,忽视建设更高尚的、更丰富的文化生活,以至于少数人以为用金买乐就是文化,客观上降低了社会的人文境界和道德水准。全面认识文化的功能,首先就是要认识到经济的目的是文化,是提高、丰富人的文化生活。在这个前提下,我们可以发现文化有多种功能,从低到高可以排列为三个层次:第一层次是直接与身体快感联系在一起的感官满足、欲望刺激;第二层次是与知识性联系在 起的丰富生活、提高素质;第三层次是与审美性联系在一起的伸展同情、扩张想象、丰富心灵、寄托理想等,从低到高,功利性逐渐稀薄,纯粹性逐渐增多。生命的需要多种多样,生活的世界无比广阔,一个完整的文化系统,应当同时满足这三个层次的功能需要。而只有到了第三个层次,我们才能说充分实现了文化的功能。其次,要认识到文化不是一个自变量,文化有赖于境遇。影响文化的因素很多,从地理气候到政治历史,在当代中国特别明显的还有经济,处于诸多因素制约下的文化相对脆弱,需要我们加倍爱护和培植。

逐渐丰富文化的结构。珠江三角洲的文化传统即岭南文化,关于它的内涵、特性及其与北中国文化的关系,学界讨论很多,基本上确认它有重实用、重感性的特点,往好的方面说是帮助、支持了岭南人的实际生存,防止文化的抽象化、"异化";往不好的方面说,妨碍了岭南文化的提升和深化。所以在充分肯定这一传统的独特价值及其对广东现代化的支援的前提下,应当正视它过多黏滞于世俗感性生活、较少理想的追求和境界的提升这一欠缺,如果说这一欠缺在传统的社会条件下还不构成明显的束缚的话,那么它在今天,很可能妨碍我们扩大开放、走向世界。这就要求我们在承继传统的基础上丰富它的结构,包括价值取向的多元和内在要素的增加。① 而在这两方面,我们都有很多有利的方面。就本地人口来说,新的世界需要有新的表现方式,富起来的人们主观上也有提高自己的欲望,他们有可能提出超越传统的文化诉求。来自世界各国及港澳台地区的客商、技术管理人员也带来了各式各样的审美习惯和新的文化需求。这样,文化建设就可能取得纵向的多层次性;就大量"新客家"来说,他们脱离了原来的根基,从事新的工作,面对一套新的社会关系,他们需要新的认同对象、新形式的人际关系以及一套新的道德规范。在适应新环境的过程中,他们一方面把由自己原先的生活环境所形成的、与原先的生活环境较为适应的文化诉求带入珠江三角洲,对珠江三角洲的文化建设形成有力的碰撞,另一方面他们也在交流碰撞中改变自己的文化观念。这样,珠江三角洲文化就可能获得横向的丰富性。

高度重视文化的主体。珠江三角洲凭借其优越的经济条件,比较注重硬件建设,绝大多数城镇都有较多的文化投入,有比较像样的文化场馆设施,而相对较少关注文化中"软"的一面。"软"就是看不见、摸不着,却又很实在的人的素质、城市氛围和具体的文化活动。对于珠江三角洲的

---

① 参见单世联:《现代与传统的互动:以岭南文化为例》,见《现代性与文化工业》,广州,广东人民出版社,2001。

一些城镇而言,投资若干万建一些场馆已不是难事,但真正发挥现有文化人才的作用、具体组织一些没有直接功利目的的文化活动,困难反而大一些。而严格地说,一个地方有没有文化,关键不在于有几幢文化大楼,而在于公民自觉的行为规范、良好的社会风气、丰富的文化产品及消费行为。文化史上有一个明显的现象,一些国家政治败坏、经济凋敝,但就是因为出了几个文化大师和一些文化杰作而成为文化盛世,比如18世纪末的德意志和19世纪末的俄罗斯;相反经济增长的时代往往没有什么像样的文化创造,比如19世纪下半叶的德意志。我们这样说,丝毫不想否认经济与文化的关系,只是要强调经济与文化关系的复杂性;也不是指望珠江三角洲很快就能出现像歌德与托尔斯泰那样的文学家,而是强调文化建设中人的重要性。将近一个世纪之前,王国维先生就指出:"夫物质的文明,取诸他国,不数十年而具矣,独至精神上之趣味,非千百年之培养,与一二天才之出,不及此。"①"精神趣味"的培养,就是通常所说的"文化软件"的建设,第一步是树立必要的公民意识和公共道德,如遵守社区规范、养成卫生习惯、恪守信用、尊重他人、文明用语等等,这些事情看起来很小,却是一个人、一个城市文化的主要体现。在这个过程中,特别要注意改变原来在农村生活中养成的而又不适宜城市生活的习惯。第二步是增加日常生活中的文化含量,如看书读报、欣赏文艺、道德自律等等。第三步,在个体性文化生活的基础上,塑造整体性的城市文化风格,在诸如生态环保、文学艺术、城市建设等方面选取一个作为主要发展的方向。完成这个过程也许不需要王国维说的"千百年",但肯定是一个比物质文明建设更为漫长的过程。

着重建设企业文化和社区文化。珠江三角洲城镇的外来人口集中在各个企业,他们实际上占珠江三角洲人口的绝大多数,据估计在一千万以上,一个个市镇是典型的移民城市。从主观上看,外来民工的第一目的是

---

① 王国维:《静庵文集·教育杂感四则》,见《王国维遗书》,第3册,上海,上海书店出版社,1983。

赚钱,但他们主要是二十岁左右的中学毕业生,从主观上说,他们是全部人口中文化需要最为旺盛的人群,企业如果不能提供他们必要的文化生活,就不能满足他们;从客观上看,"新客家"们来到珠江三角洲不但是异地谋生,也是从黄土地来到流水线,他们或强或弱地都会有疏离感、异己感,如果严重不适,不但会影响他们的工作和生活,甚至还会滋生怨恨心理、越轨行为直至违法犯罪,一些地方的犯罪分子主要就是外来人口。企业的任务主要是生产,但也不能把管理和教化的责任全部推给社会,这不但因为珠江三角洲的"社会"就是由一个个企业和工厂构成的,而且我们也很难相信一个严重不适应新环境的人可以是一个合格的企业员工。在这种情况下,企业文化的任务就不只是生产和生活环境的建设、行为方式的规范等基本属于厂规厂纪或企业管理范围的问题,更重要的是,把企业建设成一个学习型的社会,帮助外来员工建立新的价值认同和社会联系,建立新的自我尊严和生活理想,把他们从一个个分散的、游离的个体整合为具有相对统一的工作伦理和人生信念的"新客家",把他们从来自四乡的农民培养成合格的城市居民。同理,日益增加的社区也不只是新市民的住宅区,它应当具有凝聚居民情感意识、化合人际关系的社会交往功能。珠江三角洲可能是全国外来人口、新进人口最多的地区,企业文化和社区文化在此意义上可能是地方文化的主体,因此不能把发展企业文化和社区文化的责任仅仅交由企业和发展商负责,而应当置于地方文化建设的系统之中。

需要特别说明的是,确认城市化是农村文化发展的方向,绝不意味着城市文化就一定是理想的。事实上,从浪漫主义到现代主义,反对城市的非自然性一直是文学艺术的主题之一。第一位城市诗人维尔哈伦这样描绘:

它的那不可计数的群众
狂乱的手,激动的步伐呀

眼里储满着憎恶,

用牙齿在攫取那越过他们的时刻。

在黎明,在黄昏,在夜间,

在哄乱与争吵里,或是在烦扰里,

他们向命运,掷出

那时间所带来的他们的工作之辛酸种子。

但那是另外一个论题。无论如何,城市不但自有其吸引人的魅力,城市化也是现代人不可避免的命运,所以维尔哈伦无论怎么痛感城市的恐怖,却仍然说:"一切的路都朝向城市去。"

(原载《广东文艺界》2003年第1期)

寻找文化产业的中国论说

新世纪的一切并不都是新的,然而,尽管不大可能像20世纪初那样孕育出一场"五四"运动,但由新的社会情境和技术手段所带来的产业化趋势确实预示了中国文化的新动向,可以毫不犹豫地说"文化产业"是当代中国最为扎眼的文化场景,其通俗性、商品性和可复制性正在改变着我们传统的文化观念、体制和生产/消费方式,它不仅要从近半个世纪以来的政治紧身衣中挣扎出来,也要叛离历数千年之久的"文人"传统。理所当然地,也引发了无数的肯定与否定的议说。对于当代中国文化界来说,最重要的问题是如何论说此一在中国正在崛起而在西方早已说了千言万语的新型文化。

一

其实,在建设市场经济的中心任务和全球化的历史潮流面前,发展文化产业已不是要不要、应不应当的问题,而是怎样才能发展得更快更好的问题。迄今为止,几乎全国各省、各大城市都制定了自己的文化产业发展规划,有的甚至把文化产业作为新的经济增长点之一。作为当代文化系统的一种类型,文化产业的生产与销售可以从潜在的大众市场获取利润,对它来说,投入产出、供求关系、消费市场具有决定性意义,生产的每一个环节都直接与赢利这一可见的目的相关;同时文化工业以高新技术为生产手段和传播媒介,电视、电影、广播、报纸、书刊、录音、录像、光盘、电脑网络、信息高速公路等传播媒介建立起以都市为中心的范围几乎不受限制的传输网。巨大的经济效益与高新技术的参与,使文化产业拥有自我扩张的内在动力和势头,可以突破任何延搁与约束而拥有一个广大的前景。

然而,这绝不意味着有关文化产业的一切都是自明的、无须讨论的。至少有两个问题就紧紧缠绕着中国文化产业:

第一,与其他产业相比,文化产业或直接或隐晦地具有价值与政治意义。原则上,它并不一定与现行的政治规范相冲突,但因为它取得了一般商品的形式,因而与长期以来以文化为意识形态、以文化为政治服务的观念及一整套与之相应的文化体制、文化政策有尖锐冲突。从而,在现行的制度框架下,文化的产业化应当不应当受到一些限制?意识形态的规范与文化市场的要求是否会通?近年来有不少文章是从政治上、意识形态上批判文化产业的。比如 1998 年《文艺报》开展的有关文化工业的讨论中,刘润为《文化工业论》一文就把文化产业与美国资产阶级的腐朽生活方式联系起来。这种观点或许极端,但对于对文化产业持疑虑和谨慎态度的人来说却比较普遍。一种较有代表性的说法是:"大众文化是通俗文化,它是由大批生产的工业技术生产出来的,是为了获利而向大批消费公众销售的。它是商品文化,是为大众市场而大批生产的,它的成长意味着:任何不能赚钱、不能为大众市场而大批生产的文化,都很少有地位,如艺术与民间文化。"[①]我们不能说这样的判断没有学理和事实的根据,我们不能用思想僵化、观念落后来打发这些论者。

第二,与传统文化相比,文化产业的复制性、模式化的生产方式及其商品性、市场性必将颠覆我们长期以来建立的文化标准和结构。面对文化产业的强势扩张,以个体创造为特征、以文学艺术为范例的文化观念和行为至少在规模和效益上根本无法与之抗衡,文化领域发生着空前的结

[①] 多米尼克·斯特里纳蒂:《通俗文化理论导论》,16 页,北京,商务印书馆,2001。

构重组和理想置换,这理所当然地引起以人文精神的护卫者自居的知识界的批判。而且,从近年来的不少翻译论著来看,当代西方文化理论的主题之一就是对文化产业的批判,它把大众文化带进学术和思想的视野时,又将其作为问题重重、价值可疑的对象来处理。比如有人指出:"大众文化是一种标准化的、公式化的、重复和肤浅的文化,它赞美浅薄的、多愁善感的、当下和虚假的快乐,牺牲了严肃的、理智的、时代赋予的和本真的价值。"①工业化的生产方式当然不仅只有这样的产品,但就目前中国不少文化产品的现状看,我认为绝不能说上述评价是精英分子的保守偏见。因为文化产业确实需要通过媚俗来扩展市场,商品逻辑之于它显然是第一位的。如果我们认为文化的某些领域、某些形式是不可能产业化的,那么它们之间如何划界、划界之后又如何保护受到文化产业挑战的文化领域和形式等等,就是我们在发展文化产业的同时不能不认真对待的。

全面建设市场经济必然导致文化的产业化,文化的产业化又必然引起从价值观到人文精神方面的反弹,这就是文化产业遭遇中国的症结所在。可以肯定,随着文化产业的蔚然发展,有关文化工业的争论在中国还会继续下去。我的看法是,进一步的讨论要有一个论说方式和思维境域的转换,从对文化产业的外部评价转移到文化产业的内部批评,即以文化产业的合法性为前提进行文化产业时代的文化批评。"在文化产业迅速发展为当代经济体系的一部分,在获得政府认可并支持的背景下,全面否定、拒绝文化工业的观点至少是越来越没有市场。而文化资本的内在动力、文化工业的巨额利润,都会成为文化工业强力发展的保证,使文化工业在不久的未来实际上成为中国文化领域的霸主。在文化工业肯定会急剧扩张的现实情势下,对文化工业的合理的批判、审慎的矫正,反倒是难能可贵、相当需要的了,这是一种有意义的对抗而不是简单的拒绝。要健康地发展中国文化工业,就必须注意反对的声音,不断地进行自我调

---

① 多米尼克·斯特里纳蒂:《通俗文化理论导论》,17页。

整。"①简言之,面对全球化的挑战,政府应加快文化立法和文化管理体制的改革,把文化生产的很大一部分交给市场,给文化产业以必要的通行证;文化生产单位也应以市场为生产导向,彻底打破依赖思想,在竞争中寻求自我发展。虽然目前还远离这一目标,但照发展的势头看,这只是时间问题。真正困难的倒是另一方面:如何通过正常的文化批评来校正产业化过程中出现的种种偏执,以维护文化应有的精神关怀和价值导向,保护文化系统中不能直接商品化/产业化的文化行为和产品。也就是说,不能因为文化产业在目前还受到限制就拒绝对文化产业的批评,重要的是通过文化领域的内部批判而不是外部的权威压制来达到政治要求与市场诉求、精英标准与大众导向的平衡。

二

然而,中国文化产业还缺乏这方面的理论资源,因为有关文化产业的批评从来就不是纯粹的文化批评。20世纪有关文化产业(有时被称做"文化工业"、"大众文化"、"通俗文化"、"媒体文化"等等,此处暂不加区别)的理论,最重要的是以马克思主义为起点的法兰克福学派的批判理论和以伯明翰学派为代表的英国文化研究,虽然它们的思路、方法、结论有很大差别,但它们据以观察、分析文化产业的视角却惊人地一致,概括地说,不是政治的,就是美学的。

首先是强烈的政治意识。法兰克福学派人物众多,但除本雅明外,包括扭转了批判理论的"大拒绝"态度和悲观主义的哈贝马斯,都对文化工业持严峻的批判态度。正如该学派的领袖霍克海默所说的:"家庭逐渐瓦解,个人生活转变为闲暇,闲暇转变为连最细微的细节都受到管理的常规

---

① 参见单世联:《现代性与文化工业》,494页,广州,广东人民出版社,2001。

程序,转变为棒球、电影、畅销书和收音机带来的快感,这一切导致了内心生活的消失。"①在中国读者熟悉的阿多诺和马尔库塞等人的论述中,文化工业产品执行了"商品拜物教"的功能,在把文化创造及其产品商品化的过程中,它掩盖了社会关系的真实状态,建构了一种消费的意识形态。而文化生产同质性和可预见性,又遏制了主体的反省和反抗要求。比如电影一开始,有经验的观众就可以猜到它的结局;只要听到通俗歌曲的前几个音符,听众就可以想到随之而来的旋律。文化产业的可复制性、平面化、模式化等通过提供一定的满足手段,把大众的视野局限在那些能够在现存体制内获得实现的政治和经济目标上,阻碍大众政治想象力的形成,与现存秩序再生产"顺从一致"。在他们看来,文化产业阻碍着社会生活中导向自由和幸福的潜能。

英国文化研究的起源较为复杂,它对通俗文化的"细绎"来自其老师利维斯,其意识形态概念来自马克思主义。伊格尔顿评论说:"它审视物质媒介和意义之间的关系,并因此从意识形态批评家对形式的关注中学到东西,它把唯物主义直接带入敌人的领域,也就是说带入首先被看做唯心主义建构的'文化'之中,因为辩护者们把文化看做这个堕落的世界的最后一个精神'堡垒'。这样就使马克思主义批评更加锐利。"②早期的汤普森、威廉斯、霍加特等人都特别强调通俗文化中的"感觉结构"是如何与统治阶级的文化观念对立的。汤普森在《英国工人阶级的形成》中具体论证,工人阶级的出现不再是经济力量的消极反映,而是积极的、富于反抗的"文化过程"。这本来可以导向对文化产业更开阔的评论,但20世纪70年代后,法国新马克思主义者阿尔都塞的观点深刻地波及英伦。据阿尔都塞看来,意识形态既不是某一阶级特有的信仰系统,也不是与真实、科学的知识相矛盾的"虚假意识",而是"个人同他所存在于其中的现实环境

---

① 马克斯·霍克海默:《艺术与大众文化》,见《霍克海默集》,216页,上海,远东出版社,1997。
② 特里·伊格尔顿:《历史中的政治、哲学、爱欲》,118页,北京,中国社会科学出版社,1999。

的想象性关系的再现"。是人们可以借以"阐释、感知、经验和生活于他们置身其中的物质条件里面"的思想构架。也就是说,意识形态是我们意识与经验的基础,它从外部建构了我们的"本质"或"自我",所谓"主体性"不过是意识形态塑造的结果。此一观点迅即被伯明翰学派运用于文化研究,"文化研究是关于意识或主体性的历史形态的,或者是我们借以生存的主体形态,甚或用一句危险的压缩或还原的话说,是社会关系的主观方面。"①比如广告就被认为是意识形态,它不断地告诉我们,真正重要的不是以我们在生产过程中所起的作用为基础的阶级差别,而是在某些特殊商品的消费方面所形成的差别,因此社会身份就不是我们生产什么的问题,而是消费什么的问题。广告产生了各种主体,这些主体又反过来隶属于广告的各种含义以及广告的消费模式。

虽然以意识形态为分析大众文化的基本模式,但在如何评价大众文化的意识形态功能上,英国文化研究又发生了一次重要的变化。阿尔都塞的观点像一切结构主义一样,过分强调"结构的整体"而牺牲了过程和具体经验的复杂性,忽视了文化生活中的人的作用。注意及此,"葛兰西转向"随之发生,它一方面避免德国批判理论以及法国结构主义中难以忍受的对大众文化的傲慢态度;另一方面又克服了初期文化主义的大众主义。葛兰西的"文化霸权"概念所欲描述和解释的,是资本主义社会统治阶级与被统治阶级之间的文化与意识形态的关系,资产阶级之所以成为统治阶级、领导阶级,其前提是资产阶级意识形态必须在不同程度上能够容纳对抗阶级的文化与意识形态,具体地说就是统治阶级试图与对抗阶级的文化进行谈判以赢得它在文化与意识形态领域的领导地位,所以"霸权"是一个以"抵抗"与"融合"为标志的过程,而不只是一种由前者强加给后者的权力。换言之,"资产阶级文化"不再是纯粹资产阶级的,在其被认同的阶段是统治阶级文化与意识形态的"谈判版式"。葛兰西给予文化研

---

① 理查德·约翰生:《究竟什么是文化研究》,见罗钢、刘象愚编:《文化研究读本》,10页,北京,中国社会科学出版社,2000。

究的启示是:文化领域中的意识形态不再是非此即彼的两极性对立。

> 文化实践并不随身携带它的政治内涵,日日夜夜写在额头上面,相反,它的政治功能有赖于社会与意识形态的关系网络,其间文化被描述为一种结果,体现出它贯通连接其他实践的特定方式。简言之,以揭示文化实践的政治与意识形态接合是动态的——今天同资产阶级价值连接的实践,明天可能同这些价值脱胎换骨,改宗社会主义——霸权理论开拓了大众文化研究领域,赋予它以巨大的政治可能性。①

20世纪是高度政治化的时代,法兰克福学派以挖掘当代社会中濒临丧失的革命力量和批判潜能为主题,以伯明翰学派为代表的英国文化研究在政治上与新左派联系密切。两个学派都反对斯大林主义的经济化约论,都不满陈旧的经济基础与上层建筑的模式,要求用一种更复杂的方式来处理文化与经济的关系。就具体观点而言,英国文化研究与法兰克福学派一度截然相反,但从政治上着眼,从权力关系上分析,文化产业则是一致的。差别在于,批判理论认为文化产业是统治的意识形态的帮凶和执行者,文化研究认为大众文化可以是底层意志与统治文化的较量。

其次是审美理想的延伸。法兰克福学派的批判理论家多为犹太富商的子弟,他们对现代世界的拒绝与其知识精英的立场直接相关,像阿多诺、马尔库塞等也是重要的美学家;而集中在伯明翰大学的英国文化研究者多为下层平民出身,其初期的代表如汤普森、威廉斯等人都对从未登上大雅之堂的工人阶级的文化生活进行过研究,威廉斯后来多次强调过他们的经验对文化研究的意义。不能直接地套用阶级分析法来说明这些具有马克思主义的起源的理论家的观点,但他们的生活经验确实与其理论

---

① 托尼·本内特:《大众文化与"转向葛兰西"》,见陆扬、王毅选编:《大众文化研究》,66页,上海,三联书店,2001。

有关。问题是，无论肯定与否定，他们都不认为文化产业主要是一种审美行为。批判理论的文化标准来自美的艺术与高雅文化。作为自律性的精神王国，真正的文化包含了一些为资本主义现实所否定的理想，它是对现实的一种否定性认识。当现代社会走向野蛮之际，艺术过渡为反艺术：对现实而言，它是否定，是批判；对破碎的个体而言，它是拯救，是承诺，它把人们在现实中丧失了的希望和人性重新展开在人们面前，在批判现存秩序的同时指向一种非压抑的秩序，补偿性地拯救了人们曾经真正地并与之存在不可分地感受过的东西，使人类追求更美好的世界的欲望在现存的范围之外继续存在。文艺是被压抑的表现，它潜在地包含着对统治机制不懈的控诉。[①] 但文化产业与此相反，以阿多诺对流行音乐的指控为例，第一，流行音乐是"标准化"的、"伪个性化"的；第二，流行音乐促进了被动的视听；第三，流行音乐执行了"社会黏合剂"的功能。基本上，批判理论是在与审美文化相反的意义上界定文化产业的。

英国文化研究反对精英主义，把文化与社会生活其他方面的关系结合起来研究，因此也不认为大众文化是审美的。奠定该研究基础的威廉斯在概括了文化的三种定义方式后，主要是从第三种也即"社会"的意义上理解文化，"根据这个定义，文化是对一种特殊生活方式的描述，这种描述不仅表现艺术和学问中的某些价值和意义，而且也表现制度和日常行为中的某些意义和价值。从这样一种定义出发，文化分析就是阐明一种特殊的生活方式、一种特殊文化隐含或外显的意义和价值。"作为整体的生活方式的文化，包括"生产组织、家庭结构、表现或制约社会关系的制度的结构、社会成员借以交流的独特方式等等"文化的其他定义的追随者根本不承认的因素。[②] 这一定义的重要性，正如威廉斯的年轻的同事霍尔所说的："它把论辩的全部基础从文学/道德的文化定义转变为一种人类学的文化意义，并把后者界定为一个'完整的过程'。在这一过程中意义和

---

① 参见单世联：《西方美学初步》第30章，广州，广东人民出版社，1999。
② 雷蒙·威廉斯：《文化分析》，见《文化研究读本》，125～126页。

惯例都是社会地建构和历史地变化的,文化和艺术只是一种,尽管是受到特殊重视的社会传播方式。"① 文化研究确实不再抱有精英化的审美主义,但其刻意肯定文化产业的非审美性这一行为本身,正说明它是审美主义的"反模仿"。

三

在中国文化产业崛起之后,有关它的种种议论基本上也在政治与美学两个向度展开,并同样可以归结为肯定与否定两种态度。以否定为例,刘润为就从六个方面论证文化工业是资本主义独有的文化生产方式,其"基本内容是推行政治上的保守主义、经济上的拜金主义和文化上的享乐主义"。② 滕守尧也从六个方面论证大众文化反审美的本质。③ 至于肯定的方面,论者们也没有选择审美视角。比如陶东风就认为,现代化的重要内容是世俗化,"在世俗化的过程中,必然突显出大众对于生活幸福本身的强烈追求,突显出文化"祛魅"之后的多元化、商品化与消费化的趋势以及相应的文化消遣娱乐功能的强化,文化成为对人的世俗欲望的肯定"。④ 这就是说,文化产业的合法性在其中承担具有政治性的批判功能和解放意义。

既然无论是肯定还是否定,文化产业都与审美无关,那么从美学上讨论文化产业就是标准误置。从文化史上看,以审美为艺术的标准和目的的,是文艺复兴,特别是18世纪以后的现代性的设计。在经典现代性的计划中,艺术被置于与日常生活、科学认知、道德实践等具有不同目的的审美领域,并因此获得独立价值。但以价值领域的区分为前提的文艺独

---

① 引自罗钢、刘象愚:《文化研究的历史理论与方法》,见罗钢、刘象愚编:《文化研究读本·前言》,8页。
② 刘润为:《文化工业论》,北京载《文艺报》,1997年9月2日。
③ 聂振斌、滕守尧、章建刚:《艺术化生存》,409~420页,成都,四川人民出版社,1997。
④ 陶东风:《批判理论与中国大众文化》,见《经济民主与经济自由》,北京,三联书店,1997。

立性早已受到从马克思主义到后现代主义的质疑,在当代话语中,审美理论与其说是一种知识探索的对象,不如说是观察历史的一种特殊看法,表面上独立的文艺实际上一开始就具有政治性。当文艺被置于审美自律的王国而以"精英文化"和"高雅文化"自居,并与"粗俗的"大众文化相对立时,它就不但与特定的社会分工,也与具体的权势集团相联系。爱德蒙德·高斯坦承:"从高涨的民主情绪,我早就预见到了一种危机,这就是文学品位和文学经典这些传统已被公众成功地改变了……如果文学由公民投票表决……就会把我们置于无法恢复的混乱境地之中。"[①]既然文化等级的建立基于"我们"与"公众"的区分,拒绝文化产业的审美性因此也就可以间接地理解为公众对少数"我们"的造反,包含着文化民主的意愿。基本上,当代西方对文化产业的研究,已经放弃了法兰克福学派的政治/美学批判,而取英国文化研究的思路,即是以其政治上的积极功能而不是以审美上的卓越为文化产业合理性的主要依据。

但中国就是中国。就政治维度而言,与法兰克福学派、英国文化研究一样,马克思主义长期是中国文化理论的基本来源,文化的政治功能长期受到过度的强化。如果说中国文化仍处于前产业化时代,那么以产业化来摆脱意识形态的规约,确实具有解放性的意义。但第一,即使从文化民主、政治民主的角度肯定性地讨论文化产业,其政治化的论式也不大会得到认同,在中国文化还需要摆脱束缚的背景下,中国学者恐怕很难接受当代文化研究的重要人物费斯克一再强调的文化研究中的"文化"一词,重心既不在美学方面,也不在人文方向,而在政治。进而言之,产业化可以破除僵化的政治教条,但文化产业的功能一定就是支持民主自由的吗?假如它具有解放的政治功能,那么它同时也可能滋长为另一种政治,成为消费意识形态的主要构建者,孤立的个人根本无法抵抗呼啸而来的文化工业产品,它同样在威胁着个人自由。在一定意义上,文化产业虽经常被

[①] 引自多米尼克·斯特里纳蒂:《通俗文化理论导论》,39页。

赞同于"大众文化",但其主体并不真的就是"大众"。麦克唐纳就指出:"大众文化是从上面强加的。它是商人们雇用的艺人制作的,它的受众是被动的消费者,他们的参与限于在购买和不购买之间进行选择。"①虽然远远不能说中国文化目前已经有此危险,但认真的讨论毕竟不能等到事到临头再来检讨。不能因为中国文化目前还没有进入技术化、工具化就拒绝对它的批评。何况,类似于布尔迪厄在《关于电视》中所揭露的种种电视"丑行"在中国也已相当普遍。

当前中国的政治、经济、文化、科学、艺术等社会活动领域的分化程度很低,文化的自主性和自律性还非常弱,文艺的审美性质长期未得到充分认可。并不赞同阿多诺见解的吉安德隆1986年指出:"阿多诺在他1941年出版《论流行音乐》时所作的卓越分析显然是有道理的。众所周知,在该论文出版之前的二十年时间里,流行音乐的歌曲结构和音乐内容几乎没有变化。这些歌曲绝大多数都是按32音节AABA格式创作的。几乎所有的作曲都没有偏离简化的和弦范式或'六月—月光—柔情'的韵律格式。"②当代西方文化产业的发展使得"标准化"的指责已不再有效,但目前中国文化产业的产品似乎还难以免除阿多诺的批评,以至于提高文化产品的审美品位和人文境界一再成为公众的呼声。可以断言,在较长的时间内,对文化产业的审美批评都将有效。

这将使我们陷入两难:政治标准和审美观念既是我们比较熟悉也是我们遭遇文化产业时唯一有准备的论说方式,从西方文化产业理论的展开来看,它们极易导致对文化产业的否定。而正在破除巨大阻力发展文化产业的中国却又特别缺乏支持文化产业的理由,那么我们面临的问题是:能否建立一套有中国特色的文化产业理论,在很大程度上取决于我们能否在政治与美学之外讨论文化产业。重要的不是抛弃政治标准和审美

---

① 引自多米尼克·斯特里纳蒂:《通俗文化理论导论》,15~16页。
② 伯尔纳·吉安德隆:《阿多诺遭遇凯迪拉克》,见陆扬、王毅选编:《大众文化研究》,216~217页。

观念,而是使它们成为我们文化产业批评而不是拒绝文化产业的理由,这就必须确立一个能够包容它们又不为它们所拘束的更为开阔的文化论说。它至少应包含三个层次:第一,重新开发马克思主义理论资源,除在西方已充分发挥了的商品拜物教理论、意识形态理论、文化霸权理论之外,从文化发展的历史视界重建马克思主义的文化产业理论。在这方面,青年马克思的"人化的自然"概念似乎提供了一个把文化产业的理论基础从政治转向历史的基础。第二,在顺应文化产业强劲发展的势头的同时充分尊重马克思主义理论批判的潜力,警惕文化产业的"异化",形成文化产业时代的文化批评。第三,创造性地承接并转化传统中国通俗文化(包括民间文化和市民文化)资源,在商品化与市场化的过程中保持文化创造和消费的真实的人间情味和具体的大众性格。无疑,这一艰巨的使命只能在中国文化产业充分发展的过程中才能完成。

(原载《粤海风》2003年第1期)

附录:关于文化工业的对话

话题一:文化如何成为工业?

单世联:文化行为及其作品自古即可能获得经济性的回报,孔子讲学、荷马吟唱都不只是奉献。中国最晚在明代,已有人靠组织编纂小说卖钱,比如挂名在熊大木名下的若干小说;西方自从15世纪谷腾堡首先使用铅合金活版印刷后,报纸即成为公共事业。但这些都不是文化工业。文化成为工业是工业革命之后的新鲜事,而且由于文化产品与物质产品的深刻差异,它的工业化还需要有其他因素的配合。

第一是社会变迁。教育普及使绝大部分人口都要求也可以进行文化消费,现代民主保障绝大部分人拥有文化消费和发展的权利和机会。

第二是资本扩张。在完成了对物质产品控制后,资本也会向文化心理领域延伸,把文化,至少是一大部分纳入商品范畴,使其成为资本增值的工具和途径。

第三是技术革命。印刷、摄影、电子技术等复制技术的发明使文化进入批量生产和快速传播的时代,可以满足文化市场的巨量需要。

我觉得,只有这三个条件结合起来才能导致文化工业的诞生。

南帆:这一段时间,我个人感兴趣的是传播媒介的发展。现代传播媒介的崛起是文化工业、文化产业的一个必要条件,报纸即是一个突出的例子。四通八达的发行网络将新闻、各种花边消息以及连载小说作为一种文化产品运送到世界各地,这极大地调动了人们的文化消费欲望。商业广告的介入无疑证明了这个文化产业的成功。这个以传播文化为目的的网络已经同时是一个理想的商业网络。

电子传播媒介的哪些方面典型地体现了文化工业的特征?我特别注意的是两个方面:第一,影像变成了商品;第二,极为强大的传播功能。

除了广播或者电话,电影、电视以及计算机网络都热中于把影像变成抢手的商品。众多的影像从多方面嵌入我们的生活,成为生活的一个有机组成部分。这甚至已经导致了印刷文明中心地位的动摇。同时影像的传播功能飞速发展是影像销售的必要前提。人们可以比较一下电子传播媒介之中的明星与传统舞台之上的戏曲演员。后者更像是传统的手工业者,他们的活动范围仅仅是某一个剧院甚至某一个村庄的舞台;他们依靠每一台演出收取报酬。相形之下,电子传播媒介之中的明星利用电波和机械复制挣脱了时空的限制。当然,电子传播媒介的运行不仅需要强大的技术支持,同时还需要大笔的资金投入。但是,这一切都将由巨额的利润予以回报。

话题二：文化工业批判

南帆：由于市场的中介，"文化"不再高高在上，不再是一种经院气十足的玄学。大众对于文化的真实需求得到了反映——大众可以通过消费行为表达自己喜欢什么，不喜欢什么。

但是，这些事实的意义却引起了许多理论家的激烈争辩。一些理论家认为，这里所说的大众实际上是商业社会制造出来的。商业社会不仅制造出各种商品，同时还制造出人们对于这些商品的需求——文化消费也是如此。

与此相应，文化工业的产品也越来越没有个性。文化成为一种标准化的生产。文化主体的多样性消失了。机械的生产方式吞没了艺术家的个人风格。

单世联：文化工业最主要的问题是它在其生产方面的模式化、标准化，在消费方面的暴力性和封闭性。这不但与数千年来形成的文化观念明显不同，也对现代人的心理自由造成压迫。中外有关文化工业的批判也都围绕这一核心。

但无须悲观。所有的工业产品都是商业机制制造的，而大众仍然可以各取所需，从中实现自己的追求。以服装为例，它的生产当然是模式化、标准化的，但我们很少会在大街上发现着装完全相同的人，善于打扮的人仍然可以在市场上找到属于自己的服装。原因很简单，服装生产商太多了，他们不得不发明出无穷无尽的款式和风格。所以解决文化产品模式化、标准化的关键是扩大市场、强化竞争，使消费者可以有无穷多的选择机会。抗拒模式化、标准化的另一种可能是英国文化研究者强调的，文化产品的意义和信息不是简单地被"传递"，而是被消费者生产出来。消费者基于自身生活经验和意识形态对产品进行加工、使用，文化产品之于消费者只是一种"原材料"，消费也能养成个性与差异性。

南帆：市场意义的成功不一定是文化意义的失败。电子传播媒介与大众的遇合可能演绎出种种意想不到的故事。电子传播媒介与大众能动性之间可能产生各种意想不到的变数。

在我看来，重要的是分析正负两面的相互纠缠，在这个意义上揭示出电子传播媒介在现今的历史语境之中产生的作用。

单世联：复杂性在于，文化市场的不平等竞争很可能强化着文化产品的模式化和标准化，所以仅仅诉诸市场原则并不能遏制文化霸权。同时，处于充斥媒体暴力、广告霸权的封闭空间中的消费者，如何获得可以对文化产品"原材料"加工、再生产的主体资源，也颇令人生疑。这就需要发展一种文化批判，对制造商保持一定的压力，给大众以一定的提醒。在这方面，中国传统的人文精神和西方的批判理论都是不可缺少的资源。

话题三：网络时代的基本难题

南帆：计算机网络是未来文化和经济的重要形式。人们觉得，黄金、货币和土地均已过时，现今真正的财富是信息。信息时代的财富却以奇特的形式栖居于网络之中。它们或许会急速地膨胀为一个巨大的数字，也会因为某一次鼠标的点击而踪迹全无。这些财富在网络之上的聚散远比世界上任何一支机动部队迅速。

另一方面，网络的一个重要特征是"失去中心"。网络是分散的、个人化的。一些传统的限制消失了。地域、国界、空间位置的意义逐渐缩小。网络的空间使穿越国境线如同到邻居家一样方便。与电视面前的观众不同，网络空间之中个人与信息之间的选择是双向的。换句话说，人们很容易在网络空间搜索到自己想要的信息。

单世联：网络在更大程度上解除了对文化生产和传播的某些外在限制，一方面提高了文化生产力，另一方面扩大了文化消费市场。

但它有另一面。文化本来是与自然相对的人的创造。文化的功能之一就是抗拒人的物化，符号指向人情、真实和历史。当网络编织了一个由符号、记号、影像等构成的虚拟世界，成为严密地笼罩、包围着我们的巨网时，现实与影像相混淆，仿佛已经终结，文化因其极度丰盛而死亡。如果我们还承认，种种符号和影像都毕竟不能满足人类的生存需要，那么如何与自然保持一种亲和性，如何维持人际世界的直接交往，就是网络时代的基本难题。

南帆：在网络空间，技术知识和语种突然显示了比地理位置远为重要的意义。换言之，只有受过良好教育和通晓英语的人才能更多地享有网络所提供的种种优惠。人们无法想象，一个文盲可以利用网络制造不凡的机遇。在这个意义上，网络提供的自由以享有某些社会条件为前提，这即是另一种新型的限制。

（原载《光明日报》2001年5月14日）

何谓"文化研究"?

基督教第一位伟大教父奥古斯丁有句名言:"时间究竟是什么?没有人问我,我倒清楚,有人问我,我想说明,便茫然不解了。"①如果把其中的"时间"改成"文化",我想没有谁会不同意。劳伦斯·格罗斯伯格就有类似的话:关于文化研究,"我们对它谈得越多,就越不清楚自己在谈什么。"②然而,尽管研究文化的人大多有此自觉,但有关文化的种种放言高论或细抉微发却并不因此而减少,以至于一方面"文化研究"自 20 世纪 70 年代以来已成为显赫的学术思潮和知识领域,另一方面它甚至不能为自己提供一个清晰的形象和稳定的构架。1997 年,英国学者 Ann Gray 和 Jim McGuigan 为其编选的《文化研究》读本(Studying Culture,London:Anold)写序时,在"什么是文化研究"的题目下,却拒绝给出一个答案,因为"我们相信没有一个答案不会违背开放的原则",他们只能通过若干选文给读者提供文化研究曾是什么和将要是什么的感觉。两年后,Anold 又出版了《文化理论词汇》(Cultural Theory:A Glossary)一书,编写者 Peter Brooke 把若干术语归于八大类:电影、传媒与大众文化,信息理论,文化批评与美学理论,马克思主义理论,后现代主义与后殖民主义,心理分析,虽勾勒了大致领域,却远未穷尽文化研究的范围。

全球化背景下的中国文化建设要求文化研究的当代化,西方文化研究无疑是我们必不可少的参考。全面掌握、系统介绍虽不可能,但通过几个关键概念稍微显示一下当代"文化研究"的一些特征却仍值得尝试。

---

① 奥古斯丁:《忏悔录》,242 页,北京,商务印书馆,1981。
② 劳伦斯·格罗斯伯格:《文化研究的流通》,见罗钢、刘象愚编选:《文化研究读本》,66 页,北京,中国社会科学出版社,2000。

一、后学科

> 这不是我的领域。
>
> ——詹姆逊

狭义的"文化研究"(cultural studies),是指在 20 世纪 50 年代诞生,而在 20 世纪 60 年代以后以伯明翰大学"当代文化研究中心"为代表的英国学者的研究取向与研究成果。广义的"文化研究"(the study of culture),是指包含了许多传统、理论和方法的有关文化的种种研究。尽管伯明翰学派是当代文化研究的主要推动者和最重要的代表,但它并不能包揽全部。英国之外,法国、德国、美国都有基于本国传统且蔚为大观的文化研究。这是一个包罗万象、笼罩一切的世界,婚姻、时尚、玩具、身体、身份认同、公民性、全球经济力量、城市贫民、消费、广告、肥皂剧、寡妇殉葬、性别歧视、黑人政治、同性恋、地理政治等无数对象或领域;马克思主义、民族主义、女性主义、结构主义、解构主义、后现代主义、新历史主义、后殖民主义等等各种主义和理论;文学、社会学、媒体与传播研究、语言学和历史学等若干学科和专业……我们无法想象,有哪一门学科,能够把所有这些都一齐会聚起来。

文化研究漫无边际,它关注一切有意义的事物,关注通常与权力关系有联系的事。既然无法精确限定,研究者便只能以自己的理解为准。比如雷蒙·威廉斯偏重完整的经验和客观的规律:"文化分析就是阐明一种特殊的生活方式、一种特殊的文化或隐或外显的意义和价值……发现从总体上更好地理解社会和文化一般发展的某些一般规律或'趋向'。"[①] 而

---

① 雷蒙·威廉斯:《文化分析》,见《文化研究读本》,125~126 页。

理查德·约翰生则重视主体性与意识形态:"对我来说,文化研究是关于意识或主体性的历史形态的,或者是我们借以生存的主体形态,甚或用一句危险的压缩或还原的话说,是社会关系的主观方面。"①每个研究者都有自己的文化研究"观",但并无自觉的学科认同,多学科视角的交叠是文化研究的特点。在约翰·斯道雷和多米尼克·斯特里纳蒂两位英国学者为当代文化研究撰写导论时,他们都无法像其他学科的导论那样根据知识系统或论证程度来步步推演、层层逼进,而是不约而同地根据文化研究的不同理论和方法设计章节。斯道雷的《文化理论与通俗文化导论》包括:"文化与文明"传统、文化主义、结构主义与后结构主义、马克思主义、女权主义、后现代主义、通俗政治;斯特里纳蒂的《通俗文化理论导论》则分为:法兰克福学派与文化工业、结构主义、符号学与通俗文化、马克思主义、政治经济学和意识形态、女性主义与通俗文化、后现代主义与通俗文化。两本导论所提供的,不是什么文化或通俗文化的理论系统,而是诸种文化理论的评述。

因此,在考察文化研究时,弗雷德里克·詹姆逊明确指出:"我并不特别关心文化研究最终采取什么形式,甚至也不在乎是否会首先出现一种文化研究的官方学科。首先,这可能因为我不太相信各种学术计划的改革,而且我认为一旦公开出现正常的讨论或辩论,文化研究就一定能达到目的,至于采取什么样的框架则无关紧要。"②詹姆逊以"这不是我的领域"为题,首先讨论文化研究与其他学科的关系。比如与历史学相比较,史学涉及的是档案研究,文化研究注意的却是群体/集体实践;文化研究固然也"以文本为依据",但其分析的是唾手可得的文本,档案研究则要在各种症候与片断的基础上进行重构。"新历史主义"无疑是文化研究的竞争对手,但文化研究集中探讨的是现在而非过去。文化研究之摆脱义化研究

---

① 理查德·约翰生:《究竟什么是文化研究》,10页。
② 弗雷德里克·詹姆逊:《论"文化研究"》,见《文化与政治》,400页,北京,中国社会科学出版社,1998。

的关键一步在于其具有社会学的面目,但前者是"依据文本"的研究,后者则是一个职业化的探讨,也有人认为主流社会学忽视理论方面,无法认识文化和再现在社会关系中的构成作用。传播研究与文化研究交叠之处甚多,但其技术方面又使之与文化研究有别。文化研究有时被看做文化人类学,不过文化研究者的抱负却是成为葛兰西意义上的"有机知识分子",而文化人类学只满足于做"观光游客"或旅行家。如此等等,文化研究与上述每一门学科(还可以再加)都有联系或交叉,却总是在与它们的区分中表现出自己的不同凡响。因此,詹姆逊认为,文化研究的"崛起是出于对其他学科的不满,针对的不仅是这些学科的内容,也是这些学科的局限性。正是在这个意义上,文化研究成了后学科"。①

"后学科"当然是对"学科"局限性的反应。社会生活既充满矛盾又相互联系,世间的一切都与个体或群体对意义、快感、身份认同等基本价值的体验有关。任何学科不但只能掌握某一局部或某一环节,而且在学科建立的过程中要有意识地忽略、排斥、压制与其对象、范围相关联的种种现象和过程,以求学科的明晰性。随着学科体制的建立,人类实践与社会生活实际上被高度抽象和严格剪裁而被清洗、置换得面目全非,许多重要的问题丧失在僵化的学科分界线的缝隙里。这是令人气愤的,却也是无可奈何的。文化研究代表了回归日常实践、重构社会生活的努力,它肯定人类生活本身就是引人入胜的,一切都可以也应当成为研究的对象。在斯图亚特·霍尔等人撰写的《仪式抵抗:战后英国的青年亚文化》(1976)一书中,克拉克专文考察一批工人家庭出身的青少年一度流行的"光头仔"形象,他发现,在其追求离经叛道的粗野的生活风格背后,这些青少年以"反文化"的方式实践着重塑工人阶级社群的意愿。约翰·费斯克在《牛仔裤:一种理解美国大众文化的视角》中,以一万多字的篇幅深入分析了作为符号的牛仔裤的社会、历史、经济、政治的含义。如果不是文化研

---

① 弗雷德里克·詹姆逊:《论"文化研究"》,400页。

究,我们很难设想,有哪一门学科,会以如此严肃的态度就光头仔和牛仔裤这类现象写出如此皇皇大作。在这个意义上,文化研究的兴起,其背景和依据就是现代社会中权力、经济、日常生活的严密缠绕和内在渗透。

"后学科"不是"跨学科"或任何一门学科的开放。像"美国研究"这样的跨学科实践表明,作为挑战某种特定等级制度的工具,跨学科并没有提供一种异于等级秩序的选择,因此最终也不免有悖原来的宗旨而为学科体制所招安。而文化研究的根本企图之一,却是质疑现行的学科分类背后的体制的、社会的、权力的制约,拯救被学科体制有意识地排斥或无意识地遗漏的人类生活。理查德·约翰生在回答"究竟什么是文化研究"时挑明了这一点:"对方法或知识的符码化——如在正规大纲上或关于'方法论'的课程中将其制度化——与文化研究作为一种传统的某些主要特征恰好相反:如文化研究的开放性和理论的多样性,其反思性的甚至是自我意识的倾向,而尤其重要的是批判的重要性。我所说的是最充分意义上的批判:不是纯粹的批评,甚至不是论战,而是研究其他传统的方法,借以看出它们可能生产什么,可能禁止什么。批判涉及撷取最有用的因素,拒斥其余的因素。如是观之,文化研究就是一个过程,是生产有用知识的一种炼金术,若给它编码,你就可能停止它的反应。"[①]文化研究提出的不是知识问题,而是政治问题,它通过向现行学科的挑战,实际上在向现行的政治秩序提出质疑。

关于文化研究的"后学科"的问题,亨利·吉罗等:《文化研究的必要性:抵抗的知识分子和对立的公众领域》一文有集中论述。学科的独立赖其有独特的、不为其他学科分享的研究对象或领域,但是第一,要从对象上,也即自然客体上把握一门学科的对象是困难的,不但一个或一组特定的客体是许多学科的共同课题,而且每个学科的研究对象都是不断变化发展的,总的趋势是越来越多,其结果是出现了我们通常所说的"二级学

---

① 理查德·约翰生:《究竟什么是文化研究》,见《文化研究读本》,3~4页。

科"或"亚学科"。第二,学科领域有时并不是自然客体而是学科实践的产物,它反映了文化的、社会的和体制的需要。学科研究要求追问某些特定的问题,要求对已经构成现行专业点的极少几个问题进行持续的关注,要求采用某类特定的术语和研究相对狭隘的某一系列事件。其结果是使知识分子成为"专家"而与其他公共领域相脱离,把更多的人排除在外,使之边缘化。学科的特性就在于它有标准化和等级化、同化与异化的双重特性,它支持了、强化了不平等的社会关系。保罗·皮可纳发现:"除非脱离纯粹正式的、统计式的教育的衡量标准,很清楚,现代社会生产的只是异化的、私人化的,以及非文化的专家大军,他们只在定义明确的狭窄领域里显得渊博。这种专业的知识分子,与传统意义上的关心整体问题的思想家不同,他们正在大量出现,以操作日益复杂的官僚的和工业的机器。而他们的理性在品格上是工具性的,因此他们只适于完成部分任务而不能解决社会组织与政治方向中的根本性问题。"①但人类既不是完全被动的客体,也不是充分自由的主体,对人类生活的研究,是对于某种特定的社会实践的研究,这种社会实践是根据人的需要而调整的。文化研究不是描述某种文化、积累关于某种文化的知识,它不假定文化有着某种亘古不变的特性,它的特殊结构可以以某种本质主义的方式加以描述。相对西方学院中现行的学科体制而言,这种实践必然是反学科的。"在我们看来,正确的文化研究应当是内在的,与在充满压迫的社会中必须做的事情相关的。这种行为的前提条件必然是对各种流行的实践批判和对抗。"②

因此,文化研究作为"后学科"的意义在于:第一,文化研究不只是学术或知识,而是一种文化政治或符号政治。在他们的意识中,以不同的方式思考的能力以及建构某人关于自我与社会关系的意义的能力,是一种必要的根基,没有这些能力,任何政治行动都没有希望成功。第二,文化研究意在重构学院内外的知识分子的角色,不仅仅是文人、专家,而首先

---

① 引自亨利·吉罗等:《文化研究的必要性:抵抗的知识分子和对立的公众领域》,78页。
② 亨利·吉罗等:《文化研究的必要性:抵抗的知识分子和对立的公众领域》,85页。

是反抗的:"他们反抗形成他们自己的社会的令人窒息的知识和实践。抵抗的知识分子可以为将对于被压迫情境的改革性批评作为出发点的人们提供道德的、政治的、教学的领导权。"①

令文化研究尴尬的是,中外学科体制实际已经接纳了它,它已经在现行的高等教育与文化制度中找到了自己的位置。现代控制体系的特征之一,是可以包容与之对立的话语与力量,现代体制是如此大肚能容,任何反叛的或异端的声音不但不能消解和诋毁现行的价值系统和学科建制,反而以招安挑战者的方式证明文化宽容和学术开放。如果说文化研究及研究者的初衷具有颠覆体制和价值等级的冲动,那么随着学术系统和主流话语对文化研究的容纳,它已越来越成为当代学术系统中的一项长远研究,其对象、方法、主题可能涉及多种子学科,但在"成熟"之后却并不构成对文化等级和学科制度的挑战,而是一种具有跨学科性质的学科之一。显然,在学科仍然是具有公共认同性质的分类系统的当代,文化研究除非满足于"造反派"的身份,不与学科系统发生关联,否则,"后学科"云云只能是一种"跨学科",只能是学科体制的补充和完善。"书生造反,十年不成",如此结局当然令人沮丧,但书生除了造反并非一无可为,文化研究除了表达抗议和反叛,还有知识内容和学术意义,文化与人生一样广阔无边,政治只是其中之一,不平等、不公正、不自由、不合理的制度、惯例、习俗需要知识人的不平之音,但意义、价值、快感的生产也有赖知识人的工作,符号与形象的背后并不都是权力。更何况,在分工细密的当代社会,知识人的责任主要不在政治,假如有关文化的一切都与政治难分难解,那我们从事的就不是文化研究而是政治评论。"后学科"在突显文化研究的崭新面貌和特殊性质上是有意义的,但其过分政治化的解说,至少在经历了文化政治化的中国,我们并不关切:何以什么都要往政治上扯?

---

① 亨利·吉罗等:《文化研究的必要性:抵抗的知识分子和对立的公众领域》,见《文化研究读本》,86页。

二、再现

> 他们不能代表自己,一定要别人来代替他们。
>
> ——马克思

在《路易·波拿巴的雾月十八日》中,马克思用这句话来解释法国小农为什么会拥护拿破仑三世。① 文中的"vertreten"即英文"representation",意为"代表"或"再现"。文化研究一般从"再现"的意义理解这个概念,因为"代表"的真实意义就是"再现",没有完完全全的"代表",只有充满虚构与错误的"再现"。② 文化研究在当代西方之所以成为一项激进的社会项目,诸如女性主义、黑人政治、同性恋之类大量社会/政治现象之所以在文化研究的题目下得到展开,均与"再现"有关,在极端的情况下,"文化"甚至被等同于"再现"。

"再现"不是一个语言/表达能力问题,而是一个权力问题。"再现是使世界的意义合乎自己利益的手段",是"赋予抽象的意义形态概念以具体的形式(即不同的能指)的过程。这是一个使意识形态物质化,从而自然化的过程,是一个高度政治性的过程,包含着赋予世界及人在其中的位置以意义的权力"。③ 无权者不能"再现"自己,他(她)们只能由权势者来"再现",斯皮瓦克的一篇文章的主题就是"属下不能说话"。在男权中心

---

① 马克思:《路易·波拿巴的雾月十八日》,《马克思恩格斯全集》,第 8 卷,217 页,北京,人民出版社,1965。

② 加亚特里·查克拉沃尔蒂·斯皮瓦克在《属下能说话吗》一文第 1 节中对"代表"与"再现"有详细讨论。文见罗钢、刘象愚编选:《后殖民主义文化理论》,北京,中国社会科学出版社,1999。

③ 约翰·费斯克:《大众经济》,见陆扬、王毅选编:《大众文化研究》,142 页,上海,三联书店,2001。

的传统之下,女性的形象、特性通常是由男性来塑造的;而殖民地国家的历史文化,也主要是由殖民国作为"他者"来再现,如"女人是温柔的"、"黑人是懒惰的"等等。在激进的文化研究者看来,像阶级、性别、种族这些"政治领域"都是在再现与错误再现、统治与从属的意识形态斗争中建立起来的。不是"再现"与政治有关,而是这一行为本身就是政治。所谓文化领域的斗争,说到底就是那些处于社会边缘的受压迫、受排斥、受统治的"边缘"群体的反文化霸权的斗争,就是用一种对于自身及自身与他者的关系的更加真实、更加正确的"再现"来取代统治阶级和主流文化对自身错误的或歪曲的"再现"。于是,越来越多的被压抑的历史浩荡涌出,被排斥的文化生活和行为被打捞出来,以"文化研究"之名发起一场文化上的反抗。

文化研究的对象一般认为是"大众文化"。尽管在人口比例上,社会的基本构成或最大群体是"大众",而权力/知识精英倒是一小撮,但因大众无法"再现"自己,所以有关大众生活的一切长期被统治文化打入另册,成为主流之外的"边缘"。斯图亚特·霍尔在一篇精彩的文章中,认为"大众"之成为"大众",是权力集团与大众的对立之间建构的:"建构'大众'所依据的原则是占中心地位的精英或主导文化与'边缘'文化之间的张力和对立。正是这种对立,不断地把文化领域划分为'大众的'和'非大众的'。"[①]这种权力集体由一种相对统一、相对稳定的社会力量——经济的、立法的、道德的、美学的——联合组成,比如学校和教育系统、文学与学术机构就发挥了把"有价值的"部分与"无价值"的部分区分开来的作用。因此,所谓"大众文化"有三种定义。第一种是商业化、市场性的意义上的,它把"大众"视为完全受操纵的被动力量予以批判,如法兰克福学派;或者相反地用一种完整的可代替性的——真正"大众的"文化与商业文化对立,如早期英国的文化研究。大众文化研究一直摇摆于"自治"与完全控

---

① 斯图亚特·霍尔:《解构——"大众"笔记》,见《大众文化研究》,50页。

制之间：要么面目全非，要么彻底真实。其原因在于把文化形式视为完整和谐的，而实际上，"并没有什么完整的、真正的、自足的'大众文化'存在于文化权力和统治关系的力量场之外"。第二种定义是描述性的：大众文化就是大众所做的或曾做的一切事情。这种人类学意义上的文化概念的据点是无止境地扩大化的内涵，使之无法与非大众文化区分开来，无法理解"大众"是如何在与"精英"或"主导"的对立中被建构出来。因此需要有第三种定义，"大众"是在与精英或主导文化的对立中被建构起来的，"在任何特定时期，这个定义关注的都是形式和活动，这些形式和活动以特定阶级的社会和物质条件为基础，体现在大众传统和实践之中。从这一点说，它保留了描述性定义中有价值的东西。但它进一步认为，对大众文化的定义来说，最关键的是与统治文化之间的关系，这种关系用持续性的张力（关系、影响和对抗）来界定'大众文化'。这是围绕文化的辩证法建立起来的文化概念。它把文化形式和文化活动的领域看做是持续变动的，然后考察将这一领域不断建构为统治与附属两部分的那一关系。它考察使统治部分和附属部分之间的关系得以表达的那个过程。它把它们视为一个过程，通过这个过程，某些东西得到积极的认可，从而把另一些东西拉下宝座。处于核心的是力量间变化的、不均衡的关系，它界定着文化领域，即文化斗争与其众多形式。它的主要焦点是文化间的关系以及霸权问题"。[1]

以"英国文化研究"为例。在20世纪上半叶大名鼎鼎的批评家利维斯以17世纪以前和谐有机的社会秩序为标准，猛烈批评工业革命以后的大众文化缺乏"道德的严肃性"和"审美价值"之后，一批工人阶级家庭出身的青年批评家于20世纪50年代走上舞台，自觉地作为被排斥到边缘的社会集团的发言人，批判利维斯的精英主义，致力于在新的历史条件下重新确认工人阶级的政治和文化，把20世纪30年代健康淳朴而又生气

---

[1] 斯图亚特·霍尔：《解构——"大众"笔记》，48,50~51页。

勃勃的工人文化作为"美好的旧时光",为其被时髦、堕落的美国大众娱乐文化所取代而抱憾。① 通过理查德·霍加特、E. P. 汤普森等人的努力,"工人文化"这一文化研究几乎从未被正视的边缘文化成为严肃研究的主题,但是,早期的英国文化研究,特别是在霍加特的《文化的用途》等论著中,批评标准仍然是利维斯式的"健康"、"严肃"、"有机"等等,因此有"左派利维斯主义"之称。英国文化研究的进一步展开,就是一方面把越来越多的边缘文化纳入研究范围,另一方面放弃精英主义的批评标准,在与统治阶级的价值观的对立中确认大众文化的政治意义。

"大众"通常与"边缘"同义。就西方世界而言,不但下层阶级的生活和行为成为文化研究的主题,20世纪80年代后,在人类学、心理学的支持下,性别、种族问题又成为文化研究的中心议题。在全球范围内,则是对国际不平等关系是如何被文化"再现"出来的过程的分析。从法朗茨·法侬的"善恶对立寓言"到爱德华·萨义德的"东方主义",文化研究深入发掘出西方文化中的"东方"并不能作为真实历史存在的东方的可靠"代表",而是欧洲东方主义者想象的或构造的空间,是一种知识编码和制造,意在以文化上的"他者"来陪衬自己的优越。"在殖民者看来,黑人既不是安哥拉人,也不是尼日利亚人,因为他只说'黑鬼'。对殖民主义者而言,这个辽阔的大陆是野人出没、迷信和谚语盛行的地方,是个注定让人鄙视、让上帝诅咒的食人生番横行的地方,简言之,'黑鬼之乡'。"② "东方似乎并不是熟悉的欧洲世界向外的无限延伸,而是一个封闭的领域,欧洲的一个戏剧舞台。""像'东方'和'西方'这样的词没有与其相应的作为自然事实而存在的稳定本质。况且,所有这类地域划分都是经验和想象的奇怪混合物。就英国、法国和美国通行的东方概念而言,它在很大程度上来自于这样一种冲动:不仅对东方进行描述,而且对其加以控制并且在某种

---

① 参见单世联:《绅士国的文化批判》,载《花城》,1999(6)。
② 法朗茨·法侬:《论民族文化》,见《后殖民主义文化理论》,279 页。

程度上与其对抗。"①

文化研究作为一种政治参与姿态,意在为"大众"寻找更为正确和真实的"再现",这是一场反对权势者的斗争。在法兰克福学派批判理论,特别是在阿多诺、马尔库塞的视界中,大众文化排斥现实需求或真实需求,排斥可选择的和激进的概念或理论,排斥政治上对立的思维方式和行动方式,因此执行了塑造和长久维持一群"退化的"受众的意识形态功能。在此过程中,大众作为消费的客体完全是无能为力的,只能在被动的消费中认同市场和商品拜物教的统治,接受现存的不合理的资本主义秩序。而文化研究则区分了"人民"(people)和"大众"(mass),具有民粹主义思想特征的约翰·费斯克坚决反对以"人民"为"文化笨蛋",是一群没有鉴别能力,经济上、文化上、政治上受工业巨头宰制的被动的、无助的乌合之众的观点,"我们有必要宁可把人民想成一个多元的和不断变化的概念,是一大批以各种方式遵从或反对主流价值体系的不同的社会群体。只要'人民'这个词还有用,就应该把它看做一个由不断变动的和相对短暂的构成体组成的联盟。它既不是一个一元的,也不是一个稳定的概念,而是一个处于重新构造之中的术语,与统治阶级处于辩证的关系之中。"②在占支配地位的社会文化结构企图利用大众文化来控制接受者对意义的快感的生产,另一方面接受者又可以利用这种资源来生产颠覆和抵抗的效果。霍尔在分析了"大众"的三种意义后说:"这是为什么'大众文化'具有重要性。否则,实话说,我根本不去理睬它。"③毫无疑问,全球范围内的文化研究基本上都是具有马克思主义或其他激进思想背景的"左翼"人士,如果说英国文化研究的第一代学者多是工人阶级家庭出身的话,那么20世纪60年代以后成长的新一代学者,也肯定受到过激荡的"60年代"文化的感染。当资本主义的社会控制和统治权威越来越由政治、经济转向文化和

---

① 爱德华·萨义德:《东方主义》,80、426页,北京,三联书店,1999。
② 约翰·费斯克:《大众经济》,见《大众文化研究》,133页。
③ 斯图亚特·霍尔:《解构——"大众"笔记》,见《大众文化研究》,57页。

日常消费领域之后，文化研究严肃地把文化置于权力的物质关系背景中，坚持文化研究作为一种解释模式在政治上的作用，视文化为一个符号的战场，视自身为符号/意义政治的积极参与者：抛弃、选择、生产意义和快感、赋予价值、反抗，当然也免不了遭受欺骗和操纵。经过他们的理论实践，"大众"终于不再是边缘，至少在符号与话语的层面上获得了部分权力。

但有两个问题，提示我们对文化研究的意义作更深入的了解。其一，"大众"是否确实拥有自己的"再现"？早在19世纪，诗人海涅、史学家布克哈特、哲学家尼采等就敏锐地注视到，"大众"将构成现代社会政治的最大压力，而大众追求平等、抹杀个性的要求，特别是其非理性、狂热性与现代极权主义的关系也一再为学术"精英"们所注意。文化研究以正确"再现"大众自期，但在德里达看来，绝对的"在场"（presence）是不可能的，我们所拥有的只能是"再现"，文本之外一无所有，而"再现"无所谓真假对错。据此来看，文化研究的意义就不是什么"大众"的真实再现，而是对"大众"的另一种再现，在更谦虚的意义上，它不过是把文化看做是意识形态冲突和政治对立的战场而予以充分展开。文化研究的从业者仍然是知识精英，即使是理查德·霍加特等出身于工人家庭、对工人阶级的文化情有独钟的学者，当他们以浓厚的怀旧之情抒写生气勃勃、亲情热烈的工人文化生活时，已经不再是工人阶级的一员了，他们能还"代表"工人吗？赛义德虽然是巴勒斯坦血统，但他是哥伦比亚的名教授，《东方主义》一书本身就是斯坦福大学行为科学高级研究中心的资金项目，这就毫不奇怪，他仍然延续了"东方"、"西方"这一典型的殖民话语。

其二，以"大众文化"研究为主体的文化研究是否属边缘？相对于已经建立了稳固的学术传统和文化地位的经典"学科"，文化研究不仅以那些从来都被打入另册、被历史遗忘了的对象和领域为研究范围，而且确实是学术体制中的一匹"黑马"，但现代资本主义社会/文化的特征，就是其巨大的同化力和吸纳力，已经有人注意到并警告说："文化研究正在迅速进入当代美国思想和学术生活的主流,在传播学这门学科内,文化研究似乎不再是仅仅以其边缘存在而获得宽容;学科的统治集团向它送秋波,甚至赋予它以权力。"① 显然,文化研究在全球范围内都日益踏上学科化、建制化的旅程,这个问题还是马尔库塞当年提出的,反文化、反体制、反资本主义等等也完全可以被文化、体制、资本主义照单全收。至少到目前,我们与其说文化研究是"边缘",不如说它已经是一种拥有权威、占据中心的时髦话语了。

三、意识形态

> 在马克思主义范式之内,很难构想一种与"意识形态"范畴毫不相关的文化研究思想。
>
> ——斯图亚特·霍尔

霍尔这句话表达的是这样一种共识:意识形态不只是向我们提供用于指导世界观的信仰体系,而且在各种社会行动者创造其赖以生存的真实世界的过程中起着根本性的作用。从而,使这一概念成为现代社会思想核心的马克思主义,在文化的理论构建和历史分析方面拥有巨大的竞争力。② 作为一种旨在引导社会革命的思想体系,马克思主义在有关文化的技术范式之外强有力地论证了它的政治范式,这种范式特别注重意识形态和体制分析,对文化的内容,主要是其生产和消费过程中权力运作、控制关系表现出高度敏感;作为现代资本主义的一种解释系统,马克思主义拒绝把文化视为一个独立自主的领域,着力于在社会经济的总体结构和人类文明的历史性进程中确定文化的性质和功能,并由此揭示现代性

---

① 劳伦斯·格罗斯伯格:《文化研究的流通》,见《文化研究读本》,66 页。
② 斯图亚特·霍尔:《文化研究:两种范式》,见《文化研究读本》,63 页。

条件下文化所包含的生产方式、所有制体制和资本运行。所以,不是近两个世纪以来其他曾经鼎盛过的文化理论,而是并无独立的文化理论,甚至也较少论述文化问题的马克思主义,为文化研究提供了激情、灵感、批判指向和政治取向。

当然,马克思主义文化理论经历了一个"现代转型"。19世纪第二国际时期,马克思主义曾被简化成经济决定论,无论是在分析社会现实还是在动员革命方面,文化论域都未受到重视。在第二国际破产之后,受到1917年10月"反《资本论》革命"(葛兰西语)的启发,卢卡奇、柯尔施、葛兰西等人创造性地解释马克思主义,从回答革命何以没有在西方发生、资本主义内部的统治结构何以具有连续性这一政治性问题开始,文化与意识形态论题成为发展马克思主义的重心之一。法国哲学家路易·阿尔都塞指出:"马克思主义用大厦(基础和上层建筑)所作的隐喻,其巨大的优点在于,它显示了决定作用(或有效性标志)是个关键性问题,又显示了正是基础归根到底决定整座大厦。结果它使我们必须提出关于上层建筑特有的'次生'有效性类型的理论问题,就是说,它使我们必须考虑马克思主义传统所谓的上层建筑的相对独立性和上层建筑对基础的反作用。"[①]20世纪最重要的文化概念之一是法兰克福学派提出的"文化工业",这一概念本身就具有当代马克思主义的典型特征:"'文化工业'这个概念引起了对马克思主义的继续信奉(工业是资本主义的主要动力)和对该学派贡献的变革和原创特点的信奉(文化以其自身的权利成为一种基本的构成要素)。"[②]而英国文化研究的起点就反对斯大林主义仅仅在经济基础和上层建筑的模式内理解文化,把社会、政治、道德和文艺等简单地化约为经济和阶级结构的教条,要求用一种更为复杂的方式来处理文化与经济的关系,把文化看成社会过程本身,而把经济、政治看成是这一过程的构成因素。

---

① 路易·阿尔都塞:《意识形态与意识形态国家机器》,见《列宁与哲学》,157页,台北,远流出版事业股份有限公司,1990。

② 多米尼克·斯特里纳蒂:《通俗文化理论导论》,64页,北京,商务印书馆,2001。

阿尔都塞有关意识形态的著述是当代西方争论最大、应用最广的理论分析之一,一度几乎主导了文化研究。阿尔都塞既要保持马克思对经济决定论的强调,又要论证意识形态是社会本身的一种力量。在他看来,社会由三种实践构成:经济、政治和意识形态。如果说经济实践通过特定的生产手段,借助于特定的生产关系将某些原材料转变为产品,政治实践以同样的方式转变了社会关系,那么意识形态实践也使个体与社会构成之间的关系发生了转变。在1964年的《保卫马克思》中,阿尔都塞指出:"意识形态反映的不是人类同自己生存条件的关系,而是他们体验这种关系的方式;这就等于说,既存在真实的关系,又存在'体验的'和'想象的'关系。在这种情况下,意识形态是人类依附于人类世界的表现,就是说,是人类对其真实生存条件的真实关系与想象关系的多元决定的统一。"① 这个观点的要义有二:其一,我们是通过意识形态才实践了我们与现实生存条件之间的关系,通过意识形态,我们阐释、感知、经验并生活于我们置身其中的物质条件里面,简而言之,意识形态是我们经验世界的前提,我们无法摆脱它而生活;其二,意识形态所表现的因而不是支配着个体存在的现实关系的系统,而是那些个体生活于其中的真实关系的想象性关系。

在1969年的重要论文《意识形态与意识形态国家机器》中,阿尔都塞对意识形态理论作了两点重要补充。其一,意识形态不只是一种思想体系,而且也是一种国家机器。包括教育、宗教、家庭、法律、工会、传播、文艺在内的意识形态国家机器与镇压性的国家机器不同,其功能是实现生产关系(即资本主义的剥削关系)的再生产。"换个比较科学的说法,我要说,劳动力的再生产不仅要求劳动技能的再生产,而且同时还要求将劳动者对现存秩序规范的顺从态度再生产出来,即将工人们对占统治地位的意识形态顺从的态度再生产出来,以及要求将进行剥削和压迫的人正确运作占统治地位的意识形态的能力再生产出来,让他们也会'用言语'为

---

① 路易·阿尔都塞:《保卫马克思》,203页,北京,商务印书馆,1984。

统治阶级的宰制作好准备……凡与生产、剥削和压迫有关的当事人,更不要说'意识形态专家'(马克思语)了,为了要自觉地执行他们的任务——被剥削者(无产者)、剥削者的助手(经理)或统治意识形态的高层(官员)等等的任务——都一定要在某种程度上多少对这种意识形态有'高深的造诣'。"①意识形态作为资本主义社会用以再生产各种主要体制关系的途径和方式,所体现的正是上层建筑对经济基础的"反作用",阿尔都塞把它理解为"文化霸权":"据我了解,任何一个阶级若不掌握意识形态的国家机器并在其中行使文化霸权,就不能长时期掌握国家权力。"②其二,意识形态的核心概念是虚假的主体概念,所有意识形态都具有将具体的个体"塑造"成主体的功能:"意识形态通过我称之为建构或呼叫,以及按照日常最琐碎的警察(或其他人)呼叫:'喂!喂!'的方向可以想象的那种非常精密的操作,利用在个人当中'招募'主体(招募所有的个人)或者把个人'改造'成主体(改造所有的个人)这种方式来'行动'或'产生作用'的。"③这一段话虽形象却难解。以广告中的"像你这样的人"为例,作为一个个体,"我"成为广告的对象,在由代词"你"打开的假想空间中,我认识到自身的存在,这样我就成了广告中假想的"你",但这只是一种意识形态的误认。第一,广告的目的是吸引其他许多也是在这个"你"里面认识到自身存在的人;第二,我在这则广告中看到的"你"是由广告创造出来的。所以,广告通过"呼叫"产生了各种主体,但当我们意识到自身存在时,却已经变成了其消费行为的主体或附属品,它让个体错误地以为自己是自我决定的代主体。

阿尔都塞对于意识形态的独特解说使这一概念成为文化研究中使用率最高的一个概念,其意识形态是个体与现实环境之间想象性关系的观点,有效地解释了文化与个体的关系;其意识形态国家机器的观点,推进

---

① 路易·阿尔都塞:《意识形态与意识形态国家机器》,见《列宁与哲学》,155~156 页。
② 同上,167 页。
③ 同上,191~192 页。

了对文化的社会体制和制度史的研究;其意识形态产生了各种隶属于意识形态物质实践的主体的观点,启示了对文化控制体系的研究。然而,正像结构主义缺少主体的位置和力量一样,阿尔都塞的意识形态实践也过于严密,几乎可以归纳为"意识形态支配一切"的理论,几乎否认了实践的存在,即把社会行动者从受压制的政治经济条件下解放出来的有理论根据的社会行动。在这里,"人们总是能够按照资本主义生产方式所要求的一切必要的意识形态习惯来调整自己。人们没有失败的感觉,更不用说冲突、斗争或反抗了。"①显然,在国家政治权力的支持下,意识形态确实有效地占领并控制了绝大多数人的思想意识和情感模式,但问题仍然是,文化是不是仅仅是政治的工具,具体的个性是不是就毫无反抗和逃逸的机会和可能?② 正因为有此不足,20世纪70年代后,文化研究转向葛兰西。

"文化霸权"的概念是葛兰西在墨索里尼的囚牢中提出的极具解释力的政治概念。阿尔都塞在提到"文化霸权"时就说过:"葛兰西是在我走的这条道路上走过一段距离的唯一一人。他有一个'值得注意的'的想法,即国家不能归结为(镇压性)国家机器,而是像他所说的,国家是包含有若干'市民社会'的机构,有教会、学校、工会等。遗憾的是,葛兰西并没有把他的思想系统化,它们停留在一种尖锐的然而零散的评论的状态中。"③葛兰西确实"零散",但其"尖锐"之处,却突破了阿尔都塞"结构的整体"的牢笼和窒息。

反思马克思预期的无产阶级革命没有在西方发生的原因,葛兰西敏锐地发现,在存在着剥削和压迫但仍然高度一致和高度稳定的自由资本主义社会中,统治阶级通常不是通过直接强迫,而是通过被认可的方式,将权威加诸其他阶级。"文化霸权"就是某个居支配地位的阶级(与其他各阶级或阶级的一部分结成了联盟),不仅统治着一个社会而且还通过其

---

① 约翰·斯道雷:《文化理论与通俗文化导论》,165页,南京,南京大学出版社,2001。
② 参见单世联:《现代性与文化工业》下编,广州,广东人民出版社,2001。
③ 路易·阿尔都塞:《意识形态与意识形态国家机器》,见《列宁与哲学》,204页注。

在道德和精神方面的领导地位主导着这个社会,它通过诸如家庭、教育制度、教会、传媒和其他文化形式这类机制而运作。葛兰西强调,"霸权的真相要以下情况为先决条件:要考虑将向其施行霸权的各集团的利益和意向,应当形成某种妥协的平衡——换言之,领导集团应当作出一种经济上的合作方面的牺牲。但是,毫无疑问,这样的牺牲和让步不可能触及本质;因为霸权虽然是道德上的和政治上的,但它也必须是经济上的,必须以领导集团在经济活动的决定性核心中发挥决定性的作用为基础。"①领导集团的妥协意味着居从属地位的各个集团或阶级已部分地将自己束缚在或"融入"到主要权力结构的各种价值观、理想、目标之中。所以,"文化霸权"绝不只是由统治者自上而下地强加给被统治者的权力,而是占支配地位的集团与居从属地位的集团之间"谈判"的结果,"文化霸权"确立的过程是一个以"抵抗"和"融合"为标志的斗争过程。当然,谈判和让步是有一定限制的,它们绝不可以动摇和影响到阶级权力的经济基础。而且,当发生危机时,在道德和精神方面的领导层已不足以确保持续的权威的情况下,霸权过程就会暂时由"强制性国家机器"——军队、警察和监狱系统等所取代。P. 兰塞姆总结说:"葛兰西用霸权概念来描述社会统治集团可以获得的各种社会控制的方式。他区分了通过直接动用武力或武力威胁而显现出来的'强行控制',以及当个体'心甘情愿地'或'自愿地'吸收统治集团的世界观或者霸权时出现的'舆论控制';一种使那个集团更具霸权的同化。"②

"文化霸权"概念之于文化研究的重要意义,托尼·本内特在《大众文化与转向"葛兰西"》中交代得最清楚,"新葛兰西主义"一方面不同于英国早期文化研究中的"文化主义"——赞扬大众文化真的是工人阶级兴趣和价值观的真实表达;另一方面不同于阿尔都塞主义——文化只是一种意识形态国家机器。通过"文化霸权"这个概念,文化既不再是一种阻碍历

---

① 引自多米尼克·斯特里纳蒂:《通俗文化理论导论》,186页,北京,商务印书馆,2001。
② 同上,184页。

史进程的、强加于人的政治操纵文化(法兰克福学派),也不是社会衰败和腐朽的标志(阿诺德/利维斯主义),也不是某种未受污染的"工人阶级"文化(英国文化研究的某些论述),也不是一种将主观性强加给某些被动的主体的含义机器(结构主义的某些论述)。相反,文化消费是"统治"与"反抗"之间的"谈判"所产生的一种混合体;是一种既"自上而下"又"自下而上"产生的,既是"商业化的"又是"真实的"文化;是抵抗和融合之间一种不断变化的力量平衡。"文化实践并不随身携带它的政治内涵,日日夜夜写在额头上面,相反,它的政治功能有赖于社会与意识形态的关系网络,其间文化被描述为一种结果,体现出它贯通连接其他实践的特定方式。简言之,以揭示文化实践的政治与意识形态的接合是动态的——今天同资产阶级价值连接的实践,明天可能同这些价值脱钩,改宗社会主义——霸权理论开拓了大众文化领域,赋予它以巨大的政治可能性。"①吸收、歪曲、抵抗、协商、复原等都是文化斗争的形式,文化领域是一个各种利益和价值观相互竞争的矛盾的混合体:既不是中产阶级,也不是工人阶级,既不是种族主义者也不是非种族主义者,既不是性别主义者也不是非性别主义者,既不是同性恋者也不是反同性恋者……但总是两者之间一种不断变化的平衡。文化产品在有选择的消费行为和生产性的阅读和阐明行为中被重新定义、重新定型,并改变了其原来的方向,而这一切往往与其生产者的本意或所预见的情况截然相反。

其实,在威廉斯提出文化作为一种生活方式之后,汤普森就不同意文化是一种整体的生活方式,而是"不同生活方式之间的斗争"。到20世纪70年代的英国工人文化的研究中,正如理查德·约翰生总结的,早期的马克思主义者假定工人阶级文化具有某种共同的本质,并致力于发现这一本质,而伯明翰中心则强调由于工人阶级内部的种族、性别、年龄、地域和工种等因素而造成的异质性和复杂性,他们认为不存在一种具有统一本

---

① 托尼·本内特:《大众文化与转向"葛兰西"》,见《大众文化研究》,66页。

质和共同特征、铁板一块的"工人阶级文化",有的只是相互竞争的工人阶级"亚文化",每一种"亚文化"都具有独特的生活方式。约翰·费斯克则理想化地讨论了大众文化中的反霸权斗争:"大众文化充斥着双关语,其意义成倍增加,并避开了社会秩序的各种准则,淹没了其规范。双关语的泛滥为戏拟、颠覆或逆转提供了机会;它直白、表面,拒绝生产有深度的精心制作的文本,这种文本会减少其观众及其社会意义;它无趣、庸俗,因为趣味就是社会控制,是作为一种天生更优雅的鉴赏力而掩饰起来的阶级利益;它充满了矛盾,因为矛盾需要读者的生产力以从中作出他或她自己的理解。它经常集中于身体及其知觉而不是头脑及其意识,因为身体的快乐提供了狂欢节的、规避性的、解放性的实践——它们形成了一片大众地带,在这里霸权的影响最弱,这也许是一片霸权触及不到的区域。"①这种对异质性的发现和阐释,既是汤普森观点的发展,也与"葛兰西转向"相关。然而,不能过高估计"反抗"与"谈判"的效果。正如道克尔分析的,"不同于法兰克福学派的一般作风,伯明翰中心非常敏感于观众之间有可能用他们自己的方式给'统治话语'解码,以及他们的反应未必一定是机械的,就像阿多诺和霍克海默判定的那样。统治意识形态用选定的意义来编码,将往来事件的解释公布于世,仿佛它们是自然的、理性的。观众可以反抗以霸权的方式解码……但是这类解码通常不过是统治代码内部的谈判协商。由于观众感到他们在以自己的方式解码,他们故而认可了作为系统的传媒,他们接受了流行的正统性。"②

意识形态概念的泛化是其广泛运用于文化研究的前提。确实,当代社会的控制方式已远为多样而细微。问题在于,是不是所有的文化都已具有意识形态性?如果回答是否定的,那么我们进一步要追问的是,如何在意识形态之外重构文化解释系统。而且,人与世界的关系除了阿尔都塞式的意识形态关系外,是否还有非意识形态?如果回答是肯定的,那么

---

① 约翰·费斯克:《解读大众文化》,6页,南京,南京大学出版社,2001。
② 约翰·道克尔:《一种正统观念的开花》,见《大众文化研究》,38~39页。

意识形态就不能解释文化。应当说，文化的概念要大于意识形态的概念，以意识形态来解说文化，反映的是20世纪人类生活高度政治化、空前同质化的特殊情境，发掘人类生活的多样性和个性化，并不一定就是与某种文化统治"对着干"。实际上，个体的生活和表现大多数时候是很卑微渺小的，没有什么深文大意，即使在意识形态化的时代，社群、个体的行为和生活也可以更多地基于人性的本来需要与环境的自然限制。能真正尊重差异、发掘个别的努力应当是就事论事、平铺直叙，少作联系和放大。意识形态是有效的概念，但其有效性并不是无边的。忽视了这一点，很可能背离文化研究的初衷。

四、类像王国

> 对于摄像胜过实物、副本胜过原本、表象胜过现实、外貌胜过本质的现在这个时代……只有幻想才是神圣的，而真理，却反而被认为是非神圣的。是的，在现代人看来，神圣性正随着真理之减少和幻想之增加而上升，从而，在他们看来，幻想之最高级也就是神圣性之最高级。
>
> ——费尔巴哈

这段话是我们久违了的19世纪哲学家费尔巴哈1842年为其《基督教的本质》第二版写的序言中说的。① 费尔巴哈当然不会想到，他用以批判基督教的论断在一个多世纪后，成为当代文化的一种恰当的指称。当代社会凭借消费、媒体、信息和高科技塑造了一个抽象的、眩晕的、非物质化的、拟像的、超现实的并能自我复制的世界，而文化，早已不再为少数知

---

① 路德维希·费尔巴哈：《基督教的本质》第二版序言，《费尔巴哈哲学著作选集》下卷，18页，北京，商务印书馆，1984。

识精英所创造、权势集团所垄断,也不是马克思所说的经济基础之上的上层建筑,它就是我们的生活世界。在法国社会理论家让·鲍德里亚看来,"商品化模式已发展到使用和交换价值被'符号价值'所代替的程度,他重新界定商品主要是作为一种符号来消费和显现的。在他看来,政治经济学和生产者的时代已经结束,我们生活在一个物质形态消失的新的社会,这里只有符号、影像和代码。鲍德里亚宣称曾经被克尔恺郭尔、马克思和尼采分析过的生产化进程已经发展到顶点,阶级、社会团体、政治意识形态以及体现现代性不同进程的社会其他方面已经瓦解了。鲍德里亚认为真实与不真实的界限本身已经消除了,技术、媒体和消费文化声控我们全部的生活,我们已不可逆转地从现代步入到后现代社会。"①

变化是惊人的,却不是不可以理解的。当 20 世纪"商品的世界化和世界的商品化"差不多接近完成时,社会理论也从马克思的"商品社会"到德博尔的"景观社会"再到鲍德里亚的"类像社会"。法国境遇主义者居约·德博尔是我们比较陌生的思想家,他的名言是:"在现代生产条件下,生活本身成了景观的一个庞大的堆积。"所谓"景观",是指商品已经占领了社会生活的全部,与商品的联系不单是显著的,且除了商品之外看不到其他东西:人们所能看到的世界就是商品的世界。这是一个完全人为的世界,个体在没有创造性与积极性的情况下被动地消费商品景观与服务。重要的不是幻觉与真实的混淆,而是幻觉比真实本身更真实。②

鲍德里亚是 20 世纪 80 年代后期才产生国际影响却早在 20 世纪 60 年代就非常活跃的法国后现代社会理论家。在其早期作品如《物体系》(1968)、《消费社会》(1970)、《符号政治经济学批判》(1972)中,他综合符号学与马克思主义的政治经济学批判,挑战性地分析了消费社会中的客体、符号与符码,进一步评估商品化和抽象化的灾难性后果,努力使 20 世

---

① 斯蒂芬·贝斯特、道格拉斯·科尔纳:《后现代转向》,101 页,南京,南京大学出版社,2002。

② 关于德博尔的思想,参见斯蒂芬·贝斯特、道格拉斯·科尔纳:《后现代转向》,第 3 章。

纪60年代以来余波荡漾的革命理论再现生机。他认为,后现代文化建筑在高科技传媒手段的基础上,资讯信息的超量增值,构造了一个"类像"的时代。社会的组织原则已不再是生产,取而代之的是电脑化、资讯处理、媒体、摄控系统以及根据类像符码与模型而形成的社会组织。如果现代性是一个由工业资产阶级所控制的生产年代,类像的后现代就是一个资讯与符号的时代,它由模型、符码和控制论所支配。他发现,西方文化的全部信念都以"表象"为基础,"表象"即一个符号可以指向一个深层意义,一个符号可以与一个意义进行交换。这种交换得到最高存在"上帝"的保证。但是,如果"上帝"也是可以模仿的时候,也就是上帝被降格为一个符号、一个构成信念的符号的时候,那么全部表象系统崩溃了,它什么也不是,只是一个庞大的幻象,它不与真实而只与自身发生交换,于是就不存在真实不真实的问题,存在的是在一个没有所指、没有边缘、没有限制的循环系统中自我交换。这就是与"表象"相对的"类像"。符号指向实体、代表实体、等同实体,所以是"表象","类像"从"表象"的乌托邦式的"代表"、"等同"中走出,发展到对一切所指都宣判死刑的程度。这一过程有四个阶段:

1. 表象是现实的反映;
2. 现实被遮蔽起来,使之非自然化;
3. 现实的缺席再被遮蔽起来;
4. 与任何现实都不再发生关系,成为自己纯粹的幻象。

第一阶段是"表象"与现实的对应指代关系,在使用这一指代系统的过程中,现实渐渐消失了,它只以非自然的、符号的形式存在,形成一个"第二系统"。再下来,现实不在场这一事实本身也不被我们意识了,我们完全以符号为中介进行思维,这就发展到纯符号的置换,符号产生新的符号,新的符号又引出更新的符号,以至于像交通灯一样发出意义的能指符号就形成了一个与任何现实都不发生关系的纯虚拟的幻象世界。符号自身拥有了生命并建构出一种新的社会秩序,它由模型、符码、符号来塑造其结构,惊人增值的符号已经主宰了社会生活。

在"类像社会"中,模式与符码既塑造了经验的结构,也销蚀了模式与真实的区别。鲍德里亚借用传播理论家麦克卢汉的"内爆"概念,宣称在后现代世界,"类像"(即形象)与实体之间的界限已经内爆,从而对于"真实"的确切经验和基础也告消失。比如,在电视世界里,医生的形象有时就被当做真医生,一个饰演医生的演员罗伯特·扬就收到数以千计要求医药建议的信函,他后来出现在广告中,向观众推荐无咖啡因的咖啡的神效。而另一个扮演律师和侦探的演员雷蒙德·布尔,也收到数千封法律询问和侦探协助的请求信。肥皂剧中饰演奸男恶女的演员,必须雇用保镖才敢在公共场所露面。"超真实"这个概念表明真实与不真实之间的区别日益模糊,"超"字意味着它比真实还要真,真实的根据是由模型而产生的。当真实不再单纯是预先既定,而是人为地再生产成"真"时,它不是变得不真或超现实,而是比真的更真,成为一种"幻象式的逼真"中自我琢磨的真实。迪斯尼乐园中的美国比社会世界中真实的美国来得更真,仿佛美国越来越像迪斯尼乐园;生活杂志中的理想居室、广告中的时髦风尚等等,超真实以模型取代真实的状态,模型成为决定真实的要素,超真实与日常生活之间的界限已经抹除。后现代社会中的人完全生活在一个根本无法触及实在、不知实在为何物的象征符号体系中。

从文化研究来看,鲍德里亚的观点有两个特点,其一,不同于马克思与德博尔相信通过革命实现人类潜在的自由,鲍德里亚放弃了个人与社会可以转变的观念,断言主体和社会性都是假象。其二,在马克思描述了从物质到商品的变化,德博尔分析了从商品到景观的变化之后,鲍德里亚描写了一个更为高级的抽象化阶段,在这里客体被全部兼并到影像之中并使其消失在符号交换的封闭循环之中。詹姆逊也以马克思主义的语言表达了与鲍德里亚相同的看法,在这位后现代理论家看来,后现代主义是与现代主义文明彻底决裂的结果,是文化前所未有的扩张,不仅包括资本的全球性渗透,也包括对自然和无意识的渗透,后现代主义是在现代过程结束和自然不复存在时所看到的东西。文化向现实渗透意味着社会生活中的一切——从经济价值和国家权力到日常实践和心理超越——都带上文化的色彩,超越文化和资本之外的东西已不复存在,抵制和反抗所需要的批判性距离也已消失。取而代之的是合作,造反、革命和否定性批判的意识形态,远不只是被社会系统所吸收,而且变成了系统自身内部策略的一个有机的部分。后现代主义是这样一种状态:跨国资本主义的扩散已到了如此程度,以至于全球性抵抗不再可能,后现代文化的流行与全球性思维和全球性衰败密切相关。在《后现代主义,或晚期资本主义的文化逻辑》等论著中,詹姆逊对后现代主义的特征进行了大量归纳性的描述,其中一些观点与"类像"非常接近。一是"历史的终结"。按照解构哲学的语言理论,"历史"总是以文本的形式存在,其真正的所指总是不断被打上括号,不断被延宕。詹姆逊把这种情况称之为历史性的被剥夺,其可推定的过去也只是一组落满尘埃的景观。"历史"被定格为一组意象,"过去"只能通过那些似是而非的某个时代的意象加以传达和表现,文化的风格和观念之档案的堆积取代了"现实的"物质历史、有序而规范的传统和文化创造性,像电影上的"30年代"、"50年代"等等。二是"表象的断裂"。后现代是对图像、陈见、伪事件和景观进行模仿的时期,后现代的问题不再是在再现与现实之间选择何者的问题,不存在独立的现实,只有关于现实的话语,研究的主题已从生产和功利转化为消费和交换了。一度居于历史舞台中心的"生产"的大规模的退出与新的异化的出现是吻合的;而效能和通讯的公共服务的发展则蕴涵一种新的唯名论,即人与人之间没有实质性的联系。这说明后现代与资本主义的一体性:社会的原子化、非历史化、商品化与非神圣化,"模仿"的逻辑是资本主义的文化逻辑。①

1989年5月,鲍德里亚在美国第一届"鲍德里亚研讨会"上,发表了一个最具雄心的演说"超性别、超政治、超美学"。所谓"超美学"指的是美学

---

① 关于鲍德里亚和詹姆逊的观点,参见单世联:《西方美学初步》,第31章,广州,广东人民出版社,1999。

渗透到经济、政治、文化和日常生活,从而失去其自主性与特殊性的过程。艺术形式在当代的增值已经到了渗入一切商品与客体的地步,每件东西都可以是美学符号。"美学的殖民化",美学符号并存于互不相干的情境中,使得美学判断已不再可能。关于艺术,我们都是不可知论者:或者是不信奉任何一种美学信条,或者是信奉所有的信条。在艺术市场上,价格之离谱已使作品的相对价值不再有意义,"价格"表现出的不过是"价值"的迷醉——价值就像癌症一样失控地蔓延,跨越所有的界线与限度。德国后现代学者沃尔夫冈·韦尔施在《重构美学》中重复了鲍德里亚的观点,他认为当代审美化过程有三个层次,首先是浅表的审美化:装饰、生动、经验。比如现实的审美装饰、享乐主义的生活方式、经济策略的审美化;其次是深层的审美化,比如新的材料技术可以改变物质结构而实现物质的审美化,通过传媒构建现实,实现真实世界的非现实化;最后是以审美而不是以道德设计主体与生命的形式(类似于中国流行的"小资")。[①] 由此造成了审美过剩、艺术泛滥的后现代景观,我们已不再生活在自然怀抱之中,而是生活在自己创造的"物体系"和"虚拟世界"之中。如果说传统(古典)文化是人的世界的延伸,是人与自然交往的媒介,那么在当代,文化已转为人的自我束缚,阻隔着人与自然的交往。

所以,尽管文化研究的兴起有着非常复杂的原因,但鲍德里亚等人的观点启示我们,20世纪的文化已获得与此前完全不同的性格和形态,文化生产已被吸纳在商品生产的整体过程之中,文化的扩张能力正深刻地改塑着这个世界。我们的社会和经济已经发展到这么一个阶段,在其中,我们"不可能再把经济或生产领域同意识形态或文化领域分开来,因为各种文化人工制成品、形象、表征,甚至感情和心理结构已经成为经济世界的一部分"。[②] 西方社会因此已经从一个以物品生产为基础的社会向一个以信息生产为基础的社会进行了历史性的转变。在《对符号政治经济学的

---

① 沃尔夫冈·韦尔施:《重构美学》,4~14页,上海,上海译文出版社,2002。
② 引自约翰·斯道雷:《文化理论与通俗文化导论》,254页,南京,南京大学出版社,2001。

批判》一书中,鲍德里亚把此一过程描绘成"从一个冶金技术社会向一个符号技术社会的转变";詹姆逊则称之为"爆炸效应":"文化的威力,在整个社会范畴里以惊人的幅度扩张起来。而文化的威力,可使社会生活里的一切活动都充满了文化意义(从经济价值到国家权力,从社会实践到心理结构)。"[1]如此,则不但传统的文化理论已无法充分应对和解释当代文化,现行的一切学科也不足以充分理解,除了"后学科"的"文化研究",我们还能以什么言说方式来面对这一彻底"文化化"了的世界?

(原载《美术馆》2003年第2期)

---

[1] 弗雷德里克·詹姆逊:《后现代主义,或晚期资本主义的文化逻辑》,504页,北京,三联书店,1997。

第二辑
探求者

艺术是否提供了真理、
是否有利于伦理道德，
这是自柏拉图以来西方美学一再出现的难题。
尽管艺术的生存权并未被哲学家所剥夺，
但在种种防范和疑虑的背后，
柏拉图的幽灵从未消逝。
在审美泛化、
艺术品已成为商品的当代，
美学也仍然需要对独立的审美和艺术作生存论论证。

大变动时代的一个苦闷人物

1860年,还在母腹中的汪康年就为避太平军之乱而开始其难民生涯;1911年11月,在武昌首义的大动荡中,汪康年怀着对国家前景的忧虑及个人理想的幻灭悄然病逝。——生于忧患死于忧患,这位从戊戌到辛亥期间杰出的报人和维新活动家的一生本该是多么令人兴味盎然的研究对象!

然而,在有关近代维新的大量研究中,学者们最喜欢问津的是康(有为)梁(启超)谭(嗣同)三巨头,汪康年更多的是作为他们的陪衬才得以露面,有时甚至完全成了反面人物。廖梅的《汪康年:从民权论到文化保守主义》(上海古籍出版社,2001)一书,筚路蓝缕,完整地再现了汪康年一生的维新事业并对其思想作了分析性评论,填补了近代思想文化研究的一个空白。此书写作历十年之久,在搜集材料、重建史实及知人论世、公允评价方面基本上难以挑剔。但作为一部高质量的人物研究,廖著较少就汪康年对历史现实及个人遭际的感受作出必要的发掘,较少对汪康年主观心理的洞察和描述。历史人物研究不是文学传记,但人物的完整性必赖其心理活动的支撑,而我们对社会行为的理解也不能绕过对行为者主观动机的领会。

忧患的时代也可以是激动人心、人才辈出的时代。在同时代人中,汪康年的旧学新学都不突出,但他能敏感于时代的要求,以民间报人的角色参与历史,这是他成为历史人物的关键。汪康年一生的英雄期是1896年8月到1898年8月的《时务报》时期。在热烈的制度改革论中,他在《时务报》上发表十五篇文章,提出了中国改革的两套方案:一是自上而下地进行政体、官制、行政制度的改革,开议会,张民权;二是自下而上的民间维新,即先在民间和中下层官员中推行教育、经济、军事等各方面的局部改革,为政治改革准备人才与经济基础。"上"、"下"都只是起点,最终都是要上下会通,改革现代政治体制,让人民参政。两套方案只是在施行程序而不是在目标宗旨上有别,务实冷静的汪康年并不固执于某一方案,而是根据不断变化的形势,适时调整重心。其实,晚清时代,在中央政府的"上"和民间社会的"下"之间,还有一个源于曾(国藩)左(宗棠)胡(林翼)李(鸿章)等中兴名臣,在维新时代以东南督抚为代表的地方大员的"中"层,他们主政一方且眼界开阔,具有向中央集权提出严重挑战的权威,并因此部分承担着中国现代化的命运。从而,汪的维新活动实际上有三种诉求对象和依靠力量,其上下移动的行动历程,也就与整个中国的政治社会息息相关。

这是一个负载着历史的人物。保留下来的三千余封书信证明汪康年当年在知识界和政治界的活跃程度。廖著突出的成绩是把历史环境与个人行为统一起来,既从时代需要和环境压力方面追溯其维新活动的起源与目的,又特别注意强调汪康年作为"实干家"在维新大业中的特殊贡献和独特地位,这就同时分析了他与康梁等人既相互配合又难以合作的原因。当汪康年的维新活动无可挽回地失败时,近代中国的困境也因此部分地凝聚到他的身世命运之中。

维新改良在西方近代史上就是"开明专制",若想成功,既须由最高统治者来策划推动,也要以必要的社会重心为平衡。但这在皇权专制根深蒂固、传统的社会秩序濒于瓦解的中国,是不大行得通的。所以即使是眼睛向"上"的康梁在其变法实践中也没有放弃与底层民间的联络。然而,没有"自上而下"的第一套方案,维新就不可能具有呼唤改革的政治运动的特征和声势。《时务报》创办伊始,汪康年就主张兴民权,开议院,还为中央政府设计了政治体制改革和行政制度改革的具体方案。1900年庚子事变后,一方面中央政府没有彻底瘫痪,另一方面强敌临门亡国在即,汪再次回到自上而下的方案,言论重心落在政府应如何行事上,强调中央集权和改革的循序而进。在革命浪潮波动的1903年,他还与革命派论战,除了认为革命不适合中国外,特别指出革命的两个危险后果,一是革命党的过激行为使政府不敢改革;二是革命暴力分散了政府实行新政的注意力。所以尽管他也认为维新与革命一样,几乎无可希望,但即使不维新,中国一下子也亡不了,而革命却可能即致亡国。两害相较取其轻,1907年,汪离开标志其民间立场的上海迁居到中央政府所在地北京,主持编辑《京报》。配合当时的"新政",《京报》的言论表达了对立宪的热烈拥护。由于"丁未政潮"中改革派主将瞿鸿机罢相,汪随之失去保护,《京报》于1907年8月被勒令关闭。汪一生中第三次"自上而下"的努力终至失败。

不过,汪康年有备在先。"自上而下"的改革论提出不过半年,他就注意到国家政治错综复杂,牵一发而动全身;他也怀疑政府是否有勇气、有能力进行快刀斩乱麻的改革;而且民智未开,国民不足以自治,因此有"自下而上"方案的提出。1898年,当康梁等赴京赶考并把希望寄托于光绪皇帝之时,汪却留在上海办报,对百日新政持冷淡态度,这不是因为他站在政府或张之洞的一边,而是因为他在内心根本就对政府投了不信任票。与康梁相比较,汪康年更为冷静务实。此时他的大部分言论和行为,都是在积极从事各种民间维新活动,不但提出了一系列包括育人才、兴商业、讲武备的活动方案,而且身体力行,领导或参与创办包括《时务日报》在内的多种言论阵地、组建各种学会团体、兴办各种学校、译印销售时务书刊,还亲自办理实业,其活动范围几乎囊括了沪上新事的一半。因为汪没有参与康梁活动,戊戌政变后这些成就得以保留,成为中国近代化的最早建树,也是汪康年对维新事业的独特贡献。

戊戌政变而受挫后,汪审时度势,在第二套方案的基础上发展出地方自治的见解,不只是经济的、文化教育的改革,还包括地方建设的全盘方案。1900年后,他认真实施此一方案,向地方督抚的"中"层势力和民间会党的"下"层力量呼吁,撇开中央政府,推行地方改革,建立民间武装。

划地自治的设想因义和团运动后出现的"东南互保"格局而具有某种现实性,汪穿梭奔走于一些封疆大吏之间,不仅主张不与列强开战维持地方,还希望势力日张的督抚们更进一步,"剿拳匪劾政府",北上勤王,在东南自组政府,开创地方自治改革的新局。权力来自朝廷和西太后、存心自保善终的督抚们不能容忍更不能接受汪康年等人激进的变政主张,以"中"层带动全盘的改革很快就变成一纸空文。汪并非不谙世道人心的书生,他"尽管东奔西走,实际上在内心深处,对劝说督抚们派兵平匪、北上迎銮缺乏信心"。(262 页)

但汪康年此时仍很亢奋,因为其在其向"下"的视界内又有了新的力量。1900 年 8 月,他就提出两种对策:"第一,众人议定政令、法令,一旦大变之后,即推戴一名人为总统。第二,各省按地区自行处理。要乘今日民心纷扰之时,派人去各省联络土匪,以造成势力。各地民间均有秘密团体,派别不同,组织严密松散也有所不同。有的聚集一处,有的分散各地。这些人颇有力量。若能联合驾驭他们,那是很有用的。第一个办法似易却难,第二个办法似难却易。"(265 页)汪实际上并不赞成另立新政府,各省独立的地方自治才是他一贯认同的。地方督抚既然不想从事地方自治,汪也就只能向林间草莽的会党土匪中寻求支援,他先后派人到扬州、湖北等地联络民间武装。但他与会党之间既无历史联系又缺金钱收买,无法组织可资利用的力量。1900 年 8 月秦力山所部在大通起义失败,不久唐才常又被捕,朝廷全面搜捕会党,汪不得不终止联络民间会匪武力变政的计划。

维新派的形象长期被定格于游说上层空言改良,汪康年的重现,足以更新我们已然形成的印象和认知。如此重要的人物,值得一个学者花费十年心血潜心研究。也正是因为这十年心血,廖著才可能以几乎"一网打尽"的详实史料和谨严细致的分析推理,成功地描绘了汪康年穿梭于上、中、下三层呼唤改革的历程,并对其维新思想的基本结构及其与同时代人的异同作了极为深入细致的探讨,集汪康年研究之大成。然而,如果我们承认人物研究的特殊要求在于对人物的刻画和塑造,那么一部理想的人物研究,不但需要从历史看个人,也需要从个人看历史,只有把两种视角整合起来,历史人物才完整真实、栩栩如生。相对于汪的维新思想与政治行动而言,廖著对汪的主观心理把握不够。

个人属于历史,历史也属于个人。汪康年对改革的彻底失望当然是真切的,但每个人都只能以自己的方式参与历史,个人视界毕竟难以反映全局历史。在汪退出实际政治之后,他对之失望的朝廷、督抚、会党等改造中国的努力仍未停止。维新的刽子手也是维新遗嘱执行人,1901年开始的"新政"是一场严格意义上的"自上而下"的改革。无论清廷在这方面有多么勉强,也无论"新政"如何很快就面目全非并终于失败,"新政"范围之广与变革之深,确是前所未有的,与汪的改革目标也显然一致。虽然事后可以说"新政"来得太晚了,但在1907年,"新政"的前景还不很明朗。在"新政"及其失败的过程中,地方势力直接推动了清王朝的解体,会党也积极行动并充当了后来辛亥革命的生力军之一。所以尽管应充分尊重汪的个人经验的真实性,正视古老中国的积重难返,但汪康年对整体格局的认识却更多地带有个人色彩。这与其长期的思想方式有关。维新改良作为一种自我调整和内部修复,它的展开和推进不能离开现有的权势集团。汪的一生与张之洞、刘坤一、瞿鸿机等晚清重臣关系密切,创办和经营《时务报》时以张之洞为奥援;组织"中国议会"时又极力争取刘坤一等东南督抚的支持;在京从事立宪活动时又与瞿鸿机配合。"借权维新"本来是一个需要不断妥协、不断调整的过程,汪却过于原则性地坚持自己的独立性,与其所借之权之间不断发生分裂。而且,汪的借权更多诉之于一两个人,他的最后出局,就直接起因于瞿鸿机的低能与被逐。更重要的是,既然上中下三种势力都不愿也无法完成体制内的革新,那么以暴力手段推翻现存秩序以完成政治变革的革命就势在必行,但汪却不愿意接受此一选择。其实,在辛亥前夜,还不能说革命只会造成流血不已的后果。从而,这位维新领袖在1907年的黯然出局反映的是个人与时势的脱节,上下无门的判断更多的与汪的个人认知有关而较少关乎客观局势。对此,廖著没有明确指出,失落了汪康年整体形象的一个方面。

历史与个人不可分。所谓从个人看历史,不过是历史多元性的表现。如果以为汪康年的失望只是反映其视野的局限,那显然又忽略了个人经验中所包含的历史预见性。仅仅四年后,汪康年不愿看到的革命就取代了"新政"。理性的、民主的改革在中国行不通,僵化的集权体制无法实现自我调校。革命会造成剧烈破坏,没有多少人愿意流血,但中国的事情又总是要闹到血流成河的革命才算结束。体现汪康年观点的《论革命驳义》一文说:"今世丁此过渡时代,无论何事均危险之事,无论何人均危险之人。革命险矣,保皇何曾不险!"(291页)维新与革命之所以都具有一种知其不可为而为之的悲情,是因为以中国问题之复杂多样,无论是维新还是革命,都不能打包票说一定成功,更不能自信一定使中国新生。孙中山和毛泽东都是在和平的方式无法奏效之后被逼上梁山的。所谓"复杂多样",不只是指千头万绪矛盾丛结,更是指社会人心的非常态、非理性性质,以及动机和后果之间的吊诡。1905—1906年期间,汪在浙江"保路运动"中与浙绅严重对立。过程非常复杂,择其要点而言之,汪康年等人持理性的民族主义和经济上的开放态度,考虑的是政府应怎样才能有效地进行国际交往;而浙绅则纯从民族主义和地方利益出发,"说蛮话为种种挟制之计",只想收回路权,不愿深思具体废约步骤。从道理上说,获胜的应当是汪康年一边,"但汪康年的循规蹈矩只适合制度完备、秩序井然的社会。而当时的中国,中央权力式微,地方势力大增,外国虎视眈眈,各种力量胶着斗争,正处在旧秩序遭到冲击,新秩序尚未建立的混乱时期,任何'度量衡'都毫无意义。苏杭甬草约本是以英国强权为背景签订的,不存在什么可以遵守的国际平等交涉原则。所以,在国人的强烈抗议下,有可能迫使英国让步;而权威日衰的中央政府在地方势力的逼迫下,也有可能让步。事实确实如此"。(339页)在汪康年看来,如此不适应现代国际交往准则、如此低素质的士绅却能笑到最后,改革焉能成功?他有理由放弃直接的政治行动。但另一方面,这件事也表明汪康年并不真正了解他曾经以为熟悉的国情,他已无法对"不合理"的现实政治作出有效判断。先驱者终至成为边缘人和游离者,不完全是客观的形格势禁,也是其思想能力和知识视界的合理结果。我们不可能离开个人视点来理解个人的命运。

无疑,即使像汪康年这样活跃于时代潮流之中的个人,也不能要求他能认清时势掌握全局,但社会变动是由无数个人推动的,历史的复杂性正应落实到无数个人的判断与选择之中。所以,面对历史的变局,汪康年是如何审时度势、如何进行自我认识之类的问题就是汪康年研究的题中应有之义。假如他没有留下这方面的文字的话,我们期待传记作者调动其合理的想象力,把这个具体的、真实的人物的心理刻画出来。重要的不只是他的公开言论,还有他的心理的、情绪的甚至无意识的层面。廖著基于严格的史学规范,多以研究者的视角用客观材料予以介绍评论,较少深入其内心世界作设身处地的情感性了解,以至于读完全书,我们对作为公共人物的汪康年有完整的认识,而对这个复杂丰富的个人却总有隔膜之感。自然,汪康年不是一个有特别创见的思想家,但对自己的行为及其后果不会没有自省和反思。因为无法把自己的政治理想寄托于任何一种政治集团和社会权势,汪康年只得从社会活动家变成了单纯的言论家,从积极的建设者变成只有在他人行动之后才有发言权的人。这一转变有其内在根据,但肯定充满紧张和焦虑。后于汪康年的一些文化保守主义者,如章太炎、熊十力等等,其文化思想就都包含了革命时期的历险和经验。如果可以用"上下求索而一无可为"来概括汪康年的一生,那么,当汪康年从传统礼教中发掘重建民族精神的资源,成为现代第一代文化保守主义者之后,如此深创的幻灭感在多大程度上结晶为他的文化思想,就是我们很想知道的。廖著提供的,基本上是其理性层面的议论和见解,个人化的东西太少。这也许因为汪康年后期的心思"无迹可求",以致一个世纪之后,廖著竭尽所能之后,也只能重建其思想而难以刻画其人。

这一点再度提醒我们,对于距离现在并不遥远的近代人物中的相当一部分,我们实在是知之甚少。如此,则上面对廖著的评论或过于苛刻。客观地说,在史料许可的前提下,廖著差不多已经做了一名史家所能的最大努力,理应得到充分肯定,值得我们认真一读。

(原载《二十一世纪》2003 年第 3 期)

诗人的戏剧性

近十多年来的文化兴奋点之一,是发掘一批现代人物的当代命运。比如著名的陈寅恪先生,就主要因其晚年形象而非学术论著才唤起公众至今不衰的热情。诗人梁宗岱,与陈寅恪同为中山大学教授,同样追求独立精神与自由人格,但其认真直率的个性却使他遭遇比陈寅恪更为奇诡乖谬的命运。虽然至少在文学界,梁宗岱没有被冷落,他的著译大多已有新版。但也许是因为读者过多地沉醉于其精当深微的见解和精致优美的文字,也许是因为还没有人对其非常的一生作仔细的叙述,总之,这个本该为我们留意的人的写作命运,却被我们在记忆之中忽略了。

一、爱情:是认真还是越轨

特立独行是诗人本色,天才早慧的梁宗岱尤其受不了约束。留欧七年,他从不愿受"专业"、"学位"的限制,常常是夏天到奥地利冬天到意大利,多数时间则是在巴黎与大师们自由地晤谈,他的"留学"其实是"游学"。

1932年,受到罗曼·罗兰、瓦雷里等人亲炙的诗人梁宗岱,回国后出任北大法文系教授兼主任。他以横溢的才华配上率真的性格闯入中国文坛,所遇不合即吵吵嚷嚷,在朋友圈中属于那种既可爱复可气的人物。他与美学家朱光潜"差不多没有一次见面不吵架";他毫不客气地指责他敬重的李健吾"滥用名词";他挖苦他的朋友梁实秋:"我不相信世界上还有第二个国家——除了日本,或者还有美国——能够容忍一个最高学府的外国文学系的主任这般厚颜无耻地高谈阔论他所不懂的东西。"由于他的尖刻犀利，作家沈从文把他的作风比做"江北娘姨街头相骂"。

文艺从来是发挥个性包括偏执个性的自由空间，但婚姻生活中的自由却容易闹成受人非议的"绯闻"。也许其才华和天真易于招引异性的青睐，梁宗岱很难与哪一位异性"长相依"。与他有婚姻关系的第一位是家庭包办的何氏，梁从来不予承认，但1934年，何氏突然跑到北京要求她的妻子身份。由于一贯不赞成朋友离婚的胡适到法庭为何氏辩护，梁宗岱败诉。后来又费了很大周折才正式解除了婚约。此事一度成为北京报纸的新闻。

1935年，梁与女作家沉樱结婚。一场沸沸扬扬的离婚案并未使他特别珍惜重来的婚姻。1941年春天，他回广西百色处理家务，偶然看了一出粤剧《午夜盗香妃》后，对饰女主角的花旦甘少苏一见钟情。以一个著名诗人和教授爱上为当时世俗所鄙且半生沦落、"容貌也算不上漂亮"的"女伶"，这种脱俗之爱自难为世俗所认可，何况甘少苏此时已有一个无赖丈夫钟树辉。压力重重，但从来就敢作敢为的梁宗岱没有沉吟退却，次年即与沉樱分手而与甘少苏同居。在名义上，沉樱仍是梁夫人，但甘少苏却是其事实上的妻子。沉樱从此寂寞，甘少苏因此得救——她在回忆录中说："在纵情声色、人欲横流的社会里，宗岱抛弃了世俗观念，用艺术审美的眼光来鉴别人的品性，从社会的最底层发现了我，付出了很高的代价救我于水深火热之中，让我恢复了人的尊严，走出了苦海，过上了正常人的生活。"

婚外情缘、夫妻离异等之于诗人并不少见。梁宗岱的问题不但是见异思迁而且两次都没有正式离婚，这就难免受到种种酷评。也许在他看来，婚姻之事纯系感情关系，感情不存在婚姻即可解体；而且感情又纯系个人私事，法律手续等外在约束并无真正效力。即使在半个世纪之后，他的做法也难以获得认同，但真正批评梁宗岱却不很容易。就他与何氏的关系而言，婚后梁即与她达成共识，不存在真正的夫妻关系，但他愿意资助她到广州学习以获得自立的能力。何氏后来也重新建立了家庭并生儿育女,双方实际上已没有夫妻关系。就他与沉樱的关系而言,梁另有所爱后没有任何欺骗的动机和行为,分居也是沉樱同意的。可以为梁辩护的是,他没有忠实于婚姻,但他忠实于自己的爱情。他不过是把认真率性的诗人本色落实到自己生活中而已。

没有谁不想忠实于自己的感情,但真正做到的人极少。世界上的事怕就怕认真二字,梁之可贵,在于他不因得失而自我欺骗。他与甘少苏爱恋的结晶是一本享誉中外的词集《芦笛风》:

> 世情我亦深尝惯,
> 笑俗人吠声射影,
> 频翻白眼。
> 荣辱等闲事,
> 但得心魂相伴。

为了"心魂相伴",他不但要挑战"俗人",而且要舍弃半生努力所成就的一切:"半生道行纵成空,肯惜浮名轻一笑?"有多少人愿意为了情人的嫣然一笑而抛弃红尘浮名?有了梁宗岱认真的爱情,俗人的"吠声射影"不是令人气愤而是令人悲哀:我们为什么不能从名缰利锁中解放出来追求"心魂"的自由?

正如梁、甘之爱不为世俗舆论所接受一样,《芦笛风》也因其陈旧形式而一度招致诗界批评。因袭的一面固然存在。词的起源本是供宴舞之用的艳曲,以闺阁庭园之景写伤春怨别之情,适于"道贤人君子幽约怨悱不能自言之情,低回要眇,以喻其致"。以词写情,已是文人积习,也契合梁宗岱"一曲如弦为君歌"的写作意向。但梁岂是循规蹈矩之人?因袭的动机是要——反潮流。新诗本是从旧诗的镣铐里解放出来,而一切解放运动都不免要矫枉过正,新文学解放的同时也带来了不少专制,而规律是灵魂的枷锁。当时不少新诗人都万分警惕旧诗的诱惑,只有梁要对新诗的"矫枉过正"再来一次矫正,他坚信每个作家都必须寻找最适于自己个性的方式,中外古今新旧之畛域对诗人是没有意义的。"我自己在生活上最爱野朴与自然,在艺术上却极醉心于格律与谨严,而我最大的野心就是要在极端的谨严中创造极端的自然。"《芦笛风》把极勉强的东西化成极自然的东西,不但是诗学上的探索,也是梁宗岱的个性的实现。"就是词又怎样呢,如果它能恰当地传达我心中的悸动与晕眩?"梁宗岱逆流写诗的动机与率性之爱一样,原来都是为了那"心中的悸动与晕眩"。

二、写诗与制药,谁更值?

在翻译莎士比亚、歌德、里尔克、瓦雷里,介绍象征主义和评论屈原方面,梁宗岱是最出色的,他的译文迄今还是同类译文中最为优美的。好的总是少的,问题是梁后期基本没有著述,以至于他在中山大学的邻居都为之着急:"梁教授怎么老在外边溜达?他很有才能,应该多写点东西呀!"

不写东西的原因之一是诗人投笔制药去了。1944年,梁辞去复旦大学的教职回广西百色定居,从此远离文学达十多年。此一重大转折的原因,一是他必须回去料理"梁全铺",那是一份很大的家业,依靠它的支持,梁才可以从容游学、任教而从不必为生计而写作。更重要的是,他在重庆的生活世界是他与沉樱两人共同拥有的,与甘少苏同居后,他实际上成了那个世界不欢迎的人。他怎么受得了这份委屈?回百色与甘少苏"白桥凝伫"、"夕阳携手"不是更好吗?

正如他难以忍耐"从一而终"的婚姻一样,具有"浮士德性格"的梁本来就不会以一生而殉一业。梁家有制药施医的传统,百色又盛产药草。在乡居的日子里,梁宗岱翻山越岭采集原料,不计报酬地治病救人,对"活神农"的生涯甚感惬意。他曾对甘少苏说:"对我来说,你比沉樱适合些,沉樱是个读书人,许多事情都不会做,不会做生意,研制中药也帮不了忙,而你在这些方面都是我的好帮手,为我顶起了半个家。"其时青霉素和磺胺剂刚刚问世,梁立意要发明出能与它们比美的中药。这似乎是个玩笑:除了因家庭影响而从小就有的兴趣外,他有什么条件和根据发明新药?但梁宗岱就是聪明,几年后真的配制了两种疗效颇大的中成药"草精油"和"绿素町",1950年还创办"太和化工社"批量生产。如果不是后来的变故,他很可能成为百色地区最重要的中药生产商。

"转业"其实也不完全是主动的选择。因为1956年到中山大学任教后,除了一些翻译,教授座上的梁宗岱竟没有一本论著问世,倒是地下室的炼药炉火焰熊熊。这是没有报酬的苦差使,配齐药方要跑好几个药店,炉边九个日夜的煎熬也很难耐,最忙时一个月要制三次。即使在他生命的晚年,环境已给他承诺了再振雄风的条件,他确也曾用两个月的时间重译了被毁的《浮士德》上卷,并计划重译蒙田、撰写自传,但用补发的工资建起来的药炉始终熊熊不熄。1977年他在给卞之琳的信中还说:"我的工作当然还是完成学院的任务,但主要似乎已转制药、施医……"这在全国教授中可能是唯一的。熟悉梁宗岱的彭燕郊这样解释:"在那些动荡的岁月中他似乎有过某种预感,他开始不想再写作、研究、办学而想去从事工业,甚至认为当初不该学文而应该学工。他更加热中于制药,想通过创造活人济世的良药来填补读书人使命感的落空。"

那是一个高度政治化的时代,文学写作常常被卷入无休无止的"运动"之中;那也是一个不容个性伸张的时代,自负倔强的梁宗岱不可能以一己之心力抗总体性的压力。制药施医是他既可以满足自己兴趣也可以造福于人间的唯一方式。然而,虽然他确实治好了许多人的病,胡乔木在1979年也向他要过一些绿素町,但似乎不能说他是一代名医,"绿素町"也一直未经正式鉴定,没有得到医药界的认可。一个享有盛名的诗人,耗费了无数心血来从事身后很难证明其价值的制药,令人有千古诗人未尽才之感。梁喜欢罗曼·罗兰的名言:"我活着是为了完成我的律法,受苦,死,然而做我要做的——一个人。"梁的"律法"究竟是吟咏的诗人还是行善的医者,他自己也许并不清晰。

但是,比起当代诗人几乎完全一致的生活方式,远离诗的梁宗岱其实更像一个诗人,因为他发挥了那个时代所能拥有的个人的选择权,做了自己愿意而又能够做的事。梁是喜爱法国诗人兰波的,这位从15岁到19岁短短的四年中成为法国诗坛的一颗彗星和一种神秘的诗人,因1873年与魏尔伦的悲剧性分手而"对于诗怀着那么强烈的厌恶,以至他竟毫无惋惜地和它绝缘了"。兰波可以去当水手、去经商,在冒险与流浪中了却一生,梁当然可以做他想做的事,有谁能说,诗人就一定要写诗搞文学?我们读过的无数颂诗赞歌,难道就一定比"绿素町"更值得诗人倾心?写诗与制药,哪个更值得,没有谁能辨得清。

三、冤狱:偶然还是必然

从自由思想到科学精神、从内在修养到身体锻炼,梁宗岱是现代中国少有的企求全面发展的人。文友们传诵他行走如飞、臂力过人的故事,学生们则把他当体育老师。"人生岂局促?与子且浩歌。浩然一曲冲破,地网与天罗。"这是他前半生的春风得意。

然而,"地网天罗"就是专为任性率真的人而设的。梁是"名人",40年代拒绝过蒋介石的招揽和"立法委员"、中将军衔的诱惑,从未把"大人物"放在心上。但时过境迁之后,已是百色富商的梁宗岱却未意识到"资产阶级"是要被消灭的对象,仍然口无遮拦,多嘴多舌地向地区主要领导提意见,直到这位领导向他要药治疗"风流病"时,梁才明白过来:"这是阎王票!这个人阴险,无论治不治得好他的病,他都要灭口的!"1951年9月,这位领导以"通匪济匪"等四百八十多个罪名将梁送进大狱。诗人李又然在京闻讯后反映给毛泽东的秘书胡乔木,胡发电要求把梁送中央处理,百色地区却置之不理,进而准备对梁进行"公审"判决。只是因为其他领导的反对,梁才保住了性命。1953年5月,梁在狱中写信给毛泽东。一个月后,重见天日。此案轰动全国并波及海外,梁宗岱生前的遗憾之一,就是一直未能写出《狱中记》。

给毛泽东的信是甘少苏用双挂号寄出的,她同时抄了两份寄给梁的老朋友冯至和朱光潜,"但一直没有得到回信,不知他们收到没有?"此时,朱光潜刚刚结束自贬自辱的检讨,不能也不敢为这位曾经"顾盼自豪"的老朋友说话;冯至处境很好,1951年出任北京大学西语系主任,1952年6月,他的新作《我的感谢》传诵一时:

> 你让祖国的山川
> 变得这样美丽、清新,
> 你让每个人都恢复了青春,
> 你让我,一个知识分子
> 又有了良知。
> ……
> 你是我们再生的父母,
> 你是我们永久的恩人。

他怎么会为朋友而向"父母"提出要求。

知识分子在50年代初的主要任务是忏悔和改造,但像梁宗岱这样因一个地方"小官僚"的诬陷而入狱毕竟是偶然事件。假如他还在北大,假如他在1950年接受省主席张云逸的邀请到南宁工作,冤狱很可能无由构成。事后分析,客观原因是在历史大变动之际,僻居一隅的知识分子更易遭到"少数另有用心的人"的暗算;主观原因是梁宗岱的个性使他易招是非。主客观统一,冤狱就是必然的。

三年的不自由部分地驯化了梁宗岱,"反右"时拒绝给领导提意见;

"大跃进"时对种种胡闹表示理解:"共产党从收拾旧摊子过来的,要做到十全十美不可能,免不了要出点错,只要大方向正确就行了。"尽管如此,固执自负的梁宗岱在其环境中仍然是个异类,一次次思想整肃并未把他的脑子洗干净。不但对成绩不好的工农学生不予"宽容",在"文化大革命"中为刘少奇辩护;而且还相当乐观自负,组织上曾派几个女学生"帮助"他的思想,事后他竟对人说:她们的声音像鸟一样,很好听;甘少苏说他在"文化大革命"中也坦然得很,能吃能睡还能自解自嘲;卞之琳1979年最后一次见梁时,还惊讶于他的奕奕精神,以为他在否绝的逆境中也能兴高采烈从不认输。只是天真的个性毕竟应付不了复杂的世界,他50年代末嗜酒成癖;1968年遭到毒打后由一个人文主义者信仰了上帝。彭燕郊因此认为他经历着一场幻灭:"当你把自己的过去说得一无是处,你就有了大的空虚,你必须填补这个空虚,否则你就无法生存,即使是强者,这时也将不得不采取那最不足取的办法:麻醉自己。忍受已经到了极限,寻求解脱就成为找到归宿的最自然的途径了。"

据梁的同事戴镏龄说,在弥留之际,他"不作呻吟,而是发出雷鸣般的巨吼,震动整座楼房。这位才人临死依然变成豪迈粗犷异常。他不怕死,但在死前竟留下一堆未完成的工作,他不得不用连续的巨吼代替天鹅绝命的长鸣,以发泄他的无限悲愤"。

诗是生命的歌。尽管诗人之为诗人在其写诗,但"伟大"的诗人常常还把自己的生命和生活刻意塑造成一首诗,比如德国诗人歌德,其一生就是一首和谐中节、圆融丰富的诗。梁宗岱是歌德的翻译者和崇拜者,也是现代中国诗人中最具诗人才华气质的一位,但其一生不但未能实现其文艺复兴式的"全面发展"的理想,还终于陷入"从不认输"与"无限悲愤"的悲剧性冲突之中。更令人遗憾的是,我们已无法看到这出戏,因为后期梁宗岱不再写诗。

参考书目

梁宗岱:《芦笛风》(黄建华译注),广东人民出版社,2001。
梁宗岱:《诗与真 诗与真二集》,外国文学出版社,1984。
《梁宗岱译诗集》,湖南文艺出版社,1983。
《梁宗岱批评文集》(李振声编),珠海出版社,1998。
梁宗岱译:《歌德与贝多芬》(罗曼·罗兰原著),人民音乐出版社,1981。
梁宗岱译:《罗丹论》(里尔克原著),四川美术出版社,1984。
梁宗岱、黄建华译:《蒙田随笔》,湖南人民出版社,1987。
甘少苏:《宗岱和我》(彭燕郊作序),重庆出版社,1991。
戴镏龄:《忆梁宗岱先生》,《戴镏龄文集》,广东人民出版社,1999。
卞之琳:《人世固多乖:纪念梁宗岱》,载《新文学史料》,1990(1)。

(原载《南方周末》2001年12月20日)

夏济安日记的"黑暗面"

套用夏济安的一篇名作的题目来谈论这部非常出名、风靡海外二十多年的爱情日记,不只是简单的套用,而是想由此追溯这本日记得以写成的"主语"。本来,在爱已简化为欢愉的性和轻松的游戏的今日,那种充满深创痛楚和不妥协的自我拷问的"夏济安式"的爱情显然是令我们难堪的,同时也是不合时宜的。毕竟,爱情有其欢愉的方面或时刻,与之相反的一极如果不伴随或通向希望,我们有什么理由那么把它当回事?不过,当夏济安以追求爱情为由实际上却是在从事自我检查和鞭笞,把因此而来的一切焦虑、紧张、幻想、自惭、虚荣等等全部剖白出来时,我们其实不是在读爱情日记,而是在欣赏一出20世纪敏感心灵的戏剧。他的胞弟,也是这本日记的公开者夏志清有这样一段比较说明:"鲁迅的日记最简略,是一本流水账;胡适的《留学日记》差不多完全记录自己智能的发展、学问的进境,很少提到他的情感生活;郁达夫的《日记九种》,以内容而言,无所不包,在形式上最近我哥哥的日记。但郁达夫旧式文人习气太深,虽是个'浪漫'作家,所表现的精神是'醇酒妇人'式的'浪漫',的确有些'颓废'的味道。济安的日常生活一点也不浪漫,但他对R·E·的那种一往情深的苦恋,可能代表了真正的浪漫精神。他的浪漫主义里包含了一种强烈的宗教感:不仅济安把爱情看得非常神圣,他的处世态度和哲学都带有一种宗教性的悲观。而这种宗教性勇于自省的精神,在中国现代文学作品里,是绝少见到的。"

没有人完全没有自我意识和自我反省,生命的每一天,我们都在劳心费力设计自我、安排生活、创造希望,我们永远得小心翼翼地呵护着"自我"。但自我意识和自我反省一旦具有宗教意义,那就意味着,被呈现的自我就只能像夏济安叙述的那样卑微脆弱,那样的不可爱不可信。确实,在全知全能、至善至美的上帝眼中,不但人的存在有多大价值是可疑的,而且人的形象也是相当可憎的。夏济安不是在写"忏悔录",但他所袒露的"我"实在比文化史上众多的忏悔录更为率真沉痛,如其所是,因为他从来没有找到通向天堂的路。

这当然不是夏济安想要给我们留下的形象和心灵,因为他并非为了公开才写日记,因为他只是自然而习惯地记下他恋爱期间的心路历程。尽管他没有忘却动荡的时局,并有事后证明是准确的预言,但遭逢中国历史上战争与和平较量的1946年,夏济安没有为政治风云搅动,没有关注"天崩地坼"的国家大事,当他在英文作文课上认识并爱上了他的学生R·E·后,除了读书教学写小说的日常课程,能够让他耿耿于怀的,就只有爱。我们当然可以说这是自我中心,问题是在陷入爱的罗网后,夏济安已不再拥有一个以之为中心的"自我",其"自恋"和"爱"的冲突,以及由此而来的对自我的粉碎性解剖和彻底的不信任,足以使他的人格不再完整,使他的"自我"受到威胁。

自我折磨常常是美好爱情的开始。"我很想要她,而如果我有勇气表白的话,她也可能成为我的。可是不然!我保持着沉默,除了上帝之外,我的秘密也不能告诉任何一个人。我没有跟任何人谈起。而上帝既不如我想象的那样把我拥向她,也没有把她带给我。我只能默然受苦,还要装出开心的面孔来……为什么我这么难摆脱我疏懒的习性呢?好像很可能我会一直做一个单身汉;要真是这样的话,我不会比一个老处女更快乐。"(1月16日)这是青春时节虽为难却快乐的体验,然而,向R·E·表白爱意的信还未写好,夏济安的心思却变了,困难的不是她是否也爱他,而是他是否真的爱她,是否应当追求也很可疑。然而,夏济安又并不因此而罢手。2月13日,只是因为R·E·对他说了一句师生之间的普通的话,整个上午他都精神振奋。是希望又回来了吗?第二天,他就提醒自己:即使追求成功了,我怀疑是否真能给我快乐,因为结婚以后不知道自己会不会全心全意地把自己供奉给她。假如她不能占有自己的全部身心,那就有可能在其他女性身上找满足,这样既对不起对方又对不起自己。疑虑在加深,3月14日,夏济安又大彻大悟:"我对她并没有爱。现在即使别人来撮合,甚至她自己来追求我,我都无动于衷了。"3月28日又感到:"我受别人一捧,洋洋得意,就变得好像在天堂一般,别的需要可以一概没有。所以今天早晨上课稍为成功一点,就可以把我最心爱的女人都忘掉的……我如此看得起她,几乎肯把全部身心献给她,只要她肯接受,她偏偏还不来听我的课。她给我这样的侮辱,将来即使我们成为夫妻,这个芥蒂也难消掉。"然而,夏济安没有真的放弃。3月29日,忽又无来由地"爱念大作",次日在路上他回头望她时发现她也回头看他,他又觉得"爱情前途大为乐观"。高兴没几天,因为几天没有见到她,4月5日又觉得"追求可能使我绝望。不追求,我还有希望"。所幸的是4月22日、24日,R·E·终于正式登场,两次到夏的宿舍晤谈,时间不长却使夏济安激动无比。1946年4月27日,他如约到她的宿舍。这是我们期待许久的戏剧性时刻,只要这一次成功了,此前的一切反复、一切"然而"都将化成美好的回忆。"然而"不,一场耽搁了许久的爱情表白,却令人纳闷地以他们的争吵而结束。何以争吵以及争吵的具体过程,日记中都令人遗憾地没有记叙。

其实,无须遗憾。关于这场争吵,我们实在已不再想知道了。因为夏济安的爱根本就与爱、与"她"无涉,除了这次争吵,他的一切瞻前顾后、患得患失,没完没了地自我设难和埋怨对方,都是一出心灵戏。重要的不是夏济安对爱情能否成功的担忧,而是夏济安对自己始终没有把握;不是对能否赢得这份爱的犹豫,而是对自我的怀疑和不安;而且他不是想方设法用语言和行动来排除困难、消除痛苦,而是对此困难和痛苦的沉溺品赏。他曾夸张地说:"我有足够的幽默感,无论怎样的痛苦都能忍受的。"(1月25日)但事实上,这大半年日记中从来就没有"足够的幽默感"。假如其中确有过一丝因爱而来的明朗和喜悦,那么它一定不会持续数日就立即会被种种无端忧惧和恐慌所重压。如果说"我理想的恋爱,是同一个爱人逃到一个没有人的地方去,或则干脆一同蹈海而死"(2月23日)的表白是浪漫主义的极致,那么"失败了我不会自杀,也不会颓丧,但是我将益发逃避人世,躲在自己的小圈子里。我的头发将像一蓬乱草,我将永远不敢穿漂亮的衣服,破大褂布鞋将是我的护身符,躲在它下面才觉得安全"(4月19日)的心态,却是把爱当成宗教了。一个把爱看得如此严重的人,幽默感从何而生?

　　这不仅仅是因为胆怯。夏济安是一个敏感的人,敏感到读英文小说《航驶印度》而嗅到了印度人身上发出来的特别气味。敏感本已容易产生痛苦,而爱的欢乐也常常是由此痛苦转化而来,但夏济安在敏感的同时又有着异常发达的理智,"应该用来行动的能力都用来分析我自己的感情,而自己的感情既无新的刺激来促进它生长,愈分析当然愈觉得贫乏,最后索性把它否定掉了。"(3月1日)对于一个敏感的人,世界每每是贫乏的,而人生也总是昏暗的,再用发达的理智来分析,生命便全无意趣,心灵会更加空无所依。夏济安之所以爱R·E·,之所以把她当做自己的宗教,其实是以此来反抗这个讨厌的"自我":

　　　　R·E·是我的爱的人,这是没有道理的,要找理由,她只会显得不值得我爱。我的心底下有一种声音,说道:"是人可妻也。"我就把这种声音认做是上帝的声音。我要跟上帝,就不能同时听 ego(自我)的话。Ego(自我)是与我同年同月同日生,将来又要同年同月同日死的老相好,他一向待我不错,我得到他的帮助不小,我将来还是需要他,可是他太专制一点。他就顶妒忌R·E·;因为他夺了他的爱。我既要崇奉上帝,就只好委屈 ego(自我)一下,让他在一旁生气。反正他总是我的,气不死的。所以他反对穿新衣,我偏穿;他叫我把我的爱人丢了算了,我偏每天在心里念她的名字;他叫我走我的路,我偏偏要换条新路走走。

现在当然很心平气和,ego(自我)的伎俩我看得很清楚,我可以决定我所应走的路。然而前途还有一个大危机。我如追求成功,ego这一辈子大致就休想出头;我如追求失败,ego一定乘机进攻,希望重拾旧欢,拼命把我向老路上拉回去。我那时会不会就此跟随他走,重新缩到那甲壳里去呢?我如果认定是非,不顾荣辱,现在就应该打定主意:将来即使失败,我还是要向对的路上走。我应该知道 Narcissism 是错误的,我应该有正常的性关系。否则就违反上帝的意识——逆天行事。(3月29日)

R·E·的出现,引发了夏济安的人格中的一场生死搏斗。爱情没理由,理智的"自我"对之进行分析,R·E·不一定值得爱,她不会说夏济安舍不得放弃的苏州话:"她做的菜是不是都辣的? 我现在虽稍稍能吃辣,但天天吃辣,可亦吃不消";(2月25日)"我不知道她眼神究竟如何。眼神如不足,那么精神智力都有问题。"(2月26日)更重要的是爱上她根本就是偶然的:西南"联大像她那样的女生并不少,而她恰巧是我的班上罢了。从命运说来看,这就是'缘',然若用较冷静一点的思考,她如不在我班上,而换了一个同她差不多的姑娘,我会不会同样地单恋呢?"(2月26日)夏济安不但看穿了"自我"的伎俩,而且分析了"自我"的起源,第一,夏济安的母亲曾很不快乐,他不愿有个女人来夺去他对母亲的爱;第二,夏济安有过肺病,一切需要自制;第三,夏济安早年在上海爱上一个少女却被无端拒绝过。夏济安是有神经病的人,不过他的神经病却与弱智疯癫全然无关,而就是对"自我"的特殊敏感,其"自我"是如此牢固,以至成为他心理上的"马其诺防线",任何可能威胁到上述三条的意念和行为都要受到"自我"无情的质疑和抗拒。属于"自我"目标的,是世俗功名:"我还是追求名利,甚于追求恋爱;心胸之小,目光之短,真是枉为学问中人。"(6月14日)所以他认真勤奋地学英文、练写作,想象终有一天会功成名就、出人头地。在"自我"这个层面上,夏济安实在是害怕爱情、不愿爱真正到来的,他也不相信爱情、婚姻可以把幸福、快乐带给他,所以才把爱想象得脱离世俗人间、成为人生意义的全部所在。

自弗洛伊德以来,"自我分析"已成为心理学的常识和文明人的经常性行为。"自我"之所以可以成为分析的对象,是因为"自我"不再是一个完整圆融的存在,而是分裂的、相互冲突的战场。在弗洛伊德看来,"我"有本能性冲动的"本我"、以社会规范为主要内容的"超我"和调节"本我"和"超我"的"自我"三个层次。如果说"本我"是盲目的,"超我"是不可反抗的,那么进行分析的主要是"自我",即据"超我"的要求来监督"本我",又力图为"本我"的欲求争取一种为"超我"所许可的方式。弗洛伊德的学说固然是现代人性分裂的一部深刻描绘,但其具体内容不一定"科学"准确。如果说通常意义上的自我分析,主要是运用自我的理智对自己的行为进行反省,那么夏济安的心理分析则是把"本我"和"超我"结合起来分析"自我"。夏济安不是禁欲主义者,也在一定程度上相信上帝,他的"上帝"是一个非常人性化的上帝。上帝的声音就是自己的感受、本能性的欲求,所以他把自己对异性的追求理解为造物主的安排:"我的种种忍受,就是为了这么一个信念:人同一切生物一样,应该有配偶的;而人之异于禽兽者,就是知道有爱,惟是爱的结合,才是真正的结合……人类,对于造物主的责任,不可不尽。"(3月27日)"上帝待我一向不坏,短时间内或找些事来使我心神不定,隔了不久,就会使我定心的,采取什么方式,现在还不知道。"(1月25日)正是靠着此一有上帝支持的本然欲望,夏济安才有追求的勇气,也才有反省并对抗"自我"的可能和力量。他也想把这两种力量贯穿到爱情之中,比如6月25日就写道:"有性欲的生活才是'生'";"我年岁已大,生理上实很有需要。要解决这个问题其实并不难,不过我同任何别的女子发生了关系,只有使我更为难过,因为一则对不起 R·E·,良心责备必重;二则别的都是不完美的"。夏济安是受到现代科学文化训练过的知识人,不可能屈从自己的本能,他的欲望始终没有突破理智的防线;而他对上帝的信仰毕竟没有到使徒般的坚定:"女人根本同我无缘。我只能老过着孤僻的生活。只有她能救我，可是上帝又不让她来，弄得我心痒痒的，又把她藏掉了……上帝啊，你太捉弄人了。"（4月19日）本能不可恃，上帝不可靠，剩下的，就只有偶然和偶然启示下的迷信。夏济安几次把爱的希望托付给无根据的预兆。比如3月6日R·E·看过美国电影《窗中少妇》，当时喜欢看好莱坞电影的夏济安恰恰没有看到，怅恨失去了一个交流话题。夏济安怅恨之余，暗自假设：如果星期天再有，那此事就有希望。命运仍然没有惠顾他："完了，完了，我不愿违背我的誓愿，我只有打下牙齿和血吞了。"（3月9日）到上海以后，他也曾把成功与否的希望放在术士身上。

从此，我们可以明白夏济安的爱何以有那么多的麻烦。追求爱的过程同时也是他的本能与他的信仰联手对抗"自我"的过程，而其"自我"之所以成为分析的对象，也正基于上帝和本能所提供的标准。但他的"自我"太强大的、太可憎了，总能抓住一切机会跳出来把一切爱意分析至无，甚至在屡屡的失望使他产生自杀和出家的念头之后，"自我"也能以种种现实和理智的理由使其决绝不能付诸行动。夏济安只能以贬斥"自我"而向"自我"让步："我为人悲观倾向太强，好向根本空虚处着想，这种人实在不应该结婚，结婚后难有幸福，而且将有害妻子幸福。所以为R·E·计，顶好还是让她嫁一个稳健踏实，少耽于冥想、心理健康的人，对她顶有利。我应该放弃。"（7月5日）"爱"的力量战胜不了"自恋"，约束、克服"自我"的尝试宣告失败，夏济安的爱情故事是一出理智的疯狂剧，也是一个知识人的悲剧。

若干年过后，夏济安以鲁迅的名言"背着因袭的重担，肩住了黑暗的闸门"为据，发现了鲁迅作品中的黑暗面，比如光与暗、迷与悟、不愿被吞噬者与食人者、人与鬼、孤独的斗士与其周遭的恶势力的对比，对死亡的迷恋，对目连戏中鬼魂的喜爱等等。夏济安认为，鲁迅作品中的黑暗面有两个来源，"一是传统的中国文学与文化，一是作者本身不安的心灵"。①

---

① 《鲁迅作品的黑暗面》，见《夏济安选集》，21页。

夏济安晚鲁迅一辈,且长期浸淫于西方文学,他没有或较少有鲁迅那种作为启蒙者要诅咒那些极想埋掉、忘掉的过去,作为文人又无法逃避传统的紧张和失望,其日记中的黑暗面,只有一个来源,那就是他不安的心灵。夏济安对人心和人性是悲观的,普通人在他的眼中是麻木而盲目,不可救药。他曾想写一部小说叫《植物之乡》,意指普通人像植物一样吃喝白相,糊涂过日。所以尽管古往今来的列圣早就说了无数做人的道理,但人心却一点也没有改善。这是因为传道者们"懂道理胜于懂人",道理是简单的,人心人性却是从来没有向善。既不是"植物",也不是"圣贤",这就注定了他不可能心如止水或心情坦荡地度过一生。一见倾心的爱意萌生之后,强大的"自我"起而拒绝,虽"上帝"和本能都难以与之较量,夏济安无法把自己的心灵安顿在其中任何一处,他的心灵又成为三种力量的格斗场,呈现为纷乱的、撕裂的状态。这就难怪,他能对充斥着价值虚无主义的现代中国的文学创作和社会运动作出深刻的分析。他的"自我"和智性没有成就他的爱情,但培养了他作为文学研究者的洞察力。

紊乱无序的心灵当然是黑暗的,是无法用理智使之光明公开的世界,是只有19世纪末以降的文学艺术才能卓越地表现的世界。但夏济安日记中的"黑暗面"还不仅仅是心灵不安,也是指这个包含了智、情、信并可能对它们进行分析的"我"。换言之,夏济安以什么身份,凭借了什么,居然可以分析包括欲、情、知、信在内的"我"的全部?夏济安于地下,恐怕也不能回答这个问题,因为它不只属于夏济安个人。有写日记习惯的人,写完之后,恐怕都会起疑:当我的行为、遭遇、理智、情感甚至隐秘幽微的心灵悸动等都成为语言之时,写日记的"我"又是什么呢?如果有这一个"什么"在指挥着"我"的笔,那么我们还能说,日记,或者任何语言作品,能够把全部的"我"都转换成言说、书写的对象?从逻辑上说,只有自我分裂之后,一部分的"我"才成为写作的对象和内容,被作为对象的"我"并不是一个完整的"我"。因为正如夏济安分析到最后发现自己并不爱R·E·,细致分析起来,完整的"我"根本就不能为日记所倾泻或包裹,日记中的"我"

不过是写日记的"我"的冰山一角。我们只能说"我"写日记,却不能说日记写的是"我"。早有人指出,卢梭的忏悔其实是自我表扬过于自我批评;在指出鲁迅作品其实就是他的心灵中的"黑暗面"之后,夏济安也认为"鲁迅在探究这种奥秘方面没有太大的成就"。这不是虚伪或才能短缺,而是语言的局限,也是作为"我"的人的局限。"黑暗"一经说出或写下,还是"黑暗"吗?披露这"黑暗面"的"我"本身就是一个巨大的虚无,是一片混沌的黑暗,语言又如何能表现?天才和成就都超过鲁迅的俄国作家陀思妥耶夫斯基,如果不是创造了对话体的"复调小说",又何以能叙述出一大片心灵的黑暗?

文末附言

1998年,辽宁教育出版社出版了《夏济安日记》,收入《新世纪万有文库》第二辑;2001年,该社又推出《夏济安选集》,收入《新世纪万有文库》第五辑,中国学者得以对夏济安其人其说有了一个初步的了解。其实,细心的读者早在1981年10月,就可以在北京大学出版社出版的《国外鲁迅研究论集》(乐黛云编选)中读到其《鲁迅作品的黑暗面》一文。

夏济安(1916—1965),笔名夏楚、马津等,江苏苏州人。1940年在上海光华大学英文系毕业后留校任教,1943年后在昆明西南联大和北京大学外语系任教。1949年春从上海去香港,翌年秋赴台湾,先后任台湾大学外语系讲师、副教授、教授。1955年春在美国印第安纳大学英文系进修一学期。翌年在台北创办《文学杂志》,主编这份对台湾当代文学发展影响至深的刊物达四年之久。1959年春赴美,先后在西雅图华盛顿大学、伯克利加州大学分校任教并从事研究,后因脑溢血而英年早逝。

关于夏济安在文学上的成就,台湾有人这样评价:"他可以说是第一位从学院的围墙里严肃而赞美地向一般创作文学伸出'援手'的人物：他的理论和批评一度成为自觉的小说作家的指针和鞭策；他创办的《文学杂志》把'朝（学院）野（文坛）'的距离拉到黏合的程度；他的影响力透过台大外文系的弟子，尤其显明地扩大着。论中西文学的修养，夏济安是海运开通以来少数翘楚之一；论见解，夏济安所理想的中国新文学永远摆在我们所追求的那一端；论文采，五四以来用白话文写批评和翻译的，没有多少人可以赶上他。"值得一提的是，他在海内外"学院派"中率先高度评价金庸的武侠小说。

夏济安著译甚丰，文学方面的代表作是研究现代左翼文学的《黑暗的闸门》(*The Gate of Darkness*)，1968年由华盛顿大学出版社出版。中国大陆学界较为生疏的是他在20世纪60年代写的有关1949年以后中国社会改造运动的三部著作：《隐喻、神话、仪式和人民公社》《下放运动》《人民公社制的溃败》，都由加州大学中国研究所出版，在英美影响很大。

（原载《东方文化》2003年4月，与场建跃合作）

"天地间无非史而已"

对现代学术史有所了解的人都会知道马采先生,他是与朱光潜、宗白华、邓以蛰齐名,率先在中国大学系统讲授美学的著名美学家。① 他的论著汇编成《哲学和美学文集》(中山大学出版社,1994)、《艺术学与艺术史文集》(中山大学出版社,1997)、《马采译文集》(广东人民出版社,2000)等,是现代学术的重要成果。

与同时代的不少著名学者一样,马先生学贯中西,对从苏格拉底到当代现象学的西方哲学和美学均有研究,对19世纪末德国移情论美学的阐述在当时和现在都有不可取代的价值。1949年以后,他像许多老学者一样由西而中,把热情倾注到中国传统艺术之中,其《中国美学史漫话》以及对顾恺之等画家的研究,对《画鉴》、《画山水诀》等画论的解释,迄今也是研究中国美学和艺术的必读书之一。

与同时代的不少著名学者不一样,马先生的晚年编写了大量年表。十多年前,中国社会科学出版社出版了他的《世界哲学史年表》,受到学界好评。2001年,广东人民出版社又出版了马先生70万字的遗作《世界美学与艺术史年表》。从老子出生的公元前580年到公元1949年,两千多年的中外历史上重要的美学家、艺术家都被他一网打尽,其中不但有不少人物是中国读者近年才有所耳闻的,甚至有些至今还没有介绍进来。特别是中亚和南美的一些美学和文艺资料,读后更令人有"大开眼界"之感。在惊人的宏富之外,马先生又心细如发,每年都有一份"关系事项",补充介绍一些并

---

① 关于马采先生的详细情况,参见单世联:《一位不应忘却的学者》,见《迟到的光》,220~229页,广东人民出版社,1998。

非显赫而马先生认为值得交代的文艺史实。比如1269年,宋代词人刘克庄、画家黄公望生,文天祥作《过零丁洋》,马先生在本年的"关系事项"中交代法国"亚眠教堂建成",虽是短短一句,却有助于建立全局性视界。显然,编写这本年表,仅仅中文书是绝对不够的,马先生通晓多种外文,如此才能眼观全球,思接千载,使读者一编在手,即可尽情领略世界文艺的无限风光。

清人王世贞有云:"天地间无非史而已"。学术研究,特别是人文学术研究,第一步是要有史的眼光。学界中人都知道年表重要,学者们的案头通常都会有一两种年表之类的工具书。但要真正唤起对编年表的学者的尊重,却不是易事。在一些人看来,编年表无非是抄资料,在电子化时代似乎已无多大必要。然而,可以很方便地查到相关资料是一回事,以一种严格的学术标准把相关资料集为一书是另一回事。虽然,美学和艺术史研究的学者对历史上的"大人物"都不陌生,但按时间顺序把他们集中在一起,翻读起来便大有趣味和意思。比如1770年,在中国圆明园竣工,在德国是"狂飙突进"的年头,也是黑格尔、贝多芬、荷尔德林出生的一年,这就是说中国的皇家园林与以反专制为内容的西方现代文化的大师们同时诞生,其间传达出的信息是值得我们深长思之的。1772年对中国来说不太重要,只有桐城派作家方东树的出生,但在西方,却名人和名作迭出:德国耶拿小组的弗·希勒格尔、以追求"梦中的蓝花"著称的诺瓦利斯出生;启蒙巨子莱辛的名剧《爱米丽雅·伽洛蒂》、思想家赫尔德的名著《语言的起源》、诗人维兰的名诗《金镜》问世。查方东树晚年的诗学著作《昭昧詹言》卷一即说:"苟用力于《六经》,兼取秦、汉人之文,求通其意,求通其辞,何患不独有千古。"而浪漫派的诗学观念却是揪心于人与自然的分离,操心于个人在现代世界上的无家可归。中国文学的正统观念只有在西方文学的映照之下才愈益显得迂腐与陈旧。我们无须把这些极为不同、实际上也无关系的文化事件作什么"比较",但研究方东树及桐城派,乃至中国文学史的学者能认真考量一下这一年世界文坛发生的一切,对其研究肯定是有益的。现代学术分业分科,能把一个桐城派研究透彻已是不易,谁也不能要求一个学者在研读方东树的同时也能对德国浪漫派有什么见解,所以虽常感视野局限也徒唤奈何。现在有了马先生这一册书,学者便可省却许多辛劳。

这是一本最详尽的资料书,但又不只是资料书,马先生对中外历史上的重要人物均有简要而准确的介绍和评论,其中大多数是经过作者自己消化的,非道听途说、摘取二手资料可比。编写年表不可能再长篇大论地发表自己的看法,这就要求编写者具有高屋建瓴的眼光和准确评判的能力。马先生介绍挪威画家蒙克:"他多以生命、死亡、恋爱、恐怖和寂寞等为题材,用对比强烈的线条、色块,简括夸张的造型,抒发自己的感受和情绪。他的画风是德国和中欧的表现主义形成的前奏。"(239页)翻翻国内现有的几种蒙克的画册和传记,我们很难对马先生的介绍有所移易,而对蒙克知之不多的读者或学者也可从中得到对蒙克的大略了解。对于一些读者较为熟悉的人物,比如李清照,马先生的介绍是:"早年与夫赵明诚致力于书画金石的搜集、整理。所作词,前期多写其悠闲生活,后期多悲叹身世,情调感伤。形式上善用白描手法,自辟途径,语言清丽。论词强调协律、崇尚典雅、情致,提出词'别是一家'之说。并能诗,留存不多,部分篇章感时咏史,情辞慷慨,与词风不同。"(67页)一百二十多个字,几乎不能易一字。

可以想象这项工作是多么烦难!难以想象的是开始这项工作时,马先生已年逾九十,他的夫人也是他的合作者陈云女士也已八十五岁高龄。没有保姆,没有助手,也没有电脑,七十万字是每天跑图书馆跑出来的!是一笔一笔写出来的!与许多名教授不同,马先生70年代即退休,其丰富的学问没有机会直接传授给后学。这位迟暮的老人不但不能像过去那样自立新说尽展怀抱,甚至也无法与闻学界新潮,但他没有安心养老,而是选择了能够发挥优势、自己也可以从事的工作,在孤寂中以编写年表的方式继续为学术作贡献。捧读这本皇皇巨著,我们能够想象这位踽踽独行在中山大学校园中的老人是幸福的,他在中外审美和艺术的胜境中度过他的最后岁月。

(原载《羊城晚报》2002年12月11日)

他从那里来

剧烈的社会变革是文化创造的天然良机,而当代中国改革的一个特殊背景是,延续多年的极"左"路线和僵化体制严重违背文化生产的规律,窒息了文化发展的生机,所以毫不奇怪,80年代以来文化成就是以拨乱反正、告别过去为前提的。批判和否定的对象,首先就是"文化大革命"以及此前若干年的一整套强制性的政治要求和曾经理所当然的规范体系。

确实,新时期以来的文化强烈地表现出一种摆脱既往、清算历史的特质。但是,文化政策、体制结构、思维习惯等等都可以或快或慢地发生变化,而文化创造的主体却并不是在短短的二十年中立即更新换代的。在当代文化的各个领域,都可以发现,有相当一部分卓有成就的人,他们的文化学习期都是在"文化大革命"期间完成的,有不少人当时就已经崭露头角。无论新时期的文化有多么辉煌,我们都不能离开这些创造者的成长语境及其嬗变轨迹,新时期文化的"文革起源",是当代文学研究的重要课题。所以,当陈中秋把他在1971年写的剧本《拦车》、《支农记》收入《陈中秋剧作选》(中国戏剧出版社,1999)时,就不仅仅是"给自己保留一点真实的脚印",确实也"为时代留下一点可供分析的资料"。

陈中秋的成长过程是当代很多文化官员走过的路:1969年大学毕业后到广东韶关地区文化局系统工作,从普通创作员起步,一步一步升到广东省文化厅副厅长,邓小平提倡培养"四化干部"的80年代初期无疑是他发展的关节点,许多五六十年代的大学生都是凭着有学历、懂业务而在这一期间走上领导岗位的。从《拦车》、《支农记》两剧可以看出,陈中秋在"文化大革命"后期已是韶关地区戏剧创作的重要作家,两部戏都参加过

1972年、1973年广东省专业文艺汇演。一个地区文化局的创作员,同时有两部戏参加省级汇演,差不多是他当时的身份所能取得的最高荣誉了。这一经历从外在的方面说,陈中秋的创作成绩是其升官的重要条件之一,以至于无论处在什么位置,他总是认为自己仍然具有作家的身份。这样,我们才看到他在做了主管专业创作的副厅长后,仍然笔耕不辍,创作了堪称其代表作的《魂牵珠玑巷》(1988)和《五羊故事》(1998),同时还写了许多歌词。我们没有必要说他有多么了不起,但一个主管官员坚持写作,会对他的工作产生良好的影响。甚至一个细节也可以说明这一点:在他每一个剧作的后面,都附有演出团和演职员的介绍。是的,剧本可以出剧作集而保存下来,但演职员却常常会因岁月流逝而为人忘却。把他们记下来,不但是对他们的感激,也是表明戏剧作为一种集体性艺术,不能离开那个演出团体的合作。在我读过的剧作集中,细心地记下演职员的名单的,只有这本《陈中秋剧作选》。这一经历从内在方面说,无论时代和社会发生了多大变化,陈中秋都不会彻底否定自我,他有一个以自己的热情和勤劳而取得不菲成绩的青春时代。他当然充当过那个时代的宣传员,但他的身份是一个剧作家,除了服务于当时的政治要求和意识形态规范外,他还必须满足那个时代观众(主要是农民)的审美需要,即使是时代的局限也要经过戏剧形式的转化。这使得他可以部分超越时代社会加诸他的限制,并可以利用当时的文艺政策发展自己,比如当时特别重视的"深入生活"使他较多地理解了农民;"为人民服务"的口号可以顺理成章地转化为"为观众服务"等等。这一点,在时过境迁之后,反而成了他的特长和优势。

这就有一个戏剧创作与时代、社会的关系问题。像戏剧这种公共性较强的创作行为,尤其在中国特殊的情境下,是不可能游离于时代和社会之外的。陈中秋那时的剧作,其具体的主题在今天看来已不再能感染观众了,《拦车》里一心只想着集体的赵满生,《支农记》中把服务做到家的老王,固然可以作为今天的榜样,但肯定不能成为今天的普遍要求。但是,戏剧不只是抽象的主题和意义,而是一段人间故事歌舞再现,是社会舞台上充满变化和冲突的瞬间的审美表达,仅仅一般意义上的主题健康、为政治服务即使在"文化大革命"中也是不够的。所以如何设置人物、组织情节、安排冲突、刻画性格等"结构艺术"才是戏剧创作的关键,陈中秋完全可以在"公社道路"、"大寨精神"的口号下提高自己戏剧艺术的能力。一个很值得注意的现象是,同是文艺,"文化大革命"时期的当红作家基本上不能在新时期再度走红,而新时期戏剧创作的队伍却有很大一部分是在那个时代培养出来的。除了戏剧形式较难创新,因而较难吸引意在创新的青年作家外,另一原因就是戏剧创作的内容和形式较文学有更大的可分离性,戏剧的形式性更强,"老作家"可以跟上"新时期",尽管他们的大部分作品并不令人满意。

然而,这不是说陈中秋在新时期仍然守着他原有的那一套模式,更不是说戏剧创作的艺术形式可以完全与其观念主题内容分开,不是的。从陈中秋个人来说,新时期他的两部剧作都有了若干新质。选材上从现实题材伸向历史故事;结构上由比较简单的正反对照转向严重的生死之争,语言上从农民惯用的日常口语转向自觉的舞台艺术语言,更重要的,是他对生活和人物的体验和表现都深化扩展了。《拦车》、《支农记》都是小戏,都是三个人:正、"反"、中,它们的矛盾是更好的服务与一般性服务(《支农记》)、公而忘私与公私兼顾(《拦车》)的冲突,没有严格意义的正反交锋。但在《魂牵珠玑巷》和《五羊故事》中,戏剧的场面都比较开阔而深邃,前者的悲剧性,后者的正义感,都在非此即彼、生死攸关的冲突中得到强烈表达。这两部戏获得过许多国家人奖,好评如潮,已无须在这篇短文再附赘语。要强调的是,两部戏都反映了陈中秋日益强烈的地方人文意识,我们不能说戏剧只能表现古代题材,但像五羊、珠玑巷这样在岭南地区流传甚广、对地方意识有塑造功能的传说,如果缺少舞台艺术的,特别是粤剧这种典型的地方艺术的表现,无论如何是令人遗憾的。它们不只是弥补了舞台艺术的一个不足,客观上也追溯了广东在近一个世纪中两度走在全国之先的历史动因,现代广东需要有对传说的再演绎、再叙述,这不只是不忘历史,也是为了今天的自我认识。

从戏剧的形式与内容的关系上来说,尽管有一定的游离,但在具体的作品中,却是不能分别的统一体。这里也许有两个层次,一个是抽象的戏剧形式,如人物对应关系、场次划分、念白和演唱的分布等等,原则上是任何剧作都要考虑的;另一个是具体的形式,也就是一部剧作的形式。说"文化大革命"时期的写作是陈中秋成为一个剧作家的必要准备期,是指他在那个时代的创作实践中掌握了戏剧的"抽象形式";说他在新时期更新和提高了自己,是指他转换了戏剧的"具体形式"。《五羊故事》是音乐剧,与此前作品有形态的差异,但《魂牵珠玑巷》作为戏曲是与此前剧作有可比性的。如果说黄贮万、胡菊珍和贾似道、张钦是直接对立的正反双方,那么这个戏的意义却并不仅仅是在他们的冲突中产生的,更重要的意义是由以罗贵为代表的珠玑巷民众同情弱者、憎恨权贵的正义感及机智勇敢的行动所渲染出来。罗贵及珠玑巷民众在剧中直接出现的并不多,但他们构成了黄贮万的背景以及与权奸抗争的真正主体。这就是这个戏的"具体形式",通过它,这个戏才获得真正的悲剧性:悲(黄、胡)而不悲(民众)。不再是专制社会中的苦难爱情,不再是权贵的骄横霸道和小民如草的人间悲歌,而是底层民众的道义信念和反抗力量,成为这部戏的主题。这样一种"具体形式"显然是与其内容不能分离的,也是"文化大革命"时期的陈中秋所没有驾驭过的。

过去的时代给文艺留下太多的教训,但对于一个特定的作家而言,情况要复杂一些。生命不能割断,即使是过分严格的政治时代,对一个人的成长也不全是祸害,重要的是如何在新的历史环境中自我反省、与时俱进。如果说陈中秋已经有些意识,那么我们有理由期望他在《陈中秋剧作选》出版之后还会有新作问世。毕竟,他有过这样丰富的生命历程;毕竟,他还处在生命的盛年。

(原载《中国戏剧》1999年第12期)

为诗一辩
——序华海《一个人走》

好多年前就流行"写诗的比读诗的人多"一说。没有谁统计过究竟有多少人写诗又有多少人读诗,但以此来说明诗坛寂寞甚至文学冷落却很通俗、很生动。不过凡事总不妨反过来想一想:写诗难道只是为了给人读吗?既然还有不少人乃至许多人在写诗,我们能说诗坛寂寞吗?

如此设问与诗的存在理由有关。我想,诗之存在,其根本理由只有一条:有人要写诗,这些人感到只有写诗才能表达自己的情感意识和生存经验。这就够了,至于有没有人读,有多少人读,那不是诗人要考虑的事。如果写好了,像屈原、杜甫那样千古生辉万世传诵,固是诗之极致、诗人的理想;如果写得不太好,只有当代人甚至少数人在读,毕竟也满足一时之需,有益于世道人心;再下之,如果写出来的诗除了诗人自己之外干脆就没人读,那也不应当受到嘲讽,因为至少诗人自己心情舒畅了、情绪表现了,这就算是达到写诗的最初的也是最基本的目的了。中外古今,大诗人中恐怕只有极少一部分只是为了他人读才写诗的。一心想着要人读的诗人肯定不是好诗人。我甚至认为,仅仅以读者量为标准,可能是商品社会对诗的侵蚀,是诗的"异化"。

近年来,我偶尔会收到一些诗人们自印的诗集,翻阅之后并不觉得有什么新鲜的体验或完美的诗艺,所以总是一笑置之,认为是青春期的自娱自乐。有一次与朋友闲聊,他偶然说起每逢遇到他认为的好诗,都要和他的妻子一起躺在床上诵读一番。这使我大为感慨,不但羡慕他们的生活的情致,也因此相信,除了"慰我心灵、怡我性情",写诗就不应当再有其他目的。如果有的话,那也与诗人无关。严格地说,有写诗的人,就有读诗的人,不存在"写诗的比读诗的多"的现象;至少诗人自己是读诗的。这就是说,即使"写诗的和读诗的一样多",我们也不应当对诗抱有任何的放肆的态度。说到底,写诗是为了自己而不是为了别人。

早春二月,有清远之行。在此任职的华海拿来自己的一些诗文,说是要编一本集子,让我先看看。尽管其中有不少作品此前我已经看过,但完整重读仍别有滋味。这些篇幅短小、文字清新、情致细腻的诗文,大体上可分为故园记忆、青春追怀、山水品评、诗文赏析几个方面。它们在诗和散文艺术上的得失,需要批评家们来做,我为之感动的,仍然是上面说的问题:为什么要写诗?

春天的夜,岑寂而漫长。春风拂面,春江潺潺。我想起素与春风明月有不解之缘的古城扬州。说起来却已是20世纪80年代的事了。华海那时在扬州教书,工作辗转,生活匪易,独有诗情勃郁,诗兴高涨,出诗集,办诗社,品诗人,拿诗奖,风华正茂,风头甚劲。以至于当他90年代初要调到清远来时,我还感到纳闷:写诗在扬州不是挺好吗?但他终于到清远电视台来了,要从扬州人变成清远人,要适应新的人和事,要从会讲课转变到会拿摄像机,一个费心费力费时的过程!几年中,华海脱胎却没有换骨。虽然诗写得少了,更多是配合工作写些游记、评论及一些纪实性文章,但每次相逢,他总是口不离诗,我们经常在一起通宵达旦说话。今日思之,恍若梦境。因为他有出色的写作成绩,1998年,他调到市委机关做新闻秘书,在个人是进步,在诗人却是付出。因为身不由己的工作多了起来,因为他担负着宣传系统中的一份责任。而他又是一个做什么事都想做得好一点的人,于是一天到晚不是下农村企业采访就是在办公室写他的新闻稿。因为他很忙,我们见面的机会也少了,只是不断在报上看到他写的新闻通讯,只是不断地得知他在新岗位上干得很好,连续被省里评为"十佳新闻秘书"。我为他在异地取得成绩高兴,谁能说写一行诗就一定比写一篇新闻稿更有价值?但心中隐隐地总有些遗憾:一个诗人就这样变成了一个公务员了？证据是，在我们不多的晤谈中，他滔滔谈论的，更多的是清远地方的形形色色的人和事，是工作中的顺畅和烦恼，其兴致之浓郁、见识之通透，不亚于当年的谈诗。尽管我个人的兴趣也转向社会思想一路，很喜爱他这方面的言论，但私心仍然把他和我自己一起划入远离文学的一伙。我曾把这一遗憾和一位我们共同的朋友说过。

这不只是个人生活变迁的事，经济主导的现代社会本来与诗的关系就比较紧张。不能说现在没有诗，抬头看看到处包围着我们的广告，有多少不具"诗情画意"？然而，作为人性生活要素的诗，作为生活世界的诗意，清洁的、简朴的、宁静的、幽远的诗意确实已越来越离我们而去了。这种悖逆，就像无数的住宅小区都以"花园"为名其实不过是几幢毫无风格可言的建筑而已。应当感到幸运，至少在沿海地区和城市，人们的生活是越来越好了，生活质量也开始提高了。至少在理论上，随之而来的应当是心智情感方面的要求也丰富细腻起来，但现实似乎不是如此。富裕的前提是忙碌，忙碌使诗显得轻浮而奢侈；富裕的后果是消费，消费把诗当做一次性物品。总之，诗意难以储存在我们的心灵，"诗人"成了难以为人理解的人。华海是不是也脱诗入俗了？

其实，正因为这几年我们接触少了，我对他的印象也是不准确的。这些诗文证明，他从来也没有忘却诗，他从来也没有把自己的生命全部等同于他的工作。只是把主次关系颠倒了一下，只是把自己的公共角色和个人爱好分得更清楚了。作为一名公务员，他的责任由他写作的上百万字的新闻稿很好地完成了；作为诗人，是收集在这里的作品。他再三说，出版这诗文集，并不是想"归队"，更不是想在文坛获得什么荣誉，不过是对自己心天一角的清理，是对自己几年来文学创作的一次总结，总之是一件纯个人的事。当然据我看来，清理和总结绝不是在向诗告别，而是对自己的心态的丰富与调整，以期更全面地拥有自己和世界。无疑，往后的日子他还得在繁忙的工作中度过，下半辈子恐怕都不会重回青春时代的诗人生活，因此就面临一个如何摆正公务与私情的关系问题，具体地说就是既公私分明又公私协调。如果说华海在扬州度过的是诗人的年华,来到清远后是不断地调校自己而以公务为主的日子,那么他今后的追求就是公务员和诗人的统一。

一切仿佛就在昨天,但毕竟我们都已进入平淡的中年。如果生命只剩下一半,如何安顿我们的心灵就真的成了紧迫的问题。在一起游飞霞时,华海突然说:这是他近期最感轻松的一天,因为前几天一直感到的手臂痛忽然消失了。心、身竟有如此的配合?他连续说了两次"又得浮生半日闲",由此可以想见他的日常状态的烦琐紧张。他其实经常去飞霞,有时还住在山上卧听那涛声阵阵,但那都是工作。工作着是美丽的,工作着也会忘却身边的美和身内的心。也就是在这一刻,我理解了华海为什么此时计划出这么一本作品集。

诗是值得我们沉醉的,但诗人只是人的一部分,诗并不召唤我们献身。对华海这样已经从事了多年与诗无直接关系的人来说,也不大可能再去做"职业诗人"(这本来就是一个矛盾的概念)了。不做诗人并不意味着我们的生活中没有诗。如果说华海在工作上的成绩部分得益于他曾经写诗的话,那么,这只是诗的功能的一部分,更大的功能应当有助于他塑造自己完美和谐的生活。我们不可能像歌德那样把自己的生命凝聚成一首雍容宁静、中节和谐的诗,但让诗来提升一下我们的境界、纯净一下我们的生活,肯定是现实的、可行的,虽然这是不容易的。我从来都赞同歌德的中国读者宗白华说的:"我们心中不可无诗意诗境,却不必一定要做诗。"

在西方文化史上,"诗辩"众多,几成一种文体,当代中国有此需要却未见有名篇佳作。当然,重要的不是写几篇"诗辩",而是从自己做起,从现在做起,在追求功利目的的同时稍微多一些照料我们的心灵,在一个人行路时慢些走,欣赏一下身边的风光。"平淡的生活与高远的理想"(Plain living and high thinking)不但是中外诗人应有之风致,也应当是成熟人生应有之风致。虽不能至,心向往之,我愿以此祝福华海。

(《一个人走》由哈尔滨出版社2002年出版)

制约其实是被制约

三联书店最近出版的《儒家与自由主义》一书,载有杜维明与陈名两先生的对话。他们有一个共同的观察,这就是西方一些重要的思想家,如对当代中国学人魅力无比的韦伯、福柯、哈贝马斯、罗尔斯诸人,都有一个资源不足的问题。比如韦伯不能理解儒家在"这个世界"又要超越"这个世界"并要转化"这个世界"的价值取向,哈贝马斯和罗尔斯无法充分回应正在干扰人类的生态问题,福柯对希腊诗歌与神话的不求甚解,等等。声名显赫的大师都有严重欠缺,中国学人似乎有理由为自己在学术思想上的种种不足而心安理得。

但有一个基本的不同,韦伯等人至少对于西方思想文化的一些核心方面有比较精深的认知和洞察,对其时代的思想要求和社会压力也有比较自觉而充分的回应,并因此提出了内在于西方历史与现实的重要问题,参与引导了一个时期的学术思想。而中国学术群体显然还没有进入这个境界,严格地说,我们不但不大可能提出内在于中国历史与现实的"真问题",即使在基本的学术训练与知识准备方面也还远远不够,制约目前学术思想的种种因素其实是被研究者自身的条件所制约的。

这样说是因为我在读《儒家与自由主义》时,同时看到贺照田先生评论当代学术思想的一篇文章。学术思想上的混乱与无奈,不但是学问中人,就是局外人也早已有所感觉以至愤懑,各种意见和文章很是不少。贺文对此作了一次认真而集中的反省,具体评说尽可商讨,论题排比或有不当,其尖锐直接的论析得到众多认同当是无疑。读完此文后的自然反映是:怎么办?

不可能有权威的或者大家都认可的答案，每个人都会有自己的"意见"。从杜维明和陈名两先生的对话所受到的启发是，学术研究上的种种困境其来有自，我们对制约学术思想的种种因素的反省还可以更进一步，制约实在是被制约。问题甚多，且说三个较为浅近的事实。

一是如何成为学者？没有一个天生的学者。如今正是好年华的学者原来不过是学业好的普通学生，在小、中学阶段，我们与后来组成"大众"的所有人一样忙于对付高考。进入大学之后，一小部分人或许是遇到了好老师，或许是个人读书有所体会，总之，我们在大学毕业时已经对某种学问有了兴趣和热情。此后是两个阶段的研究生，跟着老师接受了一些学术训练；毕业后理所当然地进了大学或科研机构工作。从此，我们的生活就是读书写书，熬了几年后我们成了教授或研究员，拥有了社会公认的学者身份。如此描述只是一个大略，因为我没有把一些因偶然原因或混迹于学界的人考虑进去，也没有把为了成为学者而认真进行自我训练的学者考虑进去。在此一般性的过程中，实际上使我们成为学者的只有两个条件：一是有较好的学业成绩，二是职业或身份。成为学者之后，只要稍微勤奋，一般都不难发表论文或出版著作；外语较好且专业与国外联系较多的，还可以不断出访为国外所知。

由此成长起来的学者是不可能避免各种的"制约"的。首先我们的知识积累就很不够，更谈不上杜维明先生所说的"长期的批判性的积累"。研究中国文化的学者不懂外国文化已是"正常"的专业分工使然，即使研究外国文化，比如研究德国文化的，恐怕不会比韦伯对中国文化了解得更多。至于长期研究中国学术的，他（她）真正了解的也许只是先秦一"子"或宋代的某一词人。其次，学者们从事学术工作，主要是文本阅读和解释，能够读懂几本古（洋）书、释清古（洋）意已是不易，不但不能提出什么"内在于我们历史与现实的真问题"，甚至也没有可能深入历史与现实，比如今日的学者就不可能像梁漱溟那样得到权力支持从事一个地区的"乡村建设"，研究中国哲学的也不像冯友兰那样在颠沛流离之中怀抱"以志艰危且鸣盛世"的追求。如何使学术思想具有真正的历史意识和现实关怀的问题，基本上没有被学者充分意识到，它们通常被排斥在我们的学术训练和关怀领域之外。于是，贺文所说的诸如脱离语境地弘扬传统、抽象化地使用外来学理就难以避免；搁置"意义"问题、轻率地获得自我意识、无视后发现代化国家的处境等等，就势在必行。正视知识界的现状，如果没有这些"制约"倒是奇怪了。

二是学者如何生活？与"大众"没什么两样。绝大多数学者都是平民出身，这就意味着我们不能像狄尔泰那样终生不进厨房、不擦皮鞋。在傅斯年当年着意催生的"学术社会"还没有真正建立之前，我们基本上没有在世俗日常之外建立一个学术空间。如果说恪守学术的严肃性、为学术创新而工作，本是学者之为学者的底线，那么在目前，学术之于我们首先是职业，是我们得以在这个世界生存下来的衣食之源；其次，它是我们的兴趣，开始是喜欢从事这一工作，后来是生活的惯性使我们安然于此，我们只是把学术看做是一种"行当"而不是韦伯所说的"志业"。这当然是正常的，没有理由要求学者们必具"天降大任"的自期。但面临历史和现实中的种种问题，缺少心理紧张和热情投入毕竟使我们的思想难具洞察力，甚至根本进不去。当然无论是分工还是兴趣，长期的"学者生活"反过来也塑造了我们，我们参加学术讨论；我们谈论一些"大众"不太关心或不关心的论题，或者把"大众话题"引申为一种观点、一种理性化的表达；我们甚至养成了夜间工作白天睡觉的习惯……但所有这些"学者行为"并不全然是"精英"的，为了学位、职称、项目、评奖等等，我们的获取方式完全是世俗化的，通过层层考试选拔上来的学者们，理所当然地以其聪明才智在学术名利场上纵情焕发，"学术交易"与日常交易没什么两样，"学术腐败"在性质上与其他腐败没有不同，教授抄袭之事南北均不罕见。不思考、不探究诸如贺照田所说的"九个问题"，丝毫也不妨碍我们成为"合格"的学者。生活与学问应当有所区分，但要指望把学术淹没在"生活"之中的学者有什么真正的问题意识和智性创造，肯定是要失望的。

这就是说,学者只是在身份和职业上与"大众"不同,而在个人欲望、行为方式上却基本一样,在媚俗、媚势、媚权上甚至更胜一筹。因为有"不同"的方面,学者们就没有必要理会"民众"的关怀,甚至正是借助置民众的关心于不顾来维持"学者"身份;为了强化这一"不同",学者们在注视底层痛苦时,很可能是为了充当"代言人"的角色为自己赢得一份论说优势,底层艰苦更多的是建构学者自我的"他者",他们的价值观念、生活逻辑、主体感觉、精神欲求极少引起我们的深切关注。知行分离在今日已不再令人惊奇,不要说是匡扶正义,就是学术尊严已很难维护。据中国社会科学院《当代中国社会阶层研究报告》的评估,高级专业人员属于当代社会的"上层"。既然已是"上层",还有什么必要走进刚刚摆脱的下层?且不说对他人精神痛苦、身心感觉的真正切入,即使对自己的痛苦也无须老实面对。在一些感觉良好、虚骄傲慢的学者中,既找不到朱光潜式的亲切谦和,也难以发现熊十力式的学术自信。以至于经常有人议论说,读某一学者的书比认识其本人好。

三是学术为了什么?做学问的表现形式就是读书、思考、写作,论文、著作之类是学者业绩的主要标志,而在目前,学者的地位主要就取决于论著的多少和发表刊物的级别。且不论这是否就是学者的全部,即使如此,我们写作的直接动机往往并不是抽象的"繁荣学术",更少是回答历史与现实的提问。我前天写一篇文章是因为约稿的那家报纸稿费较高,而今天写这篇文章是因为编杂志的朋友催得紧,明天要写的文章是为了捧一个学术会议的场,正在写作的一本书是准备明年提职称用的,而下一本书则属于已经领了经费的某个项目。当然我确实计划做一些"为己之学",比如写篇自己真正想写的文章,但因为这个"己"早已被上述种种类型的写作刻画成"写手"了,也就谈不上有什么真切的体验和值得重视的关怀。读书和写作经常不是使我们脱离此时此地的情境进入一个学与思的境界,如果不是为了世俗应酬,更多的也只是为写而写的习惯性行为。至于我们能够做什么、我们在某一知识领域向前推进了多少、我们的观点是否把握了社会文化的某一关节之类的问题很少进入我们的写作状态,发表或出版成为写作的目标。当学术垃圾成批生产出来之时,学术名人也就如雨后春笋般地涌现。

所以,评论学术思想的研究现状,有必要提出一个陈旧的问题:我们为什么做学问?不回答就不应当再做学者。肯定有人仔细考虑过,也肯定有许多人根本没把它当做一个问题,而重要的是,即使思考过的人恐怕也极少因之就不当学者了。学术研究既无古人"安身立命"的意义,亦无哈贝马斯等人认真为社会开药方的用心,而是一种相对轻松自由且较易发挥个性的行为。如果再联想到假如真的对现实和历史认真起来,没准儿还会引来麻烦,谁愿多此一事?学术就是学术,它的独立成为回避严峻问题的护身符。不满学界现状的人会很多,只是同意了也就是同意了,接下来的是"制约"依然。过多地数落学者是没有道理的,"精英"与"大众"一样都是环境的产物。但学者们仍然有自己的责任,因为他们有改造环境的义务,而学术也内在地具有矫正环境的责任。如果写作只是顺从的、被动的,那么它肯定与其环境一样不断地烂下去而毫无意义。

1922年,朱光潜先生写过一篇《怎样改造学术界》的文章,结论是"改造精神"、"改造环境"、"培养改造环境的领袖人才"。他最后倡导"三此主义":"从何处改造起?此地。从何时改造起?此时。从何人改造起?此身。"我想,目前的学术思想界也需要提倡"三此主义"。

"三联·哈佛燕京学术系列"是目前大量出版物中不多的精品之一,从已出的两辑看,它比较注意把国际学术思想领域的一些前沿思考及时地传播到汉语学术界,这非常重要,但也只是第一步,接下来的,是我们如何把它真正消化为自己的资源,使这份精心编辑的系列不再像众多译著一样只是在中国学界"风行水上",一片涟漪过后迅即无影无踪。它应当是一块石头,能够搅动表面热闹实则无风少浪的中国学术界。

(原载《二十一世纪》2002年第3期)

文化批评的力量

在当代哲学家中,对文化批评的写作投入最多热情的,可能是德国的阿多诺,其四卷本的《棱镜》无疑是当代文化批评的杰作。阿多诺发现,文化批评的崛起与德国传统中"文化"与"文明"(Kultur / Zivilization)的著名区分有关。"文化"指内在教养,"文明"指外在物质,一贯弘扬精神价值的德国哲人当然视"文化"优于"文明",并进而把"文化"与德意志作为文化民族的自我理解、把"文明"与庸俗卑劣的英法商业精神联系起来。德国在20世纪的所作所为使这一区分及其政治引申难以成立,但长期反省纳粹罪恶的阿多诺仍然以审美现代主义的立场重新发掘"文化"概念的批判价值。在他看来,文化批评的功能是反黑格尔的:它批判性地提示"现实性"与"合理性"之间的差异,暴露可能被黑格尔泯灭的实际存在与应当存在之间的对立和隔阂。在这个意义上,"文化批评"(cultural criticism)实即文化批判("criticism"的中译既可以是"批评"也可以是"批判")。忧心于精神价值与意识的诸多衰微和失败,文化批评蕴涵着某种解放的和乌托邦的维度。正是此一批判取向,使文化批评不同于"有关文化的批评"(criticism of culture),后者可以包括对各种文化产品的各种批评和论析。

20世纪90年代以来,文化批评逐渐成为中国文化领域最为风光的写作类型,迄今已为大量报刊及其他各种传媒所不可或缺。身处急剧转型的文化时代,遭遇无数前所未有的社会事态,越来越多的读者希望从事人文研究和社会科学研究的学者们有所发言,他们的意见也越来越受到尊重。学者的职责本来是以学为主,而且当代中国的学术还面临日益迫切的与国际接轨的任务,所以期待学者们大量写作文化批评并非明智之举。

不过另一方面,学者首先是一个人,对他看见的、听到的、遇上的各种现实事态绝不会无动于衷,而且由于他具有较为严格的思维训练和较为超越的评价标准,更易产生发言和表达的欲望。文化批评不是率性而为的自由发言或叙事抒情的日常散文,它需要相当的学术理据和正经态度,需要非个人化的批评标准和前瞻目光,非有专门之学的学者不能写好。自然,就中国的文化传统和当下语境来说,我们还不大可能形成甚至也难以欣赏阿多诺那种德国式的对现实的严正拒绝和乌托邦精神,但文化批评的写作确实可以通过文化批评的形式公开。其实,假如我们承认任何学术思想都有其历史和现实的起源,那么对现实事态的敏感和参与也完全可能成为纯学术研究的灵感和刺激,阿多诺的"无调的哲学"、"否定辩证法"就与他对德国事态的体验有关。在这个意义上,文化批评也并不完全是学术思想的实用性延伸,写作文化批评也并不是学者的"奉献",它也是学术发展的内在动力之一,是学者们的自我需要之一。

然而,目前充斥于各种传媒的文化批评中的相当一部分并不尽如人意。除轻浮和逢迎之类大众传媒通常难以避免的做派需要编辑们的警觉之外,作者们的反省更为重要。比如对"文化批评"这个概念的理解就比较含混,经常把各种"关于文化的批评"也即一般意义上的文艺评论、社会议论乃至随意谈论都当成是文化批评,一些专门性的文化批评刊物实际成了各种非学术文字的大杂烩。在这种"文化批评"中,趋时捧场、信口开河、哗众取宠、无病呻吟的倾向均极严重,不但没有鲜明的批评态度和坦率的批判精神,而且作者本来就没有充分的学理资源和明确的立场标准,无法实现基于一定的价值立场和文化理想来批评现实、提高现实的目的。文化批评不是学术研究、理论探索,但学术理论方面的修养不够肯定写不好文化批评。阿多诺在《棱镜》之外,有好多本第一流的哲学美学著作;萨特的十卷本批评文集《境遇》基于他的存在哲学;斯坦纳在出版《语言和沉默》之前已有《悲剧的死亡》等名著。对照起来可能说我们之所以写不好文化批评文章,是因为我们的学术思想还很贫乏,一些作者本来就是因为无法在学术上有所进步才转而写报刊文章的。这就出现一个矛盾：我们渴望本来就不多的优秀学者多写文化批评，因为只有丰厚的学术思想才是文化批评的唯一资源。体认到这一矛盾，我们对文化批评一时还难怀乐观。

无疑，以中国之大和作者之多，优秀作者和可读之文总是随处可见。中秋月华之下，我读到明华先生《文化如风文明似雨》的校样。作为一位哲学研究者，明华先生出版了有高度专业性的《社会历史的思维空间》等论著，而这本文集又是提示我们正视他在文化批评方面所做的努力。上世纪的 80 年代，他在武汉主编的《青年论坛》以其深切的社会批判而激动了启蒙时代的青年，其中一些文章就是典型的文化批评。90 年代后，明华先生南来广州，是推动岭南文化与广州城市文化研究的学者之一，这本文集就是他在这方面的主要成果。围绕着建设广州现代文化这一中心，明华先生选取了两个路径逼进，一是历史的，即通过岭南文化的形成和演变来确定广州文化不同于其他地域或城市的独特性；二是国际的，即借西方文化的主题如生态环保、知识经济、自由思想来推进广州文化的现代化，纵横交叉，描绘了广东文化发展的坐标。在这个坐标内，明华先生又特别强调通俗文化与精英文化的相互配合，呼吁高层次与高品位的文化产品与文化名人的诞生。文化如风文明似雨，呼风唤雨作新声，明华先生始终坚持理性分析的方法与自由批判的精神，论有据，言能文，辞达意，广州理当为有这样的文化耕耘者而骄傲。我认识明华先生有年，他之于我亦师亦友，这本文集更新了我对他的认识：一向温文博洽的明华先生竟也有如此激扬的神思和风发的意气。这也说明，文化批评是一种令人振奋的写作行为，拥有吸引学者和读者的力量。

2001 年 10 月 4 日

(《文化如风文明似雨》一书由湖北人民出版社 2001 年出版)

反艺术的哲人

当代美学一般认为,美学研究的对象不是难以捉摸人言言殊的"美",而是既看得见摸得着又意味无穷的艺术。令人惊讶的是,像艺术这样为人类极端珍视、吸引了无数特异人物为之献身的文明之花,在美学上却常常是一种可疑的存在,它没有自明自足的存在理由,它必须为自身的合理性进行自我论证。自柏拉图放逐诗人,亚里士多德通过为诗人辩护而创立了"诗学"之后,艺术史差不多就是压制艺术的历史,美学存在的前提就是为艺术的真理性作出论证,"诗辩"则因此成为西方美学的主要文体。

本文不可能对西方美学的这一主题作详细检讨,只拟就西方美学史上柏拉图—卢梭传统作一简单述评,以为艺术与哲学的关系的深入探讨作一准备。

一、古代:柏拉图的谴责

西方文化系统中的美学本与艺术无关。在产生了美学的古希腊,谈美与论艺是并无直接联系的两个话题。古希腊的文化传统认为,哲学与诗有不同的对象与目标,诗描绘的是变化不已而又五光十色、哲学思辨终将予以扬弃的感性世界,而哲学揭示的则是静止的、永恒不变的、诗的境界无法媲美的世界。哲学与诗的战争状态是美学史的第一章。

美学之父柏拉图在《理想国》及第二个理想国《法律篇》中,把这一冲突提高到新的论争水平。反对模仿的艺术、放逐诗人是柏拉图美学的主要内容。① "理想国"的原型是斯巴达而不是雅典,在其中人的一切权利和义务都有确切界限,一切都由国家根据严格的纪律来管辖,任何个人的生活都禁锢在公共整体的需要之中。这种整体至上、禁欲主义的国家理想,必然导致对艺术的严峻的态度。而哲学要以抽象的理智掌握世界,也必须打击和贬低以情绪和形象模仿自然的艺术。柏拉图对艺术暴风雨般的凌辱基于两个判断,一是无用,二是有害。第一是艺术提供了一幅错误的现实图画,对真理没有多大价值;第二是艺术逢迎人性中低劣的部分,腐蚀公民。第一点基本上涉及视觉艺术,第二点主要涉及诗和音乐。

第一点是从知识论和形而上学中推出的。古希腊的艺术观是模仿论,柏拉图根据他的"理念"(还可译为"形"、"理式"等)本体论推出了模仿论的结果。"理念"是事物的典范和标准,神创造"理念",工匠模仿"理念"制作器物;艺术家模仿事物的外形制作艺术品。所以存在着三种东西:理念、感性、艺术品。感性中物模仿理念而来,艺术模仿是对"理念"的两度离异,它所提供的形象与梦、影子、幻象处于同一层次。以床为例,首先是床之所以为床的那个床的理念,它是神创造的;其次是木匠根据床的理念制造出来的个别的床;第三是画家模仿个别的床所画的床。三种床之中,只有床的理念是普遍永恒的,为一切床所自出,只有它才是真实的。木匠制造的床只模仿床的理念的某些方面,受时空、材料和功用的限制,没有普遍性、永恒性,所以是不真实的,只是一种摹本或幻象。至于画家画的床,只能从某一角度模仿床的某一方面,不可能模仿床的实体。因此模仿的艺术品既不是"理念",就如任何可见的形象都不是"理念"一样;艺术形象也不是它所模仿的具体实物,而是实物的某种不真实、不全面和再现,它只能是"摹本的模仿本"、"影子的影子"、"和真理隔着两层"。柏拉图在《理想国》和《政治篇》中都说过,所有的模仿艺术都是娱乐的玩意儿,它们不包含什么积极严肃的东西。因此诗人也就只能受到嘲笑。在《伊安篇》

---

① 关于柏拉图有关文艺的论著,参见《柏拉图文艺对话集》,人民文学出版社,1980。

中,柏拉图认为诗人的灵感来源于神明。既然荷马以及诵诗人伊安都没有任何军事知识,却可以栩栩如生地歌咏战争,没有鞋匠知识却能描写鞋匠,那么写诗和诵诗就不是凭借专门的知识智慧而是靠灵感。当诗人受到神出鬼没的催动诗兴大发时,他就像着了魔似的朗诵起来。诱人的诗篇来自缪斯花园里的淌着蜜水的溪流。离开神明的帮助,诗人就一无可为。与后来的浪漫派对灵感的推崇和向往不同,在柏拉图的意义上,诗人凭借灵感写诗并不是对诗的颂扬,而是对诗人及诗的批评。诗是神圣的迷狂意味着它不是认识,诗的性质是非理性的,诗的创作是被动的,对创作过程的探索和分析是超越人的理性极限的。所以诗不是科学,写诗不是理性的活动,诗人也没有什么主动性和自觉性,他在现象美的诱惑下,忘却了"理念"世界的真善美,不了解普遍和个别永恒和瞬息的不同,迷失在虚幻之中。

攻击艺术的第二点是从神学和政治学中推出的。理想国面临的任务之一,是对人,特别是青少年和城邦保卫者及统治者的教育。在理想国的结构中,最高的是哲学家式的统治者,其次是保卫者战士,最低的是农工商,"正义"就是所有的人都各安其位,形成一个和谐的有机整体。与此相应,人性结构中也有三个层次——理性、意志和情欲,它们分别对应于哲学家、战士、普通人。立足于统治秩序的德育就要强化理性、排拒情欲。但当时的文艺如荷马史诗、赫西俄德的《神谱》等,通通都不能促成他的教育理想。

从叙述内容来看,诗所呈现的不仅是不真实的、虚假的,而且是有害的。赫西俄德笔下的神相互勾心斗角,经常大打出手,用野蛮的方式争权夺利;在荷马的笔下,神和平常人一样,争吵、欺骗、陷害、哭泣、享乐、凶杀、奸淫、贪财等等,他对地狱的描绘会唤起人对死亡的恐惧;他多处描写的好人遭殃坏人得神速斩内容也不合乎道德。这些渎神的诗人不明白神是尽善尽美的,只能是美的原因而不是恶的原因;他们也不明白神不会改变形态,因为神比任何人和事物都更具有抵制外部侵蚀和影响的力量。神也不想改变形态,他的形态本身就是完美无缺的。如果诗人不顾这些,错误地把神（以及古代的英雄）和恶、不道德、有悖理性的行为联系在一起，那么诗人们就要承担蓄意丑化神的责任。这样的榜样绝不能培养年轻人的真诚、勇敢、节制，而只能把人引入歧途。

从接受效果来看，人的灵魂一部分受理性指导，一部分受欲念控制，前者是灵魂中的精华，后者是灵魂中的糟粕。正如出类拔萃的优秀人物总是少数一样，理性部分也是灵魂中的较小的部分。欲念受情感和冲动的支配，使人具有任性、放纵和随心所欲的倾向。而模仿诗人既然要讨好观众，就不会尽心尽力模仿人性中的理性成分，他会看重容易激动的感情和容易变化的性格，诗歌诉诸情绪也就是诉诸没有头脑的公民。悲剧的感情在剧中人物是感伤癖，在观众是哀怜癖，就是尽量哭泣一番、哀诉一番的"自然倾向"。喜剧的感情是本性中"诙谐的欲念"，将一些平时引以为耻的言行表演到喜剧里，不以为粗鄙反以为愉快。另外像性欲、愤恨之类本应让它们枯萎的非理性情绪，诗歌却灌输、滋养它们，摧毁理性的防线，像哭哭啼啼的小孩子和女人一样动摇我们的阳刚之气，削弱了人的判断力，使人在不自觉中丧失了可能需要用极大的努力才可能获得的符合理性原则的思维的行为。

从写作方法来看，柏拉图认为诗有三类，一是从头到尾都用模仿，像悲剧和喜剧；二是只有诗人在说话，像合唱队的颂歌；三是模仿和叙述的结合。他认为第三种最好，第一种最坏，因为一个人不能同时做许多事情，保卫者应全神贯注于国家安全，不应模仿别的事情，如果演戏者经常模仿坏人坏事和软弱的人事，其纯洁专一的性格就会受到伤害。

所以，柏拉图为他的理想国对诗人作了判决：除掉颂神的和赞美好人的诗歌外，不准一切诗歌闯入国境；准许保留的是这样的音乐：它能妥帖地模仿勇敢人的声调，或者是模仿和平时期的温和音调。柏拉图语气很强硬，不断使用诸如"命令"、"强迫"、"禁止"之类的字眼儿。要注意的是，柏拉图在此没有伤害美，美仍然是人性教育不可缺少的内容。驱逐诗人的目的就是要留下真正美的、善的艺术，使青年们天天耳濡目染优美的作品,身处四周健康有益的环境,形成融美于心灵的习惯。

从早期的《理想国》到后期的《法律篇》,柏拉图对文艺的态度经历了从清除到检查的转变。当然,《理想国》允许诗歌的辩护者为诗一辩,"我们很愿意听一听"。但其主旨毕竟是"禁止一切模仿性的诗进来"。《法律篇》的态度缓和一些,主张建立严格的审查制度而不是无条件地驱逐所有的诗人。也许柏拉图意识到《理想国》的纪律过于僵硬,哲学的胜利其实不在于取消对手的存在,而在于有效地控制诗的内容和发展趋势,恰如其分地评估诗的地位和作用。柏拉图后期认为,任何社会或任何个人,最大的胜利都不是战胜敌人而是战胜自己,这就是征服社会或个人灵魂中较好的成分而不是强制或驱逐较坏的成分,只有当征服伴随着协调一致时,它才是完全的胜利。社会或个人灵魂的各个成分之间的和平而非战争,才是最佳状态,而这是需要通过教育才能达到的社会和人性理想。儿童最初的生活经历是懂得快乐和痛苦,道德教育开始于学会对正常事物的苦乐感受,即爱其所当爱恨其所当恨,正确体验快乐和痛苦,达到心灵的和谐。诸神因为哀怜生来就注定要劳作终生的人类,曾定下节日欢庆的制度,使人们有所休息和放松,并把诗神阿波罗和酒神狄奥尼索斯派来人间参与节庆,使人们享受和谐与节奏的快感。柏拉图允许人们用合唱、舞蹈来欢庆,但他们唱的必须是好东西,舞的也必须是好东西。诗神有两种,"循规蹈矩"的能使人变好,"愉悦耳目"的能使人变坏,必须对之进行审查和鉴别。他建议在五十岁以上的人中选出专门的审查者,他们必须是受过最好的教育,兼备德智勇,不惧公众的喊叫,能够敌视一切迎合观众趣味的勾当。最高尚的剧本只有凭真正的法律才能达到完善,一个城邦如果不经检查就上演剧目,这个城邦就是发了疯。一个优秀的立法者必须为文艺制定法律。

与《理想国》相比,《法律篇》的特点是柏拉图承认感情与艺术也可以是合理的存在,在儿童的心灵还不能接受其他教育方式之前,用一些引人入胜的歌调,以游戏的方式来培养和谐,使快感和正义不相分离,这是必须的一个过程。但是,柏拉图并未根本改变《理想国》的观念,《法律篇》有一个比喻,看护人交待病人,既给他有营养的饮食,也给他没有营养的饮食,目的是为了使病人爱好前一种而厌恶后一种。音乐之于道德教育,就像是用一种不好的饮食来引起对好的饮食的爱好一样。这是一种退而求其次、不得已而为之的做法,柏拉图以牺牲美学方面为代价解决了诗与哲学(伦理学)的争论。

攻击艺术而成为美学之父,这不是后人对柏拉图的误读。柏拉图的攻击不是没有矛盾的:既然艺术是模仿的模仿,不但远离真实,而且软弱无力,那么它何以又成为至高无上的理性的危险的敌人,以至于柏拉图如此大动干戈?这一点涉及理性哲学的起源问题。在一定意义上,哲学是对此前已经登上舞台的诗歌的反映,只有把荷马赶下台,苏格拉底和柏拉图才能成为希腊人的导师。如果把他的观点从其理论语境中剥离出来,就不难发现,柏拉图发现了模仿论艺术观的一个重大误区:既然艺术是对自然的模仿,那么,它的价值和性质就不为艺术作品所具有,而是它所模仿的事物的寄生物,模仿论的艺术观实际上取消了艺术的独立性。而一旦艺术没有独立品格,那么艺术家模仿那些人人都知道的事物的形状,提供这些我们早已熟悉的东西的复制品,又有什么意义?如果模仿取决于原物,我们对艺术品的反应和评价就无异于我们对那些不属于艺术的原物的反应和评价。这样,凡是对人的性格和心灵发展有不良影响的事物——如柏拉图说的那些——一旦出现在艺术中,就会对人的性格和心灵产生好的影响。模仿论总是把我们对艺术问题的讨论引向对它模仿的原物的讨论,而忽略了艺术自身,把模仿论严格地推演下去,艺术就没有存在的价值和发展。柏拉图诚然严厉,但他对诗的为难却是任何一种艺术理论不能回避的;另一方面,柏拉图从来不乏后继者,在科学昌明的现代,多数人尤其不相信艺术具有真理性;至于艺术煽动情欲的罪名,更是致力于社会稳定的政治家们乐意为文艺戴上的。无论是正面还是反面,柏拉图都一举敲定了美学的主题。

二、中古：奥古斯丁的忏悔

罗马时代末期的奥古斯丁是拉丁世界的基督教的第一位教父，这位早期放荡、后期虔诚的奇异人物，对艺术有大量思考，一方面提出了许多有关艺术的美学问题，另一方面对艺术作了新的指控和揭露。这两者之间很难贯通，而且也不能用前后期的变化来说明，由此可见，艺术的哲学解释是很难完美的。

奥古斯丁的《忏悔录》差不多是一篇对艺术的诉讼状。他不堪回首地叙述了自己的情天欲海的青年时期阅读荷马和维吉尔的情形：为狄多的香消玉殒、以剑自刎而流泪；为木马腹中藏着的战士、火烧特洛伊城而感到津津有味；为"优庇特把金雨落在达那埃杯中，迷惑这妇人"的壁画而想得情迷神醉。确实，他有过一个拥有非凡感性体验力的青年时代。奥古斯丁告诉我们，他年轻时曾极喜欢去竞技场看狗逐兔子；他的眼睛对美丽的形象和鲜艳的色彩非常向往；他的嗅觉特别灵敏，即使百合花和紫罗兰不在眼前，也能分辨出它们的香味。那也是一个情欲放荡的时期，17岁时，他就被烟酒和情人团团围住，担心没有一个女人的拥抱，生活太痛苦了。

但是，终于有一天，奥古斯丁读到《圣经》中的《罗马书》：不可耽于饮食，不可好色淫荡，不可竞争嫉妒，总要爱戴主耶稣基督，勿纵肉体私欲。仿佛一道恬静的光，他感到阴霾散尽，自觉被上帝接纳——这是386年的事。在《独语录》中，他有一段和理性的对话：

理：现在你想知道什么？
奥：我祈祷的一切事情。
理：请简单地总结一下。
奥：我渴望知道上帝的灵魂。

理：再没有别的了吗？

奥：绝对没有了。①

浪子回头金不换。此后，奥古斯丁选择了一种极端的禁欲生活。与拒绝一切声色货利一样，他也痛心地忏悔自己想念了亚里士多德和西塞罗的话，满脑子都是物质的幻影和"美的罗网"；还有比这个不知可怜自己的可怜人，只知哭狄多的殉情而不知哭自己，因不爱天主、不爱心灵的光明、不爱灵魂的食粮、不爱孕育人精神思想的力量而死亡的人更可怜的吗？他终于从深渊中觉悟，所有低级的美、所有的世俗艺术都不能使灵魂干净，都不能使人接近上帝；它们也不能培养人的美德，而是加重了邪恶的力量，使人堕落；那些献身于所谓文艺的人，与其说是自由的，不如说是奴仆。作为否定一切尘世、感性的一个方面，奥古斯丁全面否定了艺术：

第1卷13节：诗歌是虚妄的。诗人是想入非非的编造者，谁能体会角色的身份，用最适当的词句模仿出哀愤的情绪，他就是高才。诗歌是装在贵重精致的容器中的毒酒，使人更加荒淫无度，而绝不会得到真正有用的知识和快乐。荷马是一个迷人的小说家，把神写成无恶不作的人，使罪恶不再成为罪恶，使人犯罪作恶还自以为是取法于天上的神灵；铁伦提乌斯笔下的青年在吟咏"金雨、杯中、迷惑、天宫"的词句时干着风流勾当。

第3卷2节：戏剧只是为了满足人的好奇心。人们愿意看自己不愿遭遇的悲惨故事而伤心，这究竟为了什么？一个人愿意看戏引起悲痛，而这悲痛就作为他的乐趣。这岂非一种可怜的病态？一个人越不能摆脱这些情感，越容易被它感动。一个人自身受苦，人们说他不幸；如果同情别人的痛苦，便说这人有恻隐之心。但对于虚构的

---

① 奥古斯丁：《独语录》，9页，上海社会科学院出版社，1997。

戏剧，恻隐之心究竟是什么？戏剧并不鼓励观众帮助别人，不过引逗观众的伤心，观众越感到伤心，编剧者越能受到赞赏。如果看了历史上的或竟是捕风捉影的悲剧而毫不动情，那就败兴出场，批语指摘；假如能感到回肠荡气，便看得津津有味，自觉高兴。淫猥的怜悯使观众假作多情地欣赏自己虚伪的同情与忧伤，我们关心的不是现实生活中的被斥夺者和穷苦人，而是舞台上罪孽深重的情侣和罪恶昭彰的歹徒。看戏是肮脏的疥癣和空虚无聊，如果人类的子孙只以荷马和罗马剧作家描绘的众神为榜样，他们就会沉入深渊。至于戏剧演员，是和角斗士、骑手、妓女同一等级的。

第10卷33节：声音之娱本来紧紧地包围着我，控制着我——这些歌曲是以你的言语为灵魂，本应在我的心中占有比较特殊的席位，但我往往不能给它们适当的位置……我们内心的各式情感，在抑扬起伏的歌声中找到了适合看书的音调，被一种难以形容的和谐而荡漾。惟其如此，人们往往把乐曲置于"神圣的歌词"之上。人身的感觉本应该伴着理智，驯顺地随从理智，仅因理智的领导而被接纳，但在音乐中却反客为主地超过理智而自为领导，在不知不觉中犯了错误。

第10卷34节：绘画无所不至地俘虏着我：每天只要我醒着，它们便挑逗我，不让我有片刻的安宁。白天，不论我走到哪里，彩色之王、光华灿烂浸润我们所睹的一切，即使我另有所思，也不断用各种形色向我倾注而抚摩着我，具有极大的渗透力，使我经常失足。人们刘衣、履、器物以及图像等类，用各种技巧修饰得百般工妙，只求悦目，却远远越出了朴素而实用的范围，更违反了虔肃的意义，他们劳神外物，钻研自己的制作，心中却抛却了自身的创造者，摧毁了创造者在自己身上的工程。①

---

① 参见奥古斯丁：《忏悔录》，商务印书馆，1981。

以自身经验为起点，以宗教伦理为标准，奥古斯丁认为必须杜绝世俗艺术，设立审查制度。在他看来，只有《圣经》中才有自由的文艺，《圣经》应该取代人们对渎神的神话诗、演说家漂亮的诺言以及难以捉摸的哲学思考。至于音乐，要采用相传亚历山大里亚城主教阿塔那西乌斯所采用的方式比较妥善，用这种方式咏唱诗篇，声调极少变化，是歌唱，更近乎朗诵，具有严肃的目的。

　　奥古斯丁是一个对美有着巨大热情的人，美和上帝一体，"除了美，我们能爱什么？"他的忏悔有一种悖论性质：艺术对人性有如此巨大的吸引力，上帝的光学如何能驱散阴霾？这是一场灵魂的格斗。一直到奥古斯丁时代，西方文化中的"美"基本上是柏拉图式的价值论概论，是超验本体、至上存在的光辉和显现；而"艺术"则与事物的外观、与人的感性欲望密不可分。基督教封闭了向外的视线，要人转回内心，沉思自己的灵魂。如果说柏拉图还看重对自然与世界的认识，看重艺术的真理性的话，那么奥古斯丁过分强烈的救赎愿望使他关注的只是艺术的伦理价值，他念念不忘的是艺术是否有助于人与上帝的接近。既然艺术只是使人沉迷于情天恨海之中，那么无论它多么为人喜爱，在宗教/伦理的意义上，它也毫无价值，不应当存在。奥古斯丁把柏拉图与基督教原则结合起来，既简化了也强化了柏拉图对艺术的攻击，奠定了中世纪艺术的基本思路。

　　然而，与柏拉图不同，奥古斯丁不是在为统治者设计治国方案，他对艺术的攻击不但是基于个人生命的反省，也确实启示了哲学、艺术之外的另一种价值。否定了世俗艺术之后，他获得了对上帝之美的真正感受。在人性的各种潜能和要求都有了极大的伸张的现代社会，绝大多数人都满足于此世人间，不过我们仍然可以理解，作为一种个人选择，奥古斯丁的观点无可厚非。问题只是在于，如果中世纪对人性的约束过于严酷，是人性劣质和人类困境的无奈反映的话，那么现代社会对艺术的各种规范和管理，都更多的是一种柏拉图式的统治秩序，它不但在实际上伤害了艺术，也抑制了人性。与奥古斯丁相反的立场，不是要不要艺术，而是人性要不要自由？自由的人可以让上帝死亡，也可以像奥古斯丁一样"渴望知道上帝的灵魂"。

三、近代：卢梭的批判

18世纪的启蒙领袖狄德罗在描述了人类各种自然情感后声明："我不说这些是好风尚，可是我认为这些风尚是有诗意的。"①他只是从审美上主张强烈的、野蛮的气魄，他的战友和对手卢梭则更进一步，干脆认定自然感情就是良风美俗。

卢梭没有系统的美学，但通过对艺术与道德关系的诘问，他比任何其他同时代的美学家都更深远地影响、改变了文艺的流向。在这方面，他既是柏拉图、奥古斯丁的有力回响，又是后世各种美学的自觉先驱。

启蒙主义普遍看重文艺尤其是戏剧的教化作用。伏尔泰认为戏剧能够给予青年以最好的教育，是劳动之后最好的休息，是使人类合群的唯一方式。孟德斯鸠在《波斯人信札》中认为戏剧能"猛烈地震动我们"，并反对禁欲主义者严禁我们涉足剧场，更足以使人想念音乐对心灵所具有的那种魔力；狄德罗则认为戏剧是"美德的学校"；针对日内瓦禁止演剧的规定，达兰贝尔在百科全书的"日内瓦"条目中专门建议设剧院。

只有卢梭是例外。在第一本书《论科学与艺术》②中，他以原始社会与文明社会、野蛮人与文明人、雅典与斯巴达的对立为方法，对文明展开了一次伟大的控诉。在艺术陶冶我们的行为和引导我们矫情饰性之前，我们的道德是朴素而自然的，我们是自由的、安全的、听从本性的、相互理解的。而随艺术与科学而来的却是各种繁文缛节、风俗习惯，它们滋生着奴

---

① 狄德罗：《论戏剧诗》(徐继曾等译)，见《狄德罗美学论文选》，206页，人民文学出版社，1984。

② 参见卢梭：《论科学与艺术》(何兆武译)，商务印书馆，1997。

性、猜忌、恐惧、虚伪、仇恨与背叛,使人类的生活变得枯燥乏味、千篇一律,并泯灭他们自由而自然的声音。一个健全的社会性是不需要装饰的,正像健康强壮的人显示在劳动者的粗布衣服下面,而不是显示在一个佞幸者的穿戴下面。艺术不是产生于需要,而是产生于奢侈。卢梭设问:我们公园里装饰着雕像,画廊里陈列着图画,但这些博得大家赞赏的杰作表现的是什么呢?是捍卫祖国的伟大人物呢,还是以自己的德行丰富了祖国的伟大人物呢?都不是。那是各种各样颠倒歪曲了的心灵和理智的形象,是煞费苦心地从古代神话里挑选出来专供孩子们好奇消遣用的。懒惰和虚荣是奢侈的根源,而风俗的凌夷则是奢侈的必然后果,科学与艺术的完善导致人心的腐化变质。比如埃及,是一个诞生了哲学与美术的国家,但在此之后不久就成为侵略者的战利品;比如古罗马,自从学者出现之后,好人就不见了,只要有了物理学家、化学家、诗人、画家、音乐家,就再也没有公民了。艺术从游手好闲中产生,更助长了游手好闲,人们不谈美德和教化,只谈金钱和买卖,终于勇敢削弱、美德丧失、趣味败坏、心灵腐化、风尚解体、信仰崩溃,许多盛极一时的国家,都是由于艺术的繁荣而陷入衰败的。

挑战文明、惊世骇俗,是卢梭一以贯之的特性。1758 年,针对达兰贝尔在日内瓦设立剧院的提议,卢梭在《致达兰贝尔》中,断言戏剧只能败坏日内瓦的良风美俗,破坏公民道德。如果说《论科学与艺术》是从文明的二律背反、从社会发展有内在矛盾来批判艺术的话,那么《致达兰贝尔》则是从戏剧的内容及其社会效果出发批判艺术。

在简单地盘算了剧院的经济负担后,卢梭主要从社会—道德上分析剧院的不良后果。从历史上看,剧院就不是好东西。一个雅典人在剧院中找不到坐位,遭到满场雅典青年的怪声嘲笑。斯巴达使者见到这一情景,立即起身把老人迎上贵宾席。在卢梭看来,雅典放逐许多伟人,处死苏格拉底,都是在剧院中准备的。其次,为供养剧院而增加的税额是邪恶的税额,它不仅不能流回到主权者的手中,更因为它分配不均,剧院加重

了穷人的负担,却使富人得到更为奢侈的娱乐。何以至此?卢梭为我们一一道来:

编剧:传统诗学比如亚里士多德的"净化"说主张为了净化激情就要先唤起激情,剧作家为了满足观众趣味,常常用讨厌的激情来加强其他的激情,似乎一个人要审慎和理智首先就必须发疯,其结果是,唯一可以净化激情的理性在舞台上毫无用武之地,没有描写的真实,只有幻想。

演员:演员的职业首先是一种交易,演员为了钱而演出,甘愿当众受辱。在这个过程中,别人花钱买得了获取他的权力,给他的人格标上价码。表演只是为了造假,或者把骗人的技能变成职业,必然带来对雇主的逆来顺受、下贱、欺骗、出卖色相等放荡和败坏。

演艺:这是一种伪造术,一种把他人性格置于自己性格之上的艺术,一种表现与己不同的艺术,一种以冷血演激情的艺术,一种他从未思考过却又好像他确实想过的语言艺术,一种遗忘自己置身何处又代之以他人身份的艺术。

舞台:舞台上没有对客观事物的真实描写,全是充满歪曲和夸张,如悲剧人物被夸张在一般人的水平之上,喜剧人物在一般人之下。在那里上演的一切,不是把我们拉得越来越近,而是制造一个更大的间隔。

观众:人们常以为演戏可以把人团聚到一起,其实完全相反,正是在剧院里聚会者被孤立,它把人们关在一个黑暗的洞穴里,使他们在静寂不动中保持恐惧和僵硬,给他们看的只是各种监禁、长矛、士兵、苦役、不平等以及种种折磨人的画面。除了自我禁锢、自设监狱外,一无所有。在那里谁都忘记了自己的朋友、邻居、亲戚,只一心迷醉于荒诞不经的故事。特别是那些女观众,太太和小姐们在包厢里尽可能展示她们的风姿,就好像在商店的橱窗里等待买主;如果舞台曾经有过什么道德教化,那么这些课程一到更衣室就被迅速遗忘了。

剧院:剧院将大大强化那些正控制着我们的情欲,在剧院里所感到的那种不间断的冲动,刺激着我们,削弱着我们,舔食着我们,这种没有生育能力的道德效果,仅仅满足我们的虚荣,而不能促进我们的实践。①

卢梭对作为当时巴黎艺术象征的高乃依、拉辛、莫里哀通通不满,其中尤以最伟大的喜剧家莫里哀为坏。在莫里哀的《厌世者》中,诚实的人只会废话连篇,行为不端的人则只做不说,而且常常成绩斐然,值得新生的人往往很少博得掌声,唯一的英雄阿尔采斯特被写得滑稽可笑。如此造成的效果就是让人嘲笑善良和朴实,同情狡猾与虚伪。莫里哀确实取得了喜剧效果,而他本人却陷入悲剧效果:他被观众剥夺了,在笑声中剥夺了他自己。至于那些欢笑中的观众,也好不了多少,舞台上的故事实际上是观众现实生活的一部分,生活被搬到舞台上,观众从现实参与者变成被动观赏者,演员由被动观赏变为模拟参与,观众和演员变换了位置,这是典型的异化和颠倒。舞台成为插进生活与生活者之间的楔子,是制造间隔的异己物。剧中当然也有道德说教,但它教会人们的不是道德,而是道德游戏,剧院集中了生活中严肃的道德内容,却把它稀释为哭声、笑声、欷歔声,用这些道德的廉价代用品代替道德主体的亲身实践,这种道德气氛是虚假的,是对剧院外的道德生活的最大亵渎。卢梭甚至指控莫里哀动摇了整个社会制度,无耻地破坏了作为整个制度基础的一切神圣关系,使令人尊敬的东西成为笑柄。莫里哀确实引人发笑,也因此更加有罪,使深明事理的人也由于不可抗拒的诱惑而卷进必然引起愤怒的恶毒玩笑之中。这样的戏剧也许适合堕落的巴黎人,却会腐蚀纯洁的日内瓦人。

卢梭仍然没有超出柏拉图主义:戏剧(包括其他文艺)不是什么道德

---

① 参见卢梭:《论戏剧——致达兰贝尔》(王子野译),三联书店,1991。

学校，不是什么正当的娱乐，而是社会风气和道德水准下降的罪恶的渊薮；理想的社会是斯巴达和古罗马，而不是为人景仰的雅典。柏拉图以哲学之名放逐艺术，奥古斯丁以上帝之名而谴责艺术，卢梭则以自然之名批判衰颓腐败的文明化生活及与之相应的文艺。《爱弥尔》要求在社会（在当时就是巴黎）之外对儿童实施教育，因为只有这样，他才能在唯一真实的意义上，为着社会而受教育。卢梭比任何其他人都更清楚地鉴别了人的假面和本色，他召唤人们从习俗和理性这类异化的文明体制中解放出来，从而彻底更新了人类的自我认识。从崇尚宫廷到崇尚自然，从理性崇拜，从模仿现实到表现自我，卢梭把艺术逼向了浪漫主义，推进了从18世纪中期英国感伤主义开始的这一全欧性浩荡思潮，集中了新的时代精神。人类情感所固有的创造性作用包括直觉、自发性、本能、热情、意志和欲望等等，它们长期以来为古典主义和启蒙运动的主潮所忽视或低估，解放它们有助于给人性应有的权利。现代艺术在许多方面应归功于强调人类感情的正当性并探索人的梦境和幻想的神秘境界的浪漫主义。

四、诗的反抗

思想的历程就是提出问题的历程，思想史就是问答史。柏拉图、奥古斯丁、卢梭以否定的方式提出了美学的千古难题：艺术有什么存在价值？人类有什么理由需要艺术？无论是他们自己还是文明人类都应当感到幸运的是，他们并不孤独，每次发问都有回答。我们看到，柏拉图在《理想国》中为艺术家描绘的形象，与阿里斯托芬在《云》中描绘的哲学家的形象差不多。这就是说，在艺术家看来，哲学家才是不与实在接触的人。哲学对艺术的剥夺，艺术对哲学的厌恶，贯穿整个文化史。亚里士多德的意义在于：他是第一个从哲学立场为艺术辩护的人。

亚里士多德接受了柏拉图对模仿论的挑战，通过重新解释了模仿而论证了艺术自身的真理性与伦理性。① "模仿论"原则上要求模仿者与被模仿之间的相像,以至于它与原物虽不是同一个东西,但又能创造出一种幻觉,使模仿者看上去与原物一样。这就是说,它总是通过把作品与作品之外的东西相比较而作出作品好坏的判断,是一种与作品内在结构几乎无关的"他律"的艺术观。亚里士多德意义上的模仿,是一种具有创造性的活动。诗人模仿的东西,并不是真实发生的事情或事物,而是可能发生或出现的某一类事物。所谓可能的,就不是现实的,而是指某一种人,按照或然率或必然率,会说的话,会做的事。这一理解极端重要:

第一,"可能的"意味着普遍性。历史记载的是个别的诗却倾向于表现带普遍性的事。它既不是对所谓抽象普遍的模仿,也不是个别事物真实存在的复制,而是透过现象发现本质和内涵,通过个别的东西表现普遍的东西,这就是人在一般情况下所做的事情。刻画性格就像组合事件一样,必须始终求其符合必然或或然的原则,诗的任务不是去描述已经发生的那些偶然事件,而是要提示按事物的内在规律应当发生的事,虽然在事实上这样的事也许还没有发生。这就是亚里士多德为什么要强调美的整体性的原因,只有排除偶然的、不合情理的东西,使头、身、尾三部分由内在联系构成一个整体,这样才能表现出事物发展的必然性。一个使用真人的名字作为剧中人的历史剧之所以看上去是可信的,那是因为观众想这事真的发生过;而一件偶然的事虽然确实发生了,但在某种意义上却不一定是可能的,亚里士多德认为一个真正的诗人有权利也应该对这类偶然的却不是必然的事加以改变,使之成为某种更加可能的事。

第二,"可能性"意味着理想性。诗人或画家的模仿,可以是过去的或当今的事,也可以是传说或设想中的事,还可以是应当有的事。亚里士多德推崇的是最后一种,他认为艺术可以不拘泥于事实而把事物适当地理想化,模仿应当考虑到艺术的需要。他推崇《奥德赛》在俄底修斯搁置在

---

① 参见亚里士多德:《诗学》(陈中梅译注),商务印书馆,1996。

海滩一节中,荷马用技巧加以美化,掩盖了事情的荒唐。在绘画中,珀鲁格诺托斯描绘的人物比一般人好,泡宋的人物比一般人差,狄俄努西俄斯的人物则与普通人一样;荷马史诗描述的人物比一般人好;克勒俄丰的人物同普通人一样;赫革蒙的人物却比一般人差。艺术的本义是使自然改变自身的特性,是贬低或颂扬人:这是一种纠正性的模仿,是一种移植。

第三,"可能性"意味着作品需要的内在性。模仿者之所以可以与被模仿者不同,在于艺术有其独立于现实之外的审美标准。模仿并不服从艺术作品之外的事物的规定性,艺术家可以在作品中改变所谓"真实"的东西以再现现实事物,使之满足于艺术作品本身的内在需要——如前后一致、完整性、统一性、合情合理等等。总之,模仿的标准不是模仿对象的真实性,而是作品的内在需要。一件作品是否模仿了现实,根据不在于它外部的或客观的标准,而是看上去可信的东西,即是否能在作品中成立。

第四,"可能性"说到底是"可信性"。模仿的标准由外而内,但艺术与现实的关系却并未因此而疏离。我们在作品中觉得可能的事,取决于我们相信它在现实中有可能发生,作品中的可能仍然间接地反映了世界上真实发生的事件的进程和逻辑。亚里士多德的潜在含义是,虽然模仿依赖于现实,却并不等于诗人脱离了现实就是错误的。创造的世界要依托于现实世界,这一事实不能反过来成为限制艺术创造的清规戒律。相反,正是由于模仿的普遍性、理想性、内在性,模仿过程才是积极的、主动的,它的产品才不是现实中的那张床的照搬,而是经过改造转化的审美产品;模仿才不是对现实的抄录、复制,而是对现实的解释和再现。也正是在这个意义上,亚里士多德才说诗比历史更有哲学性、更被严肃地对待。

亚里士多德以"再现"释"模仿",强调艺术自身即具有真理性,模仿可以使人得到普遍性知识。《尼各马科伦理学》第6卷中说艺术和具有真理性的创造品质是一回事,是一项严肃的活动,当然也就具有伦理的价值。亚里士多德承认诗是激发感情的,但他在柏拉图止步的地方向前作心理分析,一个背上这种情感重负的心灵是不能适应实际生活的,但他可以在观看悲剧时得到释放。这就是悲剧的"净化"功能。柏拉图是严肃的、理性的,他要按原则办事;亚里士多德也是理性的,但同时是经验的,他尊重人性多方面的要求,不以理性之名来取消各种非理性的情绪。《修辞术》第 2 卷认为恐惧是"某种痛苦和不安"的感情,它的产生和存在是天生的,但它的表现和宣泄却是可以控制和调节的。《尼各马科伦理学》第 2 卷认为,像恐惧、勇敢、欲望、愤怒和怜悯这类情感,有过度、不及、中间三种程度,重要的不是像柏拉图所说的绝对压制,而应该通过某种途径把过度的部分宣泄出去,使之达到中间状态。该书的第 7 卷就提出通过一些治疗手段使人体恢复失去的平衡。《政治学》第 8 卷中他把"净化"和音乐联系了起来,他认为旋律又分为道德情操型、行为型和激发型三种,都可以在不同场合采用。由于有些人的灵魂之中有着强烈的感情,如怜悯和恐惧等,很容易产生狂热的冲动。在演奏神圣庄严的乐曲之际,只要这些乐曲使用了振奋灵魂的旋律,这些人就如疯狂一样不能自制,仿佛得到了医治和净化,在某种程度上感到舒畅和松快。所以,亚里士多德主张音乐应以教育和净化为目的,使那些"偏离了自然状态的灵魂"趋于中间状态。

在《政治学》第 8 章中,亚里士多德特意加注说:"净化"一词的含义,此处不作规定,以后在讨论诗学时再详加分析。可惜得很,现存的《诗学》也只是提了一下而未详加分析。顺着他的音乐净化激情的思路,可以推断,他认为引发了怜悯和恐惧两种情感,这不是悲剧的罪过而恰恰是悲剧的作用,引导这种感情比盲目地反对好,适当地宣泄比简单地堵塞好。关键是,这两种感情并不是悲剧制造出来的,表现这些感情也不是为了崇扬、强化它们,而是要把它们疏导出去,使暴风雨般的激动趋向平衡。这里有三点必须注意,一是《政治学》中激发性的音乐区别于道德情操型的和行为型的音乐,这足以说明"净化"不是道德描述。二是悲剧的目的从属于快乐,但"净化"产生的快乐是一种特殊的快乐,其中包含着痛感,不同于单纯的舒适和娱乐。三是"净化"有清除的意思,但不是清除其中的低级因素,更不是全部清除,而是只要它们过度,就清除它们。

关于艺术的效果,古希腊传统有两派,一重道德教育,一重快感,"净化"则把它们统一起来,宣泄感情的同时也陶冶性情,使自然的、本能的人向社会的、道德的人过渡。人并非完全是理性的,他的性格中还存在着一个绝不能消除或忽视的情欲成分。有德的人允许非理性的情欲,冲动得到适当的位置,并使它们与他的理性计划保持和谐,避免冲突。所以美德应当瞄准处于完全的压抑与完全的放纵之间的感情的中间状态。当人们避免极端的行为或能理智地采取适度的方式时,他就能获得美德和幸福。艺术为社会提供了一种无害的、公众乐于接受的、能够调节生理和心态的途径。

艺术通过亚里士多德找到了一位最清醒、最周延的辩护师。很难设想,在柏拉图的凌厉的攻势面前,没有亚里士多德,艺术在美学理论上会是怎样的一幅面貌,在历史上是否能充分发展起来。

奥古斯丁不同于柏拉图的特点在于他的宗教情怀,他没有直接的回应者。但文艺复兴把人从上帝的压迫下解放出来,通过艺术与宗教的分离而肯定了艺术的独立价值,这客观上就是对他的回答。有一个传说,在古罗马的废墟上,"第一位现代人"诗人彼特拉克在收集各种勋章和硬币,他为古典美的远去而悲泣,为荷马史诗而狂喜;建筑师布鲁内莱斯基在为任何可以复原的建筑物绘制明细图,以恢复简朴、庄重和均衡的建筑所拥有的那种真正的古代风格;画家乔托正在描绘田野的羊群,而不是捧读《圣经》。他们体现了文艺复兴时代对失去的黄金时代的艺术的敏感,对自然形式的魅力的热忱。这是一个人性中审美意识壮丽恢复的时代。艺术独立的背后,是人性世界的丰富扩展。如果人不是"风中灯",不是"糟朽的独木舟",那么,他就有权享受一切美好的东西,艺术就是人生中有价值的东西。皮科·德拉·米兰多拉说,在创造日的最末一天,上帝造了人,要他认识宇宙的规律,学会热爱它的美,为它的伟大而惊异。接着这一句话,另一位名人博尔贾说,除了对艺术的爱、对精神事物的爱、对自己喜欢的东西的爱,这个世界就再没有什么伟大的东西了。

文艺复兴时期是对艺术怀有浓烈热情的时代，从中诞生了大量诗学著作，仅朱光潜在《西方美学史》中开列的就有：维达（Vida）的《论诗艺》（1527）、屈理什诺（Trissino）的《诗学》（1529）、丹尼厄罗（Daniello）的《诗学》（1536）、斯卡里格（Scaliger）的《诗学》（1561）、明屠尔诺（Minturno）的《论诗艺》(1564)等等。如同奥古斯丁对艺术的攻击理论上没有超过柏拉图一样，文艺复兴时期的诗学也没有超过亚里士多德。其中最重要的是英国诗人锡德尼的《为诗一辩》（1595）一书。针对清教徒作家高森的《骗人学校》一书，锡德尼详尽地申论了亚里士多德的观点，明确认为诗创造"比自然更好的事物"，比哲学和历史更好地导人向善。两个多世纪后，当英国作家皮科克以科学的名义再度攻击诗歌时，诗人雪莱《诗之辩护》一文也基本上没有超过锡德尼的观点。

卢梭刺耳的批判提出了艺术对人类究竟有没有意义的问题。有代表性的回应是由德国诗人席勒作出的。与卢梭一样，席勒对现代社会文化也持尖锐的批判立场。确实，社会/政治领域的一切病症都源自人性的腐败和文明的危机，但解决文明与人性的二律背反不是靠否定文明、禁绝艺术，而要靠健康的、优美的艺术，审美是建立自由王国的必由之路。他的《审美教育书简》第10章就是从这个问题开始而提出自己的新思路的。[①] 席勒认为，柏拉图放逐诗歌是因为他从未感受过美的好处而对事实视而不见（这当然不符合事实）；而卢梭的批判比较复杂，因为席勒也承认，几乎在每个艺术昌盛、趣味得势的时期，我们都看到人类的沉沦。趣味和自由各自分离，美的统治建立在英雄美德的沦丧之上，经验表明，国家的繁荣与艺术的兴盛并不是同时发生的，政治的自由与审美修养的高度发达也不是携手并进的。卢梭提出了一个真问题，但不能通过返回自然来解决。在《论素朴的诗和感伤的诗》中，[②]席勒认为卢梭严肃的性格虽然始终

---

① 参见席勒：《审美教育书简》，北京大学出版社，1985。
② 参见席勒：《论素朴的诗与感伤的诗》，见《缪灵珠美学译文集》，第2卷，中国人民大学出版社，1987。

不让他陷入轻浮,但同样也不让他飞到诗的游戏境界,卢梭从未达到过审美的自由,面对文明与人性的矛盾,他宁愿把人性带回到枯燥和单调的原始状态,却不想通过彻底完成文化的和谐来结束这一斗争;他宁肯完全不让艺术萌生,也不愿等待艺术的完成;他宁肯把目标放低,并降低理想,以便更迅速、更安全地达到目标和理想。

在席勒前后,康德、黑格尔以非论辩的方式回应了诗与哲学的古老冲突。在康德看来,审美是无利害的、非功利的,艺术离开了需要和目的的天地,它的价值在其无价值;在黑格尔看来,艺术作为绝对理念的一个阶段,它的使命在于过渡到哲学,使哲学成为可能。前者使艺术认识论化,后者使哲学成为哲学的一个阶段,如果不是席勒(包括歌德),德国古典美学差不多就是柏拉图志业的完成。承康德而来,席勒美学不可避免地具有先验论特质,但他使人类对艺术的利用成为可能。人的理想是感性与理性的统一、情感与伦理的统一,但现实的人性只是片面的存在,人还不是真正的人。同样,为卢梭所反对的艺术,美也不是真正的艺术美,在那些起了坏作用的美之外,还有一种美的概念,它的本源不是经验,而是理性、理想。席勒坚持认为,经验不是判决这一问题的法庭,它所指给我们的只是个别人的个别状态,如果我们从人的各式各样个体的和可变的现象中发现对的和永恒的东西,通过抛弃一切偶然的局限来获得关于人的生存的各种必然条件,我们就可以从人的感性与理性兼而有之的天性中推论出美的概念。柏拉图和卢梭之所以攻击艺术,是因为他们局限于现实的人性状态和艺术现象,没有上升到人性和艺术本应具有的理想境界。仅就他们对艺术现有的堕落状态的攻击来说,席勒并无不同意见,他要强调的是,真正的艺术并不必然是现在这个样子。

通过对人性的先验分析来获得关于艺术和美的"纯理性概念",是席勒美学的主要使命,而论证美的"纯理性概念",也就是论述了为什么艺术能够促进感性与理性的和谐。

第一,审美活动是人性中各种能力的协调。从纯粹的人的概念出发,席勒在人身上抽象地分辨出两个因素，一是持久不变的"人格"，二是经常变化的"状态"。"人格"是人之为人的本质规定，是自我、绝对主体、形式、理性；"状态"是人的现实存在，是现象、内容、感性，这两种因素在绝对存在也即在理想的人那里是同一的，但在有限的存在即具体的人那里则永远是分离的。所以具体的人就有两种要求、两种冲动，发自"状态"的感性冲动要求变化、实在性，把必然变为现实，使人变成物；发自"人格"的形式冲动要求永恒性、绝对性，使现实服从必然，在状态千变万化的情况下保持人的人格。前者是感性需要，后者是理性规则。从理论上讲，感性冲动固然要求变化，但这种变化并不要求扩展到人格及其领域，它并不要求变换原则；形式冲动固然要求一体性和保持恒定，但它并不要求状态也固定不变，并不要求感觉同一，所以它们各有范围而并不相互对立。而之所以出现对立或看起来是对立的，那是由于它们各自违背天性误解自己，越界扰乱了各自的范围。文明的任务就是监视这两种冲动，确定各自的范围，将感性和理性两种能力协调起来，将无限世界现象都吸收进来而又保持自己最高的独立自主，将存在的最大丰富和形式的最大自由结合在一起。

那么如何才能实现感性与理性的和谐统一？席勒发现了一个可以把这两种冲动结合在一起的冲动，使人能够同时既意识到自己的自由，又感觉到自己的存在；既感觉到自己是物质，又认识到自己是精神，这就是游戏冲动。如果说感性冲动要求被规定，它要感受自己的对象；形式冲动要求自己规定，它要创造自己的对象，那么，游戏冲动则力争这样来感受，就像自己创造一样；力争要这样来创造，就像感官在感受一样；如果说，感性冲动从自己的主体中排除了主动性和自由，形式冲动从自己的主体中排除了一切信赖性和被动性，前者是自然的必然性，后者是道德的必然性，那么，游戏冲动则把两者结合在一起，既扬弃了一切偶然性，又扬弃了一切必然性，使人在自然方面也在道德方面获得自由。比如我们怀着情欲拥抱一个理应鄙视的人，我们痛苦地感到自然的强制；当我们敌视一个我们不得不尊敬的人，我们又会痛苦地感到理性的强制。但游戏冲动可以同时从两方面强制人心,以此来扬弃强制,比如一个人既赢得我们的爱又博得我们的敬,感觉的强迫和理性的强迫就都消失了。

从对象上看,感性冲动的对象是最广义的"生活",即一切物质的存在和一切直接呈现在感官中的东西;形式冲动的对象是"形象",包括事物的一切形式的性质和它们对思维能力的一切关系;而游戏冲动的对象则是"活的形象"。席勒认为,这个概念指的是现象中的一切审美的性质,就是最广义的美。人不只是物质也不只是精神,"游戏冲动"这个概念所要表达的,是一切在主观上和客观上并非偶然,然而内在、外在都没有受到强迫的东西。生活受需要的支配,形象受规律的支配,都不是真正的自由,唯有处于两者之间的游戏状态,人才真正自由,因为他避免了来自两方面的强制,把生活和形象、感性和理性、物质和精神等等都统一起来了。在这个意义上,正是观照美的游戏,才使人重新成为真正自由的人。人性的无限可能性、天赋、完整性通过美归还给我们,审美是人的第一个创造者。

因此第二,审美活动能够克服人的片面性。美是两种对立冲动的相互作用而产生的,理想的美是实在与形式达到完美平衡的产物,但这只是理想中的观念,经验中的美永远是一种双重的美。起松弛作用的是"溶解性的美",其任务是使感性冲动和形式冲动各自停留在自己的界限内;起紧张作用的是"振奋性的美",其任务是使两种冲动都保持自己的力。观念中完美的人分裂为现实中各有片面性的人,或者是因为某一种力的片面活动破坏了他本质上的和谐,造成紧张状态;或者是因为感性力和精神力同时衰竭造成的松弛状态,总之现实中的人不是处于紧张状态就是处于松弛状态。经验中片面的美和现实中片面的人如果对应得当,恰恰可以发挥对症下药、拾遗补阙的作用:对于那些不是受物质就是受精神强迫的人来说,溶解性的美是一种需要,因为他已经被伟大的力所缓和,溶解性的美可以使他感受到和谐与优美;对于那些受到趣味宽恕的人来说,由于他在文明生活中喜欢忽略从粗野状态中带来的力,所以振奋性的美就是一种需要。溶解性的美以轻柔的形式缓和人紧张的心理,振奋性的美用强悍的力量来振奋疲弱的精神。

《美育书简》谈得较多的是"溶解性的美"。有两种"紧张",一是片面地受情感控制,感性处于优势;一是片面地受法则控制,形式占优势。溶解性的美也就有两种方式,一是以宁静的形式粗野地生活,以形式解除物质的统治,为从感觉过渡到思维开辟道路;二是以活生生的形象给抽象的形式加上感性的力,以实在解除概念的统治,把概念带回到观照,把法则带回到情感。简单地说:对于偏于物质、感性的人,溶解性的美可以使他们在生存温饱以外也关心一下精神、形式、装饰;对于偏于理性思辨的人,溶解性的美可以恢复其感性欲望,以感性滋润其枯燥人生。

通过区分理想中的美和经验中的美,席勒不但说明了审美活动何以能克服人的片面性,也直接回答了卢梭。因为观念中理想的美是不可分割的单一的美,而经验中的美则是双重的美。振奋性的美不能防范人有某些粗野与冷酷的痕迹,溶解性的美不能防范人有某种程度的软弱和衰竭,当现实中处于松弛状态的人只接受"溶解性的美"而处于紧张状态的人只接受"振奋性的美"的时候,就会出现卢梭所列的那种美的不良作用。席勒在《美育书简》的第十六封信中也指出,在所谓文明化的时代,柔和蜕变成软弱,广博蜕变成肤浅,准确蜕变成空洞,自由蜕变成任性,轻快蜕变成轻佻,冷静蜕变成冷漠,最可憎的漫画与最庄严的人性混为一谈。文明社会的虚伪规矩和刻板礼仪使人丧失了生命的活力,这就需要"振奋性的美"把一种强悍的生命力注入松弛疲软的文明生活,卢梭对原始感性生命的呼唤是正确的,但这不应当是拒绝美的理由,因为在美的理性概念中,包含的恰恰是人的和谐与统一,而经验性的两种美,也可以分别矫正人性的两种欠缺、两种片面。

席勒是个理想主义者,现代社会却不是理想的,通过审美和艺术来塑造完整的性格,甚至改造社会的理想注定不能落实。在他之后,现代性凯歌高奏,文艺更为丰富,但文明的内在矛盾却并不缓和,对艺术的攻击和辩护也没有因他而止。19世纪20年代皮科克、雪莱重新展开柏拉图、亚里士多德的论题;伟大的作家托尔斯泰在繁忙的创作之余,没有忘记重复奥古斯丁,在现代条件下又一次从宗教立场批判艺术;而"按照尼采、德里达和丹托的戏剧观,哲学并非起源于苏格拉底所谓的好奇,或源于维特根斯坦所相信的一种迷路的感觉,哲学起源于一种试图约束难以驾驭的能量,即文学能量的努力。"①有压迫就有反抗,在科学技术日益侵蚀审美经验的当代,伽达默尔不得不以阐述艺术的真理性为美学前提;在无法无天的后现代艺术的恣意挑战面前,罗蒂和纽斯堡再一次展开了这一论争。②

艺术是否提供了真理、是否有利于伦理道德,这是自柏拉图以来西方美学一再出现的难题。尽管艺术的生存权并未被哲学家所剥夺,但在种种防范和疑虑的背后,柏拉图的幽灵从未消逝。在审美泛化、艺术品已成为商品的当代,美学也仍然需要对独立的审美和艺术作生存论论证。这是亚里士多德式的使命,如果说在西方美学上这个问题的每一次出现和回答,都推动了美学和艺术理论的突破,从而攻击艺术比保卫艺术更应当引起美学研究的重视,那么本文的简单回顾不过是对当代美学的一种期待:诗学必然首先是诗辩。

1999 年 11 月 30 日
(原载《首都师范大学学报》2002 年第 5 辑)

---

① 马克·爱德蒙森:《文学对抗哲学》,中央编译出版社,2000。
② 参见单世联:《西方美学初步》,广东人民出版社,1999。

绅士们的文化批判

从"耶拿小组"到"法兰克福学派",德国传统的现代性批判已是现代思想中的一支跃动不已的血脉,由于德国现代化进程的晚到和偏颇所引发的政治历史悲剧,使得人们较多地注意到反抗现代性思潮可能导向的对社会/政治现代化的排拒[①],但现代性自身的内在矛盾所召唤的反抗现代性的精神要求却远远不是"普鲁士方式"的副产品,任何一个正在展开现代化运动的国家,几乎都生发出了一股与现代化运动一体两面、如影随形的反抗现代性的文化冲动。现代英国文化中阿诺德——利维斯传统的文化批判之值得注意,在于它表明反抗现代性不只是德法两国的激进分子,也是具有强大市民社会传统、以经验的自由主义著称的英伦岛国对现代化的一种反应。

一、阿诺德的文化概念

19世纪的史学家们往往把"工业革命"看做像玫瑰战争一样是英国史上一个独特的时代,从20世纪的视野看,工业革命有远远超过玫瑰战争的世界性意义。但工业革命毕竟不像战争那样有确定的发生时间、地点和可以判断的影响,人们对它的认识也有一个过程。据《牛津英国通史》介绍,1827年,法国经济学家阿道夫·布朗基首先使用"工业革命"一词,

---

[①] 参见单世联:《奥兹维辛的追问》(《学人》第12辑)及收集在《反抗现代性:从德国到中国》(广东教育出版社,1998)一书中的其他文章。

这显然是比拟法国大革命而来：政治革命改变了法国，工业革命改变了英国。1830年左右，持久性的工业革命进入英国意识，又过了三十年，包括中产阶级在内的人，才意识到工业革命的好处。① 据英国文化批评家雷蒙·威廉斯在《文化与社会》中说，也就从这个时期开始，一些对于今日世界极为重要的词汇首次成为英语常用词。② 与本文相关的有三个词："工业"、"艺术"和"文化"。"工业"在此之前是指一种特殊的人类属性，有技术、刻苦、坚毅、勤奋之意，而此后则被赋予了一个活动的群体、一种机构、一个正在创新的制度的含义。19世纪30年代，这个制度首次被称为"工业主义"。"艺术"在此前也是指人类的一种属性、一种"技艺"，艺术家指技术熟练的人。但从此开始，"艺术"被用来特指一种想象的或创造性的艺术，艺术家则指具有一种与一般才能不同的"天才"的特殊的人。"文化"在此之前基本上是指"培养自然的成长"，可以类推到人类训练的过程，此后则获得了丰富的含义，通常指某种事物的文化，指心灵或社会追求完美的普遍状态，指各种艺术的普遍状态，甚至扩大为一切物质、知识与精神构成的整个生活方式。语义转换的实质是工业社会降临后人文精神的自觉，至少是敏感的知识分子意识到，有一种区别于那种正在推动社会进步的力量的独特的人类活动领域，这一领域不但高于实际的社会运动和价值判断，而且是缓冲社会矛盾、提高人性境界的一种途径，这就是"文化"。"文化"作为一种抽象与绝对，从社会运动和思想变迁的总体过程中浮现出来，越来越取得艺术和美的属性，并据此而与"工业主义"对峙，承担了对现代性的批判职能。

　　工业革命凯歌高奏的18世纪中叶，英国诞生了它的现代文化传统，这就是以柏克、浪漫派艺术家（包括华兹华斯、柯勒律治）、卡莱尔、纽曼、阿诺德等人为代表的"19世纪传统"；以萧伯纳、贝尔和弗莱等人的"新美学"，吉辛、休姆为代表的"中间时期"；以劳伦斯、托尼、艾略特、利维斯、奥

---

① 参见肯尼思·O·摩根主编：《牛津英国通史》，第8章，商务印书馆，1993。
② 参见雷蒙·威廉斯：《文化与社会·前言》，北京大学出版社，1991。

维尔等人为代表的"20世纪的见解"。他们以传统与审美的名义,对政治—经济的现代形式抱有怀疑,对社会生活中的物质主义、科学主义、功利主义等等表示否定,试图在对现代性的批判中发展一种具有社会价值与审美特质的文化艺术。其中最具典型意义的是19世纪的阿诺德和20世纪的利维斯。

阿诺德(Mattew Arnold,1822—1888)出身名门,做了三十五年巡视学校、示范上课、撰写各种报告的政府督学,但他勤奋异常,早年以诗名世,中期因文学评论而成为英国首屈一指的批评家,晚期则从事文化批判。中国读者对此人并不陌生,"五四"时代古怪的辜鸿铭先生就从他的思想中吸收过营养;1927年,朱光潜先生曾在《东方杂志》上长文介绍过他①;1958年,人民文学出版社出版过他的评论选集。但除辜鸿铭外,我们只把他当做19世纪英国最大的文学批评家,以至于近年来颇为热闹的文化批评也忽略了他。

20世纪中叶以后,由于英国文化研究的兴起,"文化主义"成为当代思想文化的一个重要流派。在英国这样一个重视传统的国度,阿诺德被认为是文化主义的奠基者。他在这方面的贡献,一是以终生的努力主张教育由国家公办,以此作为维护和发展文化的机制,并以教育来抵制日益机械化和物质化的文明。这表明他已经对文化的商业化、工业化的警觉;二是他以大量的批评论著发掘文学对人性的良好影响,批判刚刚露出苗头的工业社会对文化的伤害,宣传以教育救赎文化。

英国人素称稳健保守,但它的文化也孕育过几个强硬的人物,阿诺德算是其中一个。按朱光潜先生的说法,生在维多利亚盛世的后期,英国家家都在歌颂太平,以为英国文化好到无以复加了,独有阿诺德跳出来大叫:你们都是一般的腓力斯人啊,只有自由思想才可以引导你们向光明处走,快从迷梦中觉醒吧!"腓力斯人"指饱食终日无所用心、自我感觉良

---

① 参见朱光潜:《欧洲近代三大批评学者(二)》,见《朱光潜全集》,第8卷,安徽教育出版社,1993。

好、不思进取的人。维多利亚时代弥漫着社会稳定、物质繁荣、科学进步的满足感,十个英国人中有九个相信现在如此富裕可以证明我们的伟大和幸福,腓力斯人的腔调主宰着一切话语,它的务实态度和生意经向心灵世界渗透。与阿诺德同时代的卡莱尔用"机械时代"来指称现代社会,"不仅外在的物质方面由机械所操纵,内在与精神方面也是如此。这种习惯不但规定了我们的行为模式,也规定了我们的思想与感觉模式。人的手固然变成机械,脑和心也是如此。"[①]工业革命所造成的个人主义、物质主义对文化构成了严重威胁,教育不再像过去那样重在文化教养、内在完美,而只是获取工具性的知识和信息,使得个人和整个社会的文化素质不断下降。阿诺德的工作经验和批评实践使他对这一切忧心忡忡,在迟暮的晚年,他拓展了他那如日中天的文学评论,走向社会文化批判,捍卫人文学科的研究而抵制科学训练和职业技术的日益蚕食,矫正物质主义、机械主义对文明和人性的扭曲。

其实,从现代性降临的那一刻起,它的多重面目就呈现出来,在举国欢呼的征服性的力量和解放性的意义之外,英国知识分子已经形成了现代性的批判传统,柏克指出现代民主的趋势之一是暴政,骚塞揭发人被贬低为机器,浪漫派艺术家抗议文学成了一种贸易,狄更斯发现整个工业主义的生活方式是一种非人性精神形成的、充满侵略性的哲学。阿诺德第一次把此前英国文人对工业社会的批判武器提炼为一个名词:"文化"。文化就是或应该是对完美的探究和追寻,就是或应该是"通过阅读、观察、思考等手段,得到当前世界上所能了解的最优秀的知识和思想,使我们能做到尽最大的可能接近事物之坚实的可知的规律,从而使我们的行动有根基,不至于那么混乱,使我们能达到比现在更全面的完美境界"。[②] 这个定义有两个关键词。文化是人追求完美的活动,是"追求"(persuit of)的活动而不是某种状态或成品才是文化的本质。"最好的东西"只是文化活

[①] 引自雷蒙·威廉斯:《文化与社会》,109页。
[②] 马修·阿诺德:《文化与无政府状态》,147页,三联书店,2002。

动得以进行的媒介和手段,而不是目的;文化不是少数文化专家的职业,而是原则上人人都可以也应当追求的活动。追求的目标是发展我们人性的"完美"(perfection),"文化认为人的完美是一种内在的状态,是指区别于我们的动物性的、严格意义上的人性得到了发扬光大。人具有思索和感情的天赋,文化认为人的完美就是这些天赋禀性得以更加有效、更加和谐地发展,如此人性才获得特有的尊严、丰富和愉悦。"①完美就是普遍健康的身心和谐,它不是一个绝对的、确定的状态,而是在一种渐变的过程中永远趋附的理想。

"文化"这个概念在英国的第一次出场,就被安排在与现代工业文明相对立的位置上:"对机械工具的信仰乃是纠缠我们的一大危险。"②阿诺德在政治上是柏克的信徒,也认为现实社会良莠并存、善恶搀杂,如果在政治行动上单纯追求纯而又纯的完美,结果,只能像法国革命那样陷入专制与腐化的歧途。但在文化上,我们追求的却必须是纯而又纯的普遍的完美,"完美"并不是某种确定的东西,而是一种不断变化的过程。能够引导我们趋向完美的是人类迄今所说出和所想出的最好的东西,它主要是文学艺术而非科学知识和技术手段。阿诺德认为,文学的眼光超越机械,是美与智的结合。诗歌是最美好、最感人、最广泛的说明事物的方式,是人类语言所能达到的最宜人、最完美的表达方式。文学对人类生活的影响是多方面的,它既解释自然也解释道德界,既有自然魔力也有道德深度。作为一种情感型的思维,文学与仅靠逻辑思维的科学属于不同的等级,它的思想与真理接近的程度,是科学无法比拟的,它是知识的精神与精华。崇高的诗歌具有高度的严肃性,它向我们原初的人类感情、向人类本性的基本部分倾诉,是人生的批评。所以文学不仅可以补科学之不足,填补如诗人骚塞所说的"计算来了,感情走了"的空白,而且承担宗教的职能,"没有诗,我们的科学就不完备,而今天我们大部分当做宗教和哲学看

---

① 马修·阿诺德:《文化与无政府状态》,10 页,三联书店,2002。
② 马修·阿诺德:《文化与无政府状态》,12 页,三联书店,2002。

的东西,也将为诗所代替"。① 文学和宗教一样,主要是通过感情和经验发挥作用,它可用来完成宗教未完成的思想教育作用,以情养德,代替宗教作为绝对价值的基础。

因此,"文化"不是人类活动的某一领域,而是对现代生活实施批判的一种价值和力量。"诗是在诗的真与美的规律所规定的条件下的一种生活批判。我们民族的精神,就要随着时间的前进和其他阻力的削弱,在这种生活批判的诗里找着慰藉和支持。"②阿诺德的主题是文化对无政府状态的克服,他对现代性的主要诊断是个人主义和民主可能导致的无政府状态:当个人的意见成为唯一的标准时,就会出现精神上的无政府,当阶级发挥其力量时,则社会上就可能产生无政府。在当时的社会,他看不到一个阶级可以承担社会整合的使命:贵族(野蛮人)之所以无用是因为他们极力维护现状,不能自由地发挥出各种新观念;中产阶级(市侩)之无用,因为他们只追求外在的文明;劳动者(群氓)之无用,他们或者像中产阶级一样文明,希望尽快成为市侩,或者堕落到兽性,成为黑暗的贮藏所。希望在于每个阶级中都有少数"残留"的"异己"分子,他们并没有完全受到本阶级一般概念和习惯的束缚及损害,引导他们的并不是他们的阶级精神,而是一种普遍的人性精神和对人类完美的爱,解决社会矛盾的程序和方法,就是通过教育来唤醒他们心灵中潜伏的为阶级意识和习惯的缺陷所蒙蔽的"最佳的自我"。诗作为人类"最佳自我"的特殊官能将为美以及各方面完美的人性设立标准,来实现更大规模的人性的完美,来拯救我们。阿诺德断言,目前局势的中心不在下院,而在国家这颗骚动的心灵中,能致力于此的人就是今后二十年中具有真正影响力的人,诗也将成为最具影响力的东西。

阿诺德赋予文化以诗的美的内涵和批判的功能,确立了英国文化批判的范式。文化就是他为当时的腓力斯人开具的"自由思想",非功利性、

---

① 《阿诺德文学评论选集》,83 页,人民文学出版社,1958。
② 《阿诺德文学评论选集》,84 页,人民文学出版社,1958。

好奇心、开放性、自由传播等等,即是其特征。公众可以也必须通过这种文化活动,意识到西方的全部传统和经典名著的价值,接受先人留下的最好的东西,破除狭隘的民族视界和中产阶级陋习,摆脱眼前实利(政治的和经济的)局限,超然于庸俗现实之上。阿诺德对此是乐观的,1880年,在给《英国诗人》写的序中,他认为"诗的前途是远大的,因为我们民族会随着时间的前进,在不负自己的崇高使命的诗里,找到愈益可行的支持。没有哪一种信念不发生动摇的,没有哪一种信奉已久的教义不被怀疑的,没有哪一种大家接受的传统不要解体的"。① 现代性动摇了稳定的传统,宗教的衰落使社会整合力下降,只有文化可以为动荡不安的社会提供感情准则和基本神话。无疑地,在"利益动机膨胀为一种社会理想"的现代社会,文学经验这一想象的世界有充分的理由却无现实的力量,但阿诺德这种具有诗化特征和意识形态性的构想仍然是必需的,如果想象的世界也屈从于现实的逻辑,那么想象也就自我取消、自我否定了,人性和世界也就没有另一种可能了。

二、利维斯的语言怀旧

阿诺德注意到:"有人时常逼我们说,新的时代到来了,我们遇见的将是众多的普普通通的读者,大量的普普通通的文学,而这样的读者并不需要也不欣赏比这更好的文学,而供应这样普通的文学将是大规模的和大发财的工业。"但他还是相信古典的东西、好的文学是会流通的,这是"由于更深一层的道理——那就是人类保持自己生存所具有的直觉,不能不使事情这样。"②

两种态势都得到了证实,有阿诺德参与努力的《新教育法案》于1870

---

① 《阿诺德文学评论选集》,82页,人民文学出版社,1958。
② 《阿诺德文学评论选集》,114页,人民文学出版社,1958。

年实施,教育普及,识字人数激增,但至少是部分地由于这个进步,20世纪的文化产品确实像阿诺德说的,是"大规模和大发财的工业"为普普通通读者生产的普普通通的产品,他所倡导的审美又遭遇新的挑战。另一方面,诗仍然在流通,并扮演了批判大众文明的角色。阿诺德的当代传人是剑桥大学的利维斯(F. R. Leavis, 1895—1978),也是一个有着强硬的、不妥协的个性的英国人,在1933年的《文化与环境》和1943年的《大众文明与少数人的文化》中,他显然已经把大众文化作为主要的批判靶子。利维斯的关键词是文明(Civilization)与文化(Culture)的对立。这两个词究竟在什么时候、由何人首次作出区别现在已很难考订,它们在德国传统中源远流长,可能是由受到德国美学陶冶的柯勒律治把它们引入英国的。大体来说,文明指物质化的外在成果,文化指内在的人性教养。

以此对立为基础,利维斯的文化理论上其实就是两个概念,一是"少数人"即精英,二是"语言"。《大众文明与少数人的文化》一开始就说,在任何一个时代,具有洞察力的艺术欣赏与文学欣赏总是依赖于少数人,只有少数人才能作不经提示的第一手的评判。公认的价值是一种比例很小的以黄金为基础的纸币,任何时代,美好生活的可能性都与这种货币的状态密切相关。欣赏艺术的能力不只属于一个孤立的美学范围,其中还蕴涵着对艺术与理论、对科学与哲学的敏捷的反应。少数人保存了传统中最精致、最容易毁灭的那些部分。只有依赖他们,我们才有能力从过去人类经验的精华中得到好处,一个时代才会有安排更为美好的生活的固定标准,才能意识到这个意识胜于那个价值,这个方向不如那个方向可行,那个中心是在这里而不是在那里。绅士们永远摆脱不了精英主义。对于阿诺德来说,"少数人"是社会各阶级中较少具有阶级意识的"残余";对于阿诺德来说,"少数人"是文学批评家。他们能保存文学传统和最优秀的语言能力。批判主体的缩小反映了文化批判重心的偏移,如果阿诺德还有较强的社会批判意识的话,那么,利维斯则主要是一种审美批判。

审美的批判其来有自。在阿诺德批判的物质主义、功利主义之外,利维斯还发现了猖獗横行的大众文明：报刊、广告、流行小说、电影、广播。这一强大的工业体系威胁着传统的思想与感觉方式，形成了"我们的文明所特有的那种对虚伪的反应深思熟虑的利用"。这不是一种新的文化形态，而是一种虚假的生活世界的表象。利维斯认为，近代史上最重大的事件就是工业革命以有组织的"现代国家"取代作为有机共同体的"旧英国"，其结果是两种生活方式：与旧英国相联系的是村民根据自然环境来表达他们的人性，满足他们基本的生存欲望，他们制作的东西，如小屋、谷仓、麦堆和马车，连同他们的人际关系一起，构成了一个与自然环境一致而且是势所必然的生活环境，以及调整与适应上的一种微妙。与现代都市相联系的是现代劳动者，职员、工人只为了他们的安逸而生活，但他们得到安逸时却不能过上安逸的生活，他们的工作对他们自己毫无意义，只是为了他们的生计不得不做的事情，他们不知道他们的生活必需品从何而来，也看不出他们自己的工作在整个人类计划中的位置和积极性。利维斯这里所说的在现代文化的语境中确无新意，素朴的村民生活代表了现代性每天都在摧毁的天真、神话和悠久的传统，这是华兹华斯《抒情歌谣集》的目标，而现代人的生活状态早已由从席勒到马克思的"异化"做了经典性概括。

古今对比指向的是大众文明、有机社会的文化，比如民歌、民间舞蹈、富有诗意的手工产品，这些东西有序而多变，它们涉及社会生活中交往礼节，包括那些在记忆达不到的古老经验指导下的人与自然、与季节时令的变化节奏之间的相互协调。在对美国化的"生活方式"的批判中，利维斯坚决认为，大众文明并非工业社会的必然产物，而是一种为利润而不是为使用而组织生产的工业主义的结果，这种利润动机只关心销路而不关心质量，批量生产的大众文明的产品，使人的生活质量和审美趣味急剧下降。比如电影尽管不断增加创造性的手法和成分，却始终不是一种真正的艺术形式，只能使观众在接受催眠的状态下获得低廉的感官刺激；广告更是滋长了人们的无边欲壑和轻薄的乐观主义，接受工商机构向他们推销的人生观。一个有教养的少数人团体产生的可能性正在受到英国电台和报纸的破坏，为大众文明操纵的大众社会其实根本就没有什么文化，现代生活的进步的本质是物质水准的上升和精神水准的下降，进步要打引号。

我们当然可以对传统社会和现代社会作出另一种描述，比如乡村生活中的赤贫、疾病、愚昧，现代生活也不只是毫无意义。但利维斯念念不忘秩序井然的田园时代，他坚信传统文化是人类合作创造出来的最优美的东西，它只有靠文学才提供给我们。概括他的理由，一是文学面对的是有机的全面完整的人，它能够培养其他学科所不能培养的人的理智和感觉，它造就的是敏感的感受、准确的反应和具有微妙的综合能力的智慧，一种既有分析能力又有综合能力、既有持久性和稳固性又有变化性和灵活性的能力，它所面对的是一个完整的有机的人。二是文学有自身的目的，这就是解开生存之谜。科学的重要性仅仅在于它是达到某个目的的手段，文学生动而突出地反映了人类的一些根本问题：做人意味着什么？人凭什么活下去？与别人发生有意义的关系意味着什么？由此传达了一个民族挑选出来的最好的经验，表现了有关人类生活的传统智慧。所以文学之所以重要，不是因为它自身，而在于它包孕的传统和创造性能量。对此，我们不能因其感伤的怀旧而不顾。如果承认人是历史的具体的存在，承认现代性的理性化和抽象性，那么利维斯的分析就是有说服力的。现代性是西方理性主义多元因素在特定时空中聚合的产物，有其必然性与正面价值，但并不是具有完美性和理想性，传统性有与现代性比较、商讨的潜力，特别是有关生活的意义问题，现代性就未能提供令人满意的回答。

为什么是文学而不是其他什么成为传统的保存者、传递者？利维斯把问题集中在语言上。语言只有在接近具体事物的真实状态时才是健康的，不包含实际经验的语言是一种退化的语言。在"有机社会"死亡之后，从机器到电脑、从肥皂剧到流行音乐，大众文明的语言抽象而贫乏，与具体的生命经验毫无关联。但在文学中,语言仍然表现了生命的感受经验,保留了语言中最深奥、最优雅的用法,丰富多彩,富有美感,传统只有在文学语言中才依稀可辨,我们只有在与文学语言密切而微妙的交往中才能体验到传统中最好的东西。"我所说的'文化'指的就是对这样一种语言的使用。"[①]利维斯认为一个社会的语言质量是这个社会中的个人生活水平、社会生活质量的最鲜明的标志,如果一个社会不再重视文学,也就自绝于曾经创造并保持了人类文明精华的推动力。而大众文明恰恰在污染着语言,使语言丧失了活力,所以要捍卫莎士比亚强劲有力的语言,使之不受报纸语言的败坏。

有机体、传统、道德、最好的价值等等,利维斯自觉继承阿诺德的传统。在摧毁了西方近代文明的第一次世界大战后,利维斯和他的同志们在剑桥大学以《细绎》(Scrutiny)为阵地,发起了一场道德与文化的改革运动。这个运动的起点是,为什么英国文学不仅是一门值得研究的学科,而且是一种最能促进文明的学问?文学与其说是一门学科,不如说是与文学本身休戚相关的传统价值的体现。因此,尽管利维斯派因其对文学作品的析读解剖、把注意力集中在"行文的字句"上而成为"新批评"的前驱,但他们的出发点始终是,文学与更深一层的整个历史与社会的本质密切相关,批评创造了各种理解的可能性以及对价值共通一致的认识,使文学作品引起丰富多彩的、多方面的、成熟的、有鉴别力的、道德上严肃的反响,用文学把人武装起来,在一个充斥着粗制滥造、低级庸俗的大众文化的环境下仍能与传统接触。这一点,利维斯有强有力的英国传统的支持,在18世纪末的浪漫主义诗人中,即使像华兹华斯这样优美宁静的诗人,也极有兴趣致力于研究并批判当时的社会;在20世纪初,以提出"有意味的形式"著称的形式主义美学家贝尔、弗莱等人,也顽强地排除艺术中自私的、功利的考虑,以提高整个社会的文明水平。英国文化意义上的"形

---

① F.R.利维斯:《大众文明与少数人的文化》,5页,剑桥,1930。

式"始终有着深切的内容,"艺术具有一种社会功能"是英国文化批判的中心信条。①

从阿诺德到利维斯都不相信现代性拥有"最好的"价值和意义,他们所谓的"有机社会"、"最好的东西"等等都是过去了的。他们当然知道,人类不可能再回到那个黄金时代,但提出这些东西又不仅是为了反抗现代机械社会而制造出的一个神话。事情正像利维斯说的"对旧秩序的缅怀必须主要是促进去走向一个新秩序"。② 确实,如果一个社会赖以维持和自我论证的只是它自己直接的、当代的经验,那么这个社会肯定是贫乏的、脆弱的社会;如果一个人赖以生存的意义之源只是自身经历和拥有的一切,那么这个人的生活世界就非常逼仄而空虚。以传统作为批判的资源,不仅是因为与现代性相对的只有传统性,也因为只有传统才能顽强地沟通为现代性断裂了的人和历史的连续性。真正的问题倒是,不只是在文学艺术作品中,而且在任何其他的文化载体中,都有那个逝去的有机社会的遗风和残迹,可以帮助我们建立文化的连续性。从这一点看,利维斯文化批判的基础是狭窄的。可以为他作出辩护的是,只有在审美经验中,"过去"才仿佛"现时"一样面对我们发生作用。德国哲学家伽达默尔就强调这一点。

三、文化批判:英国与德国

说到德国哲学不是随意的。韦勒克在《近代文学批评史》第四卷中认为,阿诺德的批判思想既非新异之论亦无鲜明的自家特色,无非是重复德国歌德、洪堡等人的"修养说"。③ 利维斯也有这个问题。当然,反抗现代

---

① 参见单世联:《西方美学初步》第 21 章,广东人民出版社,1999。
② F. R. 利维斯、丹尼斯·汤普森:《文化与环境:批判意识的训练》,97 页,伦敦,1933。
③ 雷纳·韦勒克:《近代文学批评史》,第 4 卷,181 页,上海译文出版社,1997。

性思潮无疑以德国最为沉雄浩大,但是,正如艾恺所说,德、法、英各国批判上的类似并不是由于影响的关系。① 英国文化批判即使在与德国一致的地方,也有它自己的特质,它对传统和有机的强调启示了现代性的另一种取向。

英国文化批判起源于批判法国大革命的第一位现代保守主义哲学家柏克。柏克反对引发法国革命的启蒙主义的理性,坚信理论渗入政治实践带来的道德和政治的邪恶,坚信社会不能像机械那样计划。他强调历史与自然的同一,人的职责不在于将他们纯然抽象出来的秩序强加于自然,是在于认识到事物中隐含的秩序,在于对历史的成长的社区及其种种体制所具有的情绪纽带。他对英国感到满意:"我们怕的是每个人单只是依靠自己个人的理性储存而生活与交流,因为我们认为这种每个个人的储存是微小的,如果他们能够利用各个民族和各个时代的总的库存和资产的话,他们就会做得更好。我们的许多思想家不是去破除那些普遍的偏见,而是运用他们的智巧要发现贯彻其中的潜存的智慧。"② 社会确实是一种契约,但国家却不像为了一些诸如胡椒、布匹或烟草的生意,或某些其他无关紧要的暂时利益而缔结的合伙协定,而是全部经验和传统的凝结,它不仅仅是活着的人之间的合伙关系,而且也是活着的人、已经死了的人和将会出世的人们之间的一种合伙关系。从柏克的思路看来,不但大革命的政治理念是人为的构造,人的构造能力的膨胀本身就是现代性的神话。所以在对大革命的批判中,柏克已经提出了英国文化批判的基础:"有机"的生长与"机械"的制造的对立。

这种保守主义其实是一种浪漫主义,但由此引发的现代性批判与德国不同。最主要的是历史情境的差异,对英国来说,现代性的原则和历史展开并不是外来成分,现代变迁并不引起认同危机,他们没有因此而导致民族情绪的强化和灾变;批判之声回荡在维多利亚的黄金盛世——没有

---

① 艾恺:《世界范围内的反现代化思潮》,贵州人民出版社,1991。
② 爱德蒙·柏克:《法国大革命论》,116页,商务印书馆,1998。

德国式的国破家亡的"衰世之音",而是面对现代社会中人的困境所做的文化调整和审美矫正。而它之所以没有造成如德国浪漫派那样的对市民社会的戕害,理论上的原因是柏克的保守主义始终是它的底色和基调,有机和谐始终是他们的理想。当现代性蚀解了传统的有机性时,他们发现,文学所具有的丰富意义和共通感可以帮助弥合社会裂缝,修复社会整体。"没有哪一种信念不发生动摇的,没有哪一种信奉已久的教义不被怀疑的,没有哪一种大家接受的传统不要解体的。我们的宗教把自己物质化在事实里,在假定的事实里;它把它的感情寄托在事实上,而今天的事实却无力支持它。但在诗里,观念是一切,其余的世界都是幻觉,神秘的幻觉。诗把它的感情寄托在观念上,而观念却是事实。我们今天宗教的最强硬的一部分倒是它的不自觉的诗。"[1]但阿诺德、利维斯并没有赋予诗以宗教的全部功能,他们具有清醒的界限意识,他们只是立足于文化教育,试图从少数人开始,逐步培养公众良好的趣味和社会各阶级的情感联系,使人成为更好的人。与阿诺德同时的摩利斯就说过:"我们要的是尽可能使我们的教育成为我们与受教育的人们之间的一种交流纽带。"20世纪的桑普生则认为:"如果剥夺工人阶级子女分享非物质财富的权利,那么,他们很快就会以威胁手段要求实行物质共产主义。"伊格尔顿把英国批判传统的社会追求概括为:"如果不抛出几本小说给群众,他们也许就会筑起街垒以示回敬。"[2]在这些方面,他们的成就是确定的。阿诺德第一个主张废除以学校考试成绩为政府津贴标准的陋习,第一个提倡强迫性普及教育,对英国的中小学教育贡献极大;而当利维斯最后一次离开米尔巷时(他在剑桥大学的办公地),用英国学者斯坦纳的说法,英国情感历史中的一个时代便结束了。英国文学成为大学的一门学科,以乔叟、莎士比亚、琼森、詹姆斯一世时期的作家、玄学派作家、班扬、蒲伯、塞缪尔、约翰森、布莱克、华兹华斯、济慈、奥斯丁、乔治·艾略特、霍普·金斯、亨利·詹姆

---

[1] 《阿诺德文学评论选集》,82页,人民文学出版社,1958。
[2] 特里·伊格尔顿:《文学原理引论》,31页,文化艺术出版社,1987。

斯、约瑟夫·康拉德、T.S.艾略特、劳伦斯等为主线的英国文学版图的绘制等,都要归功于利维斯。"一个文学批评家在改变他所处时代的精神趋向方面竟能发挥如此重大的作用,竟能以自己的理论坚毅步伐大大推动文学鉴赏力的发展,这本身就是一件令人注目的事实。"①它表明,现代人良好的鉴赏力必须汲取政治—经济的现代性之外的资源,而在大众政治—经济完成了现代性转换的过程中,传统将主要在文化/审美之维生生不息。

以文学来扭转工业社会的文化逻辑,说明英国文化批判是比较纯粹的现代性的文化批判、审美批判,它只是一场思想文化运动,在强有力的民主体制的平衡下,他们弥补了现代文化的抽象性和机械性,维护了文化在现代社会中的审美特性和道德价值。他们也有自己的抽象性,柏克反驳19世纪的骚动与混乱的初兆凭借的是18世纪相对稳定的社会文化状态,这一稳定到阿诺德时代已不复存在,但强调秩序以抵制一切的个人主义的文化观念,强调人能通过教养而逐渐完美的观念的理想高调,却使这种文化批判不会干扰日常生活,不会走向专制政治。英国批判家们不像德国的文化批判那样发现并加深、扩大社会冲突,颠覆现状的革命意识与他们无缘,他们的批判本身就是建设性的——心理建设,情感建设。就连把文明与自然对立起来、想在文学中建立一个"新的人类世界"的激进作家劳伦斯,也认为"人自由的时候是当他生活在充满生机的祖国之时,而不是在他漂泊漫游之时"。② 而在德国,浪漫的批判意识总是在特殊的情境下向政治行动推演,对现代异化的文化抗议很容易导向对个人权利和民主体制的遏制。

英国文化批判的鲜明特点是其过分强烈的精英意识,其重要内容之一是对下层群众的担忧。阿诺德称工人"十分粗野、缺乏教养":"现在他来了,而且是铺天盖地地来了,粗暴又鲁莽。……他便为所欲为了,只要

---

① 乔治·斯坦纳:《利维斯》,见洛奇编:《20世纪文学评论选》下册,上海译文出版社,1993。
② D.H.劳伦斯:《灵与肉的剖白》,49页,漓江出版社,1991。

纵容了他,当时立刻心满意足,不过,他养成了习惯,越闹腾越起劲,隔不多久就来一回,终于开始造成混乱……从而加剧先前开始的无政府和社会分崩离析的状况。"①然而他们的精英主义一方面主要体现在文化生活和审美趣味上,另一方面他们热情满怀地要教化公众,化解社会矛盾和危机。我们当然可以提问精英们有什么权利教育大众,但在具有较多民粹色彩的德法文化批判中,民众却甚少从以他们之名采取的行动中受益。从而,在一般意义上指责文化批判的精英意识是没有意义的。

现代性的文化批判是现代性的必然产物,无情批判本身是现代性自我完成的要素之一。是按照人道的和审美原则还是根据理性化、消费逻辑建设现代文化,是现代性内在的矛盾。如果说文化的现代性就是反抗现代性,那么它与现代启蒙并不对立,而是广义上的启蒙内涵之一。这绝不能用"中国现代化尚未完成现代性"、"文化批判是革命意识的残余"之类似是而非之论来取消。一个健全的现代化运动必然伴之以反抗现代性的思想文化,现代性的文化批判在中国还未真正开始,在这种背景下,不但是英国的文化批判,就是似乎过火的德法文化批判也迫切需要我们做同情的了解。

(原载《花城》2000 年第 5 期)

---

① 马修·阿诺德:《文化与无政府状态》,50 页,三联书店,2002。

艺术的丑化与生活的美化

英国诗人艾略特有一首诗叫《空心人》,说尽了现代人的无奈和茫然:

世界就是这样告终

世界就是这样告终

世界就是这样告终

不是嘭的一声,而是嘘的一声

20世纪太复杂、太令人费解了,几乎人类努力的一切领域都发生了巨大变化。在美学上,最触目的当然是艺术向美的告别。从历史上看,把美和艺术联系起来的是古罗马的普洛丁,中世纪也有人重复过这一论调,但中世纪关于美和艺术有不同的态度,如果说他们热心于礼赞上帝的美的话,那么虔诚的教徒们对诉诸感官情欲的艺术就不那么放心了。只是到了文艺复兴时代,美才不但在理论上,也在实践上成为艺术的理想和目标。从16世纪到18世纪,近代艺术创作了无数美的杰作,"美"是美学和艺术研究的中心问题。但不祥之音出现了,动摇美和艺术这种几乎是天经地义的联盟的,有三步:

第一步,把美看做审美价值的一种。18世纪末,"崇高"和"丑"的出现,已经表明美不是艺术的唯一价值。柏克把美和崇高作了本质上的区分,使崇高与美平分秋色,美不再惟我独尊。1797年,弗·施莱格尔注意到莎士比亚的作品像大自然一样,让美丑同时存在;黑格尔的学生罗森克朗茨专门写了《丑的美学》(1853)。他们都注意到,艺术中不但有美,也有丑、崇高、滑稽等等,从古典主义到现代艺术,从普通雕塑到用机械力驱动的活动雕塑和具有活动装置的"积成雕塑",从呕心沥血的精心之作到信手涂鸦,从优美和谐到丑陋可怕等等。甚至像《俄狄浦斯王》、《李尔王》这样的古典作品,尽可以说它们是有力的、庄严的、有吸引力的等等,但绝不能说它们是美的,唯有用"审美价值"、"表现力"等才能准确地指称它们的意义。

第二步,把审美价值看做是艺术价值的一种。这个问题在理论上的表现,是"美学的艺术哲学化"。自从谢林发表《艺术哲学》以来,美学就已逐渐把全部注意力转移到艺术研究上来了,但在谢林、黑格尔这些古典美学看来,艺术还是以审美为轴心的,崇高、丑虽不是美,但是在艺术中具有审美价值。20世纪则出现了种种"奇谈怪论",如艺术的本质在于新奇、变形是我们世纪的特征、艺术是一种治疗和复原等等,美和审美已经被从艺术中清除出去。艺术的目的不但不是表现美,也不是表现审美价值。

第三步,向艺术概念的质疑。艺术作为美学或艺术哲学的研究对象也不那么可靠,向"美"宣战的先锋艺术最后也没有放过"艺术"。1917年,杜尚把一只普通的小便池加上标题《泉》就送交展览,遭到拒绝,引起争论,结果杜尚胜利,从此带来各种异想天开的创新之举。迪基为艺术作了一个最低限度的规定:它是一件人工制品,连这一点也不获认可,"现成物品"比如一块漂浮木,"废品雕塑"比如沥青、铅条、毛毡等,也可以是一件艺术品。传统艺术以美为理想,接着以"表现力"为目标,如果这一点还有疑问,那么"有一个东西"才可以称之为艺术品这一点应当是没有疑义的了,但也不行:1911年,巴黎卢浮宫的《蒙娜丽莎》失窃,出于好奇和惋惜,人数超过以往十二年的观众前来观看原挂画处的一片空白,这使极端的先锋派得出结论:"无"比有"好",此后就真有一个空画框被挂在画廊中进行"展览"。[①] 荒诞派戏剧家克特的《呼吸》只有三十秒钟,所有的表演舞台

---

① 参见朱狄:《当代西方艺术哲学》,60页,人民出版社,1994。

帷幕拉开三十秒钟,台上空无一人。帷幕拉上时,演出结束。艺术品已不复存在,唯有"艺术情境"存在,比如画廊、剧场。黑格尔所预告的"艺术的死亡"终于在20世纪出现。

不只是先锋派的挑战,全球文化的交流也滋养相对主义的艺术观。杜夫海纳就发问:面对一座黑人雕塑、一个波利尼西亚拜物的物神、一扇罗曼斯风格的彩色玻璃窗,我们应该按什么标准对它们下判断。美学或艺术哲学无法取消这些"作品"的权利,只能开放自己的概念系统,不再以"美"、"审美价值"或其他什么西方准则作为判断和批评的标准。

美的地位的衰落和艺术的死亡,是20世纪敏感心灵对人类处境的回应。在这个世纪,生活的每一个方面几乎都充满了矛盾,几乎过去的每一点设想、每一点诚意都受到怀疑。暴力、战争、集中营、种族清洗、核武器等等充斥于1914年以后的世界,异化、无力、恐惧、焦虑、绝望等等成为20世纪的主导经验。拿破仑时代的外交家塔列朗说过,只有生活在1789年以前的人,才能品尝一切生活的甜蜜;1930年,德国哲学家雅斯贝斯在引述了这句话后补了一句:而一个多世纪后的我们,则又把19世纪初期看做平静美好的时光的继续。① 奥地利作家茨威格在《昨日的世界》中,把1914年作为光明和黑暗的分界线。英国哲学家伯林说:我的一生,历经20世纪,却不曾遭逢个人苦难。但在我的记忆中,它却是西方历史上最可怕的一个世纪。英国音乐家梅纽因说,如果一定要我用一句话为20世纪作个总结,我会说,它为人类兴起了所能想象的最大希望,但同时却也摧毁了所有的幻想与理想。

当然,世界不是一片漆黑,民主改革、经济增长、技术进步,也从未离开20世纪。但对于精神文化,特别是对于审美和艺术来说,这些"光明面"的意义也是大可怀疑的。法国作家司汤达把艺术与自由对立:两院制将遍及世界,给美术以致命的打击。统治者将不是去建造可爱的教堂,而

---

① 参见卡尔·雅斯贝斯:《现时代的人》,8~9页,社会科学文献出版社,1992。

主要关心在美国投资;他们绝不会连续五十年投资两千万元去建造像圣彼得教堂那样宏伟的建筑。在两院制的统治下,上流社会挤满了富翁,他们无疑是值得尊敬的,但他们不可能有什么鉴赏力。在我看来,不出一个世纪,艺术就将被自由所消灭。德国诗人海涅把艺术与民主对立:他们将用结满老茧的手无情地打碎我那样心爱的一切美的大理石雕像,他们会敲坏诗人那样喜爱的一切小玩意儿和稀奇古怪的艺术品,他们将毁掉我的月桂树林,在那里种土豆,我的诗歌集将被杂货店老板用来做圆锥形的纸袋,让他装进咖啡或者借贷老太婆吸用的鼻烟。① 此后,法国思想家托克维尔认识到民主不像蛮族入侵一样不可避免地来临,所以他关心如何减少它的弊病;瑞士史学家布克哈特一想到民主就不寒而栗。至于经济发展和技术进步之于审美和艺术的意义,席勒以来的美学家们就作了阴暗的描绘。

于是,我们很容易理解毕加索的一句话:美,那是个多么奇怪的东西啊,在我看来,美这个词毫无意义,因为我不知道它的意义来自何方,引向何方。几乎所有的思想家和艺术家都承认,"荒谬"、"无意义"比"美"、"和谐"更是我们生活的真相。

美和艺术的艰难甚至死亡难道还有什么疑义吗?

但另一方面,文明生活中的美确实也在增加。正像贝克特的荒诞剧中说的:可事儿还得继续下去。让生活继续下去,让生活多一些美,让艺术成为生活的一部分,不但是人性最深层的欲望,也是一些美学思想考虑的问题。

美国哲学家杜威在中国以实用主义(其实是实验主义)著名,也是一个致力于生活美化的美学家,其《艺术即经验》一书以恢复审美经验与日常经验的连续性、使生活向艺术靠拢为主题。艺术即经验,经验是艺术的基础,任何人类行为都潜在地具有艺术特性。并不是任何经验都是艺术,

---

① 海涅:《路台齐亚·序言》,见《海涅散文选》,279~280页,百花文艺出版社,1994。

而是手段与目的融合后的经验。只要手段与目的是分离的,人就无法得到这种真正的经验。真正的经验不但是指人做了什么或追求什么,也是指人怎样做的,它产生于做什么和怎样做之间的相互作用和相互协调的过程中。当人获得这种真正的经验时,他的劳动或生活过程就已经是艺术的了。不是为艺术而艺术,而是艺术为生活,艺术以想象的方式提高个人和全体人的精神生活,使经验成为它本质上应该成为的那种完美和愉快的样子。

美不等同于日常经验,但又不是与经验无关,审美经验是从日常经验中升华出来和由正常经验转变而成的。一种正常的经验,要想成为审美经验,要具备强烈性、完整性、清晰性三个特征。但日常经验大多缺乏这三个特征,这就需要完成一种由日常经验向审美经验的转变,转变不是质的转变,审美经验也仍然是经验,只不过是达到顶峰的日常经验。完美的经验就是人们认真、热切、激烈地做某一事情的经验,在其中,绝对不带有任何被动的或不得已而为之的因素,没有僵化性,与此相反的则是松弛无力、无精打采、混乱不整,所做之事与所得到的东西不平衡的经验。所以取得审美经验的关键在于"做和经验之间的平衡"。两者达到了平衡,即使吹口哨和切菜这样简单的活动,其"做"的过程和形式也就变成了值得欣赏的对象,人们可以在具体的形式中感知手段与目的、有用的东西与美好的东西的完美融合。审美经验就是经验的完美,当生活变得美好和强烈时,它就已经是艺术的了。不能说"生活"需要"艺术",因为这样说意味着把生活与艺术割裂开来。如果艺术孤立于生活之外,它就失去了自己最基本的原料。艺术的独立就是艺术与生活的融合,真正的艺术绝不以取消人的正常趣味和活动为代价,而必须使这些趣味和活动得到非同寻常的满足。当然,这是理应如此,实际生活中,人们一般感知不到艺术从生物活动中演化出来,原因在于人的真实自然存在总是被阻碍而流产,因此背上沉重的包袱。为此,杜威建议我们不要拒绝人的内在自然,而是释放它;不要因为受到内在自然操纵而感到不安和羞耻,而是十分高兴地据有它和珍惜它,并让它达到对自身的赞美。

杜威把审美、艺术和生活经验联系起来,扩大了此前所有的艺术定义,以至于一些似乎与艺术毫不相关的事物和人类活动,现在都具有了审美性质。从此,审美与生活之间的距离开始消失,艺术被等同于生活的完美状态。他的思想直接影响了美国艺术家,他们把一种巨大的社会意识作为艺术工作的总目标。而从60年代的学生运动开始,年轻的一代尝试建立一种审美文化,把本来是审美自律领域的"无目的的目的性"扩展到整个文化中,使之变成"有目的的无目的性"的东西,用审美原则改造思维方式、生活风格、道德准则和教育观念,部分实践了从席勒到杜威的构想,并启示了马尔库塞等人的"审美革命"的思想。这个时期的大部分艺术,都反抗分离艺术与生活的形式主义,它们都试图使伟大艺术回到人类日常生活中来,与生活交融一体。

这当然是宏伟的理想和可贵的实践。俄国小说家契诃夫说过人的一切都应当是美的,与他同时代的思想家车尔尼雪夫斯基干脆说美就是生活。但生活有许多是不美的,是非艺术的,所以现代美学才要使审美从生活中独立出来,所以杜威才要努力把生活与艺术联结起来。生活的艺术化、人的美化是一个艰难的过程,僵化的社会体制、压抑性的权威结构都在抵制着美和艺术,生活的美化需要人的自由。

在一个充满集中营和清洗的世界,在一个血腥和寒冷的季节,苏联思想家巴赫金向我们提供了一个狂欢节和公众广场的意象。他的《拉伯雷的创作和中世纪与文艺复兴时期的民间文化》是 部寓意深远的著作。欧洲民间有"狂欢节"的传统,这一天,人们放下一切工作,走到广场,化装游行、吃喝玩乐、滑稽表演、尽兴狂欢,文化史上各种怪诞的风格和喜剧,诙谐、夸张、讽刺的形式都来源于此。巴赫金从中引申的,主要是文艺复兴时期拉伯雷笔下的狂欢节,或者说是狂欢节的艺术形象。

狂欢节是公共的世界。它没有任何神秘主义和虔敬行为,属于一个完全不同的领域,也不遵循官方的审美规范,其核心是一种纯粹的艺术形式,更准确地说,它甚至不属于艺术领域而就是生活本身。与仪式典礼不同,狂欢节不是由某个孤立的特权阶层来组织,这个阶级依据的是他们独有的规则,无论是宗教的还是审美的。相反,每个人都创造狂欢节,每个人都是狂欢节。狂欢节不是一个为人们观看的场景,人们在其中生活,所有人都参加进来。在狂欢节举行的时候,在它之外没有另外的生活,在此期间,生活只从属于它的自由法则。这一天,人们自发自愿地来到广场,尽情地享受着感官欲望的自由宣泄。"公众广场话语"具有一种象征意味,是与官方和权威话语相对立的全民话语,从来不属于任何私人,它不承认任何权威和中心,所推崇的仅仅是"可笑的相对性"。它实际上是一声呐喊,在大批人群中高声呼唤,来自人群,并以人群为对象,讲话者与人群融为一体,既不以人群的反对派出现,也不想启蒙大众,他与大众一同开怀大笑。狂欢节是社会组织中的一道裂缝,由于占统治地位的意识形态企图塑造成一个统一的文本,一个固定的、完整的和永恒的文本,因此狂欢节是一种威胁,是一个颠倒的世界。

狂欢节是一个"笑"的时节。它以笑话的形式建立自己的世界以反对官方的世界,建立自己的教会以反对官方的教会,建立自己的国家以反对官方的国家,它与自由不可分离并有着根本的联系;狂欢节的最后一个项目是戏谑地为狂欢国王加冕和脱冕,表现出新旧交替的不可避免,同时也表现出任何制度和秩序、任何权势和地位都具有令人发笑的相对性。这样,一切等级、权威都在可笑的相对性中,在随便和亲昵的接触中,在摩肩接踵的广场上,被悬置、颠覆、消解。在狂欢节的笑话中,充满了对一切神圣事物的亵渎和歪曲,充满了不敬和猥亵,充满了同一切人、一切事的随意不拘的交往。

狂欢节是生命力的赞美诗。它诅咒一切妨碍生命的僵化、保守的力量,使人对多样变化的感受保持活力,摆脱那些阴郁范畴的压迫,例如"永恒的"、"不可变动的"、"绝对的"、"不可改变的"。它面对的是世界的快乐和自由的欢笑的一面,连同其未完成的和开放的性质,连同变化的和新生的欢乐。狂欢节中出现了"上下倒错"和"卑贱化"的倾向,"上下倒错"指的是人体上下部分的错位,即主宰精神、意志、灵魂的"上部"(头颅、脸孔)和主宰生殖、排泄的"下部"(生殖器、肛门)的错位;"卑贱化"是将对人的关怀从头脑和心脏降低到肉体的低下部位,将一切高贵的、精神的、理想的、抽象的东西降低,它是一个物质性水准的转移,其目标是土地和肉体,及两者不可分的统一。这是对生命力原始性赤裸裸的歌颂和对肉体感官欲望的纵情赞美。

　　巴赫金赋予狂欢节以与官方的意识形态和精英文化对抗的力量,它打破一切牢笼的"公众广场",它颠倒一切等级秩序的"笑",它放荡肉体欲望的生命自由,它把确定置于多义和不确定之中的怪诞等等,具有远远超出审美范围之外的政治—文化意义,狂欢节是解放的世界:世界不再可怕,而是极端的欢快与光明。毕竟,人类在文明的紧身衣中憋气得太久了,以至于寄寓了至善至美理想的艺术形式也似乎是一种桎梏。黑格尔说过审美有令人解放的性质,尼采、马尔库塞都曾从艺术中寻求人的幸福,但只有巴赫金把这一切说透了。生活有它的强制和压迫,不可能天天是狂欢节,但如果有那么一个片刻、一个瞬间,我们走出一切社会体制、文化规范、功利计较,朗声大笑,尽兴吃喝,痛快淋漓,自由奔放,纵容自己的欲望,随意自己的身体,生活不才真的值得了吗? 即使不可能真的身临其境,那么在我们心境中,在我们幻想中,也总该有这一点憧憬,有这一点向往。它没有改变我们的生活世界,但至少启示着我们,人类,就其可能和应当来说,是可以有另一种生活的。

19世纪的英国史家米什莱这样描述中世纪的"末日"之感:

　　在中世纪,人们普遍相信,公元10世纪将是世界的末日。……到那时候,世界将是一片混乱,只有在死亡中才能找到新的秩序。……一个灾难接着一个灾难,一次毁灭接着一次毁灭。除了这些以外,人们还在期待着什么。面临着死亡的来临,囚徒们在黑牢中等待着；在城堡可恨的阴影之下，农奴们在田野中等待着；怀着孤独而混乱的心情，修士们在远离尘世的寺院中等待着。①

一千年过去了，末日未至，但上帝没有拯救人类，上帝死亡之后的科技文明也没有解放人类，一系列的政治革命反而强化了对人的控制。尼采呼唤过反科学的悲剧精神，自己却在世纪之交悲惨地死去；巴赫金给我们描绘了集权体制之外的文化狂欢，但他本人却在流放、囚禁和战争中度过了大半生的光阴。联想到20世纪中国的王国维、蔡元培、宗白华、朱光潜等倡导的"人生的艺术化"都无疾而终，不能不使人怀疑一切幸福的承诺和解放的努力。但究竟是什么原因，使得解放只是一个幻念，美学只是一次想象，人类只能在如今这样的境况中煎熬苦斗？对于蠕蠕而来的未来世界，我们没有重复"末日感"，也没有涌动"新生感"，我们只能像诗人歌德那样期待：

一切消逝的
不过是象征；
那不美满的
在这里完成；
不可言喻的
在这里实行
永恒的女性
引我们上升。

（原载《外语艺术教育研究》2003年第4期）

---

① 引自菲利普·沃尔夫：《欧洲的觉醒》，96页，商务印书馆，1990。

西方美学史与我们
——序鲍桑葵《美学史》中文新版

在新世纪之初回首近半个世纪的中国美学，我想美学界的同仁都会深情回忆起1956年的"美学大讨论"和1980年前后的"美学热"，前者是1949年到1966年之间难得的一场相对自由且较具学术性的讨论，后者是苦难的日子即将过去、新时期晨光初露的消息之一。1956年的讨论起源于对朱光潜资产阶级美学思想的批判，继而转向美究竟是主观还是客观的争论，从中形成了主观论、客观论、主客观统一等当代中国的几个主要美学派别。80年代的美学热流承50年代的思路而来，仍然集中于美的本质的讨论，论者们几乎都以马克思《1844年经济学哲学手稿》为根据，其客观效果之一是扩散了青年马克思有关人道主义和异化的思想。如果说50年代讨论的目的是用中国式的马克思主义占领美学领域，那么80年代的讨论潜在地包含着走出现代迷信、推动思想解放的意义。

应当承认，美学在当时的人文研究中风骚独领，反映的是当代学术思想空间的逼仄和贫乏，以至于很多被视为异端的思想似乎只能借美学来曲折地表达。比如朱光潜1957年就明确地提到人性论，"当巴人因为一篇《论人情》的小文被批得死去活来时，朱却可以继续在美学中讲人性、人情。1979年，他发表《关于人性、人道主义、人情味和共同美感问题》，径直把人性称为'人类的自然本性'，它与阶级性的关系是'共性与特殊性或全体与部分的关系'。这在当时差不多是石破天惊之论。"而影响了中国思想达十年之久的李泽厚，也主要是通过他的美学著述普及了他的"主体性实践哲学"或"人类学本体论哲学"。也许可以说，从严格的学术进展而言，两次美学讨论中的大量论著并不具有相当的积累价值。它们在中国学术史上的地位和影响，除了普及了美学这个概念及一些美学观念之外，主要还在于它们承担了美学之外的职能。所以，尽管今天的研究者和读者已较少再去阅读那时的著述，但美学在当代文化生活中的特殊功能仍然使它得以自慰。

也只能如此。两次美学讨论基本上是在封闭的环境中展开的，除马恩列斯毛的经典著作及苏联的论著外，引导我们美学研究的是两个年轻人的著作，50年代是车尔尼雪夫斯基二十七岁时写的《生活与美学》，80年代是马克思二十六岁时写的《1844年经济学哲学手稿》，这当然局限了当时谈论的学术水准。不但其言说的方式是已为20世纪哲学主流摒弃的"本质主义"话语，而且对中外美学史、艺术史等基础知识的掌握上也相当贫乏，相当多的论著其实是如何注经之争。美学讨论中的空疏和抽象，当时即为有识之士所感觉。朱光潜后来说，在50年代的讨论中，"我也逐渐看到美学在我国的落后状况，参加美学论争的人往往并没有弄通马克思主义，至于资料的贫乏，对哲学史、心理学、人类学和社会学之类与美学密切相关的科学，有时甚至缺乏常识，尤其令人惊讶"。作为对此现状的矫正之一，美学界普遍强调对中外美学史的介绍与研究。60年代初收获了这方面的成果：《古典文艺理论译丛》、《外国文艺理论丛书》、《西方文论选》等编辑出版；包括亚里士多德《诗学》和康德《判断力批判》在内的美学名著被译成中文；伍蠡甫先生不但着手翻译韦勒克多卷本的《近代文学批评史》，还曾计划与俞铭璜先生合译吉尔伯特、库恩的《美学史》；在远离学术中心的河南安阳，张今大体完成了鲍桑葵《美学史》的翻译；朱光潜和蒋孔阳等开始撰写西方美学史论著。在"文化大革命"耽误之后，80年代不但旧事重提，正式出版了一些国外美学史论著，而且又提出了审美心理学和艺术史方面的众多具体论题。这些历史性、经验性、实证性的研究方式逐步改变了美学研究的思路和方法，翻翻现在的美学论著，已极少在美的本质问题上大费笔墨或大动干戈。现在的问题也许是:我们能否消化这些外来成果,在美学理论上有一个具有创造性、综合性的成果。

80年代是美学著作出版的黄金时代。在西方美学方面,不但李泽厚主编的《美学译文丛书》集中翻译了二十来种,有关人文研究和社会科学的各种译丛中一般也少不了美学论著,还有多种西方文艺批评史的译介。仅就通史性著作而言,我见到的就有下列六种:

奥夫相尼科夫:《美学思想史》,吴安迪译,陕西人民出版社,1986;

舍斯塔科夫:《美学史纲》,樊莘森等译,上海译文出版社,1986;

克罗齐:《美学的历史》,王天清译,中国社会科学出版社,1984;

鲍桑葵:《美学史》,张今译,商务印书馆,1985;

吉尔伯特、库恩:《美学史》,夏乾丰译,上海译文出版社,1989;

塔塔科维兹:《美学史》,第一卷《古代美学》有两个译本,同时于1990年出版,一是理然译,广西人民出版社出版,二是杨力等译、中国社会科学出版社出版;第二卷《中世纪美学》,褚朔维等译,中国社会科学出版社1991年出版;第三卷《近代美学》迄今未出中译本。

除苏联的两种以外,其他四种均为代表性著作,中国学者能在80年代后期译介进来,可算是中国译学史上的重要收获。遗憾的是,90年代以后,随着美学的相对沉寂,西方美学史的译介工作也趋于式微,80年代中期出版的"美学译文"丛书及丛刊都先后流产,甚至北京大学出版社"文艺美学丛书"在80年代就预告过的比尔兹利的《美学史:从古希腊到当代》也至今未见。

"历史学只不过是我们对死者所玩弄的一番把戏。"启蒙哲人伏尔泰这句俏皮话其实包含至理:既然历史学并不是一种客观的存在,而是对已经消逝的事件在思维与想象中的重构,甚至是为了显示过去的某一部分而特别建立的复杂的语言结构,我们就不能要求历史著述成为与其对象相似或匹配的图画,而毋宁是一种解释、一种制作。历史著述不但有怀特海所说的不同时代的"舆论气候",也有著者不同的"个人视角"。事实上,上述六种美学史论著没有一本是重复的,我们不可能依靠哪一部美学史来了解西方美学的全貌。朱光潜在《西方美学史》的《附录》中,认为鲍桑葵的《美学史》"从新黑格尔派立场出发,着重形式主义与表现主义的对立,作者有独到的见解,但叙述不够全面,文字有些艰涩。"克罗齐的《美学的历史》"也从黑格尔派立场出发,目的在证明作者的艺术即直觉的基本论点,所以对形象思维的学说叙述较详。"同样基于新黑格尔主义,克罗齐尊维柯为美学之父,鲍桑葵对之却不置一辞。所以,引进西方美学史著述,多多益善。

鲍桑葵(Bernard Bosanquet,1848—1923)是19世纪末英国以格林为首的新黑格尔主义的代表人物之一,毕业于牛津大学贝利奥尔学院,1871—1881年在该院任教,此后迁往伦敦,从事著述并参与伦敦伦理学会和慈善组织协会的工作。1903—1908年任安德鲁斯大学伦理学教授,1911—1912年任爱丁堡大学吉福德讲座讲师。他自称"左翼黑格尔派",在其主要著作《个性与价值的原理》、《个性的价值与命运》中,他意图把黑格尔的绝对与形而上学的个人价值结合起来。他的著作除《美学史》外,译成中文的还有《美学三讲》(周煦良译,人民文学出版社,上海,1965年初版;上海译文出版社,1983年重印)、《关于国家的哲学理论》(汪淑钧译,商务印书馆,1995)。

鲍桑葵是个有自己立场与方法的哲学家。他的"舆论气候"是英国的新黑格尔主义,他的"个人视角"是他在《美学史》第一章中说的:

> 在古代人中间,美的基本理论是和节奏、对称、各部分的和谐等观念分不开的,一句话,是和多样性的统一这一总公式分不开的。至于近代人,我们觉得他们比较重视意蕴、表现力和生命力的表露。一般地说,这也就是说,他们比较注重特征。如果我们把这两个要素融合在一起,我们就可以得到一个全面的美的定义:"凡是对感官知觉

或想象力,具有特征的,也就是个性的表现力的东西,同时又经过同样的媒介,服从于一般的也就是抽象的表现力的东西就是美。"

究竟鲍桑葵是先有了定义再来研究历史还是研究了历史之后才获得定义,这是一个典型的"解释学循环",后人已不得而知,我想这应当是一个并进互动的过程。基于对美和美学史的这种认识,《美学史》的中心结构是古今对比,于是中世纪被视为美学的长期中断;《美学史》的选材标准是与当时美的基本理论有关与否,从而,他对因较早论及无利害关系而被当代研究者认为是现代美学奠基者的夏夫兹伯利的介绍就不得要领。我们得益于鲍桑葵的精深阐述,同时也不得不付出无法客观了解西方美学史的代价。

《美学史》写的是审美意识的历史,所谓的"审美意识",固然深深扎根于各个时代的生活之中,但鲍桑葵要处理的不是弥散的、经验状态的情绪、想象、意见和愿望,而是经过巨人们制作之后清晰而有条理的思辨理论。鲍桑葵认为,希腊审美理论有三条基本原则:1.道德主义原则:对艺术再现的内容,必须按照和实际生活中一样的道德标准来评判;2.形而上学原则:艺术是自然的不完备的复制品,是第二自然;3.审美原则:纯粹是形式的,美寓于多样统一的想象性表现中,即感官表现中。与此相对应的近代审美原则是:1.由于把美局限于想象形式或形象,美从道德说教的要求下解放出来;2.艺术是与自然并列的高一级的东西,两者都只有在可以自由地象征或表现超感性的意义时才是美的,艺术高于自然,模仿说被象征说所代替,形而上学的批判被关于美的形而上学意义的各种理论所代替;3.多样统一变为表现力、特征刻画、意蕴的原则。美学史就是古代美学向近代美学通过从抽象到具体的自然进步过程,凡是与此无关的人物和见解,都被剔除出《美学史》之外。由于着眼于审美理论的形成和演变,《美学史》就与中国学者通常写的美学家的历史不同,除了康德由于把近代美学问题纳入一个焦点而独享一章外,全书没有任何一章是为某个人安排的。

这种有明确史观的史书优点很明显,不但可以在错综复杂的史料中建立一个清晰而紧凑的框架,使读者可以明确地掌握史的发展线索,更重要的还在于可以就一些问题展开深入论述。比如鲍桑葵从"敌视艺术"开始论述古希腊美学,从如何调和古今审美意识入手论述近代美学,都显示了敏锐的洞察力。他对亚里士多德与柏拉图的关系的分辨、对席勒和康德美学的分析、对黑格尔美学的概括、对近代美学中崇高与丑的观念的追溯等等,也都比其他美学史论著更具深度,甚至把莱辛放在温克尔曼之前讲,也令人信服。

有得就有失。《美学史》无疑过于主观,史家的见识既引导着也限制着我们对美学史的端详和认识。这可以通过与吉尔伯特、库恩的《美学史》的比较看出。两位作者以时代、国别、流派分章,然后再无所不包地打捞各章范围内种种美学和文艺理论见解,哪怕是一个小观点都不放过。如果读者要想查找前人对某一问题曾说过什么,翻开书就能找到。作者自陈:"倾听历史的声音,作者只想听点什么,不想提出异议。"朱光潜对它的评论是"资料收集很多,但作者缺乏分析力,时而以代表人物为纲,时而以问题为纲,叙述也很杂乱"。此书的基本功能,我想应该是资料性工具书,可以给读者提供西方历史上几乎任何一种比较重要的美学见解,而这是鲍桑葵无法满足我们的。

在鲍桑葵和吉尔伯特、库恩之间的,也许是塔塔科维兹。他的美学史范围也很广:"包括所有同美学有关的和使用过美学概念的思想,乃至其他学科中以其他名称出现的思想。"具体地说,美学史包括美学思想史与美学名词史、外显美学史与内隐美学史、陈述史与阐释史、美学发现的历史与美学思想流行的历史。中世纪当然不能放过,塔氏专设一册,篇幅与古希腊一样大;在《古代美学》中,他述评了古代所有重要的哲学家、史学家、文艺家的美学见解和各种艺术理论,资料比吉尔伯特和库恩的那一本还要丰满。塔塔科维兹既没有像鲍桑葵那样根据自己的美学观和历史观取舍材料,也没有像吉尔伯特、库恩那样漫无系统,他仍然在极其庞杂多样的史料中发现了美学史的基本线索,这就是种种美学概念、范畴的起源和演变。美学史有它的脉络,但这个脉络不应当仅仅是史家赋予的,而应当是史家从史料中分辨、提炼出来的。塔塔科维兹既敢于深入纷杂凌乱的史料,又能把它们梳理得井然有序、清晰可辨。从学术史的角度看,他的《美学史》可能是最好的。

鲍桑葵对中国美学的影响不大,我没有看到过有关《美学三讲》的介绍或评论,也只看到极少的论著引用过这本书。但朱光潜先生的《西方美学史》实际利用了《美学史》的材料并借鉴了书中的观点。如重视美学史上的"古今之争",强调康德对近代美学的调和与嵌合,表彰歌德统一浪漫主义与古典主义的努力,推崇席勒和黑格尔等等,我觉得都与鲍桑葵有关。

最具体的,当数对歌德的介绍。朱讲了四点:1. 浪漫的与古典的;2. 由特征到美学;3. 艺术与自然;4. 民族文学与世界文学:历史发展观点。在第二点中,论据一是歌德早期在《论德国建筑》中说的"这种显出特征的艺术才是唯一真实的艺术",二是歌德在成熟期的《收藏家和他的伙伴们》第五封信中说的:"我们应该从显出特征的东西开始,以便达到美的。"再加上黑格尔引用过的歌德名言:"古人的最高原则是意蕴,而成功的艺术处理的最高成就就是美。"朱光潜解释说:这里的"特征"和"意蕴"都是内容,内容经过"成功的艺术处理"才达到美,所以美是艺术处理的结果,表现在既已完成的那个显出意蕴或特征的整体,亦即内容与形式的统一上。歌德的这前半句话吸收了希尔特的侧重内容的特征说,后半句话吸收了温克尔曼侧重形式的理想美说,可以说是两极端之中的一种调和……黑格尔自己的美的定义("美是理念的感性显现")就是从批判温克尔曼和希尔特以及发挥歌德的思想而得来的。我们知道了特征说的这段渊源,就可以明白歌德的美学观点在近代美学思想发展中所处的地位和重要性。什么地位和重要性？一言以蔽之，协调古代的形式论和近代的特征论，统一古典主义与浪漫主义。歌德早年喜爱富有特征的哥特建筑，后来偏爱"更发达"的希腊艺术，但他始终认为，艺术作品的中心问题是意义、性格或意蕴，对艺术的理解，既需要希尔特的特征论，也需要温克尔曼和莱辛的（狭义的）美（即形式）。他在《浮士德》中通过浮士德和海伦的结婚表现了这一理想，在《收藏家和他的伙伴们》中更明确（广义的）美是"特征主义者"和"波纹曲线画者"的结合。

在朱光潜对歌德的介绍中，最具特色的就是对此特征论的分析，我认为这里有鲍桑葵的启发。理由不只是因为他从鲍桑葵的书中引了希尔特的一段话，而且因为一般美学史较少会用到这些材料作出这样的判断，吉尔伯特和库恩的美学史就没有说到这一论题。只有鲍桑葵高度重视歌德的"特征论"："毫无疑问，歌德关于美的见解，尤其是关于艺术的见解，主要是由狭义的美和意蕴或性格（即特征——引按）的对比来决定的。"《美学史》对歌德的分析，全部基于这一点。而鲍桑葵之所以重视这一点，是因为歌德的观点最具体地显示了审美意识由古代向近代的转化，是黑格尔的先声。

朱光潜的《西方美学史》写于60年代初，时代烙印很深。政治标准、阶级分析而外，在内容上，一是给别林斯基、车尔尼雪夫斯基过高评价和大量篇幅；二是介绍的重点放在美的本质、形象思维、典型人物性格、浪漫主义与现实主义四个关键性问题上。大概除第一个问题外，其他三个问题与其说是西方美学的关键问题，不如说是当时中国文艺界的关键问题。稍后蒋孔阳在写《德国古典美学》时，也从美学的性质、美的本质、艺术的历史发展、典型四个问题说明"马克思主义经典作者对于德国古典美学的批判和继承"，同样反映了那个过于强调"古为今用"的时代精神。

但《西方美学史》仍是迄今为止国内学者写的同类著作中最好的一本。写作过程中，朱光潜"用了较多的篇幅，以便多引一些重要的原始资料。编者在工作过程中,在搜集和翻译原始资料方面所花的工夫比起编写本身至少要多两三倍"。这在中国学人对西方美学原始资料掌握极少的背景下是极有意义的,以至于一直有人把它当做工具书看待。当时的不少史学论著喜欢"以论带史",其"论"往往是僵化的教条,所以时过境迁之后,这些史书就不再有任何价值。朱光潜当然也有自己的"论",但由于这本书有很多原始资料,因而即使其"论"过时之后,它也仍然自有价值。除了资料外,朱著的特征在于,基于对西方历史文化的准确把握,着重交代各个时代的美学思想的渊源关系及审美观念的起源和演变,对一些重要人物如贺拉斯、朗吉弩斯、布瓦洛、康德的分析也相当深入。

朱光潜重大成就的主要原因在于他对西方各家各派的亲切了解和熟练掌握。我个人觉得《朱光潜全集》是对我们进行中外文化艺术知识的启蒙读物,有着长远的生命力。因为有了深厚的美感陶铸和知识训练,即使在严峻时刻的政治高压下,他也没有丧失对学术真理的执著信念,对一些重大理论问题作出了当时环境下所能进行的认真探索。《西方美学史》顽强保留了前期不少有价值的内容,第十八章介绍"移情说"、第十九章介绍克罗齐,基本内容与前期一致,第十一章对维柯的推崇也与他此前信奉克罗齐有关。与许多同时代著名学者相比,朱后期的著作迄今仍有学术价值。这一"学术挣扎"再次证明:知识就是力量。而美学知识的基本来源之一是西方美学名著,其中毫无疑问地包括鲍桑葵的《美学史》。

两代人的时间过去了,大量的美学著作翻译进来了,中国美学史也出版了多种,但在总体上,我们还不能说中国的美学研究超过了朱光潜的成就。如果说朱写作《西方美学史》时我们是无书可读,现在似乎是书太多而读不过来。我不能肯定,包括鲍桑葵《美学史》在内的几种美学史中所提供的材料和分析都已整合到我们的美学研究之中,转化我们的知识结构和解释能力。至少我个人在写《西方美学初步》时没有做到。

译成中文的几种美学史中,就我所知,只有鲍桑葵这本《美学史》印数最多，至1997年已第五次重印，总印数可能有七八万册。相对于中国总人口，这当然太少太少，但比起90年代其他学术名著，这又是天文数字，而且它的市场好像还没有穷尽。最近，锋头甚劲的广西师范大学出版社谋划出它的新版，约请译者张今写序，张先生以年事已高而辞，编辑知道我前年写过一本《西方美学初步》，转而嘱我就新版写几句话。在几种美学史著作中，我个人最喜爱这一本，十多年来也时时翻阅，况且我有写一本《现代美学的起源》的设想，鲍桑葵这本书也给了我不少灵感，所以就一口应承下来。其实我对西方美学还处于初学阶段，对鲍桑葵其人、对这本名著的深入理解也谈不上。不过感念张先生的辛劳，借机会就自己喜爱的书说几句话，总是人生乐事。故甘冒浅陋之讥，略述拉杂感想于此。愿更多的读者来读这本《美学史》。

（原载《博览群书》2001年第7期，《美学史》由广西师范大学出版社2001年出版）

第三辑
学习路

从来就没有什么救世主，
当代就更是如此，
中国问题之复杂，
绝非一副药方就万事大吉，
所有关心国事的人都应当把自己放在正确的位置上，
先把第一只眼用足用好，
再睁第三只眼。

"积极自由"在中国的另一个版本

严复的《群己权界论》是翻译与阐释相结合的范例。按照美国学者史华兹的权威评论:"弥尔关于自由的内容立即被严复以斯宾塞—达尔文主义的语言塞进那些含有'适者生存'意思的领域,即把自由作为提高社会功效的工具,并因此作为获得富强的最终手段。"①但黄克武先生通过精细严密的文本对勘后却认为:"严复的误解不在于将个人自由视为手段,而在于受儒家思想与社会达尔文主义影响,从'群己平衡'的角度来理解弥尔。"(《自由的所以然》,164页,上海,上海书店出版社,2000)黄著这种由"外缘影响"转向"内在理路"的研究更能展示严复的丰富意蕴。

史华兹强调的时代压力肯定是存在而强大的,严复不可能回避,但他没有因此就直奔主题,就不像弥尔那样肯定个人自由。相反,他认同个人自由具有终极价值、个人发展的价值超越国家利益等"弥尔主义"的基本立场。他对弥尔的真正偏离在于对个人自由作出了与弥尔不同的"推论"。黄著以为,严复更改了弥尔关于个人自由的所以然,而提出了另一个所以然,这就是儒家成己成物、明德新民、群己和谐的理想。换言之,对于严复来说,个人自由与个性发展有助于成己与明德,而成己与明德之后可以达到成物、新民与救亡图存。他确实回应了时势的要求,但经过了传统这一中介,就是说严复主动依赖中国传统资源来建构自由社会的理想,将自由与社会责任、自强保种贯通起来,因此他的自由观保持着与传统的连续性:"思想自由的意义在荀子所说的'从道不从君,从义不从父',亦即

---

① 本杰明·史华兹:《寻求富强》,126页,南京,江苏人民出版社,1989。

个人是'从道'的主体,其权威是超过君主谕命与父母教诲,这样一来自由是指个人决定从道的能力,而且也预设了荀子所谓'知道'的可能性,亦即人心能够掌握实然与应然的客观真理。"(195页)

借用伯林对自由的区分,这种肯定自我主体、自我实现的独特价值的自由观念虽然没有完全忽略"消极自由",但更强调"积极自由"。"消极自由"是免于某种形式的约束压迫的自由,"积极自由"是个人追求自主自决的更佳个体的期望。伯林提出的此一区分的目的之一,是寻求英美传统的自由主义不同于法国卢梭传统的民主理论的特殊性。同是"自由",但差别很大,原因之一,在于是否承认"人的智性根本上是不可靠的"(fallibility)的观念。卢梭的民主传统以为知识、道德、个人自由与建立合理的政治权力的目标可以融合在一起,即公民以知识与道德为基础形成"总意"(即公共意志),能够体现"总意"的政府会实施符合知识与道德的政策,并尊重个人自由。这样,个人一方面借参与立法来表达其道德意志,另一方面又遵守法律,因此真正成为自己的主人;弥尔主义后则以人的智性不可靠为根据,认为所有宣称自己是合乎知识与道德的看法都可能是错误的,每个人的认识都有限制,每个人都有自私的考虑,因此无论是多数还是少数,都不可能保证绝对正确,更谈不上有什么"总意",唯一可行的是通过自由讨论,不断相互批评和修正,尽量避免错误。这就要限制政治权力,保障个人自由,并把知识和道德变成每一个人都可以自由地加以质疑的对象。然而严复在绝大多数情况下无法深入了解弥尔的悲观主义的认识论及西方个人主义词汇,并基于传统资源表现出乐观主义的认识论与乌托邦的理想主义,在弥尔那里是基础性的、极为重要的"fallibility"变得不那么重要了。

不过严复是复杂的。按照伯林的分析,"积极自由"主要与理性主义观念有逻辑关系:理性构成人的本质,按照理性来生活才符合人的真正本质,才是自主自决,才是自由。依此推论,如果有人不能发现理性并按照理性来生活,他就可能被那些有足够特权知道并按照理性生活的人所引导和强制,"积极自由"包含了权威并在恶劣的情况下成为残酷暴政的伪装。"积极自由"典型是从卢梭的学说到罗伯斯庇尔的实践。而严复的思想却是经验论、进化论的,他是近代中国少有的对卢梭持批判态度的人。比如在1906年的《政治讲义》中,他以进化史观反对卢梭先验的"天赋人权";不相信有卢梭说的"总意";怀疑卢梭式的国民自治,不赞成无条件地批判专制而注意到"独治专制"在某些情况下有"庇民"的优点,因此具有某种程度的合法性等等。总之,经验论者的严复比卢梭更强调个人自由,他的"积极自由"虽然保持了与权威政治的关联,却没有切断其弥尔主义的起源,没有走向激进革命,是一种介于弥尔与卢梭之间的自由思想类型。

这种与渐进改良的调适思想联系在一起的"积极自由",是现代中国不同于卢梭主义的另一种"积极自由"。一个世纪以后,严复因渐进改良的主张而受到饱受激进动荡之苦的知识分子的热烈欢迎,但其"积极自由"观念却少有人注意。黄著发掘出这一点极其重要,因为它不但使严复的思想具有相当的含混性和内在紧张,也有助于说明自由主义在现代中国失败的原因。就第一点而言,严复不怀疑人的认识能力和人的道德向善力,他相信知识、道德、个人自由和政治权力的融合的可能,而"没有像弥尔主义者那样,强烈意识到'融合'可能会导致专制,并威胁到个人自由"。(268页)既肯定个人自由的终极价值,又始终以道义为前提,以"群己平衡"为限度,就无法欣赏超越公与义的私与利,不能以"自我利益"为政治理论的出发点。就第二点而言,严复的方案特别强调自由制度必须适合国家情境,民主需要条件,其中最重要的是公民资格的建立和公民道德的培养。他不相信中国国民当时已经具有必要的知识和道德可以掌握政治权力,所以要渐进改良;另一方面他又觉得,有一些先知先觉的精英人物能够了解正义和公道,如果由他们掌握权力,是可以实行比较合理的政策,所以要搞开明专制。他的培养不是在于民主的实践使公民自我提高,不是让程度不高的公民在自由结合、自由讨论中形成与政府相对的

"民间社会",而是要公民接受教育,这就不但给实际上没有出现的"开明专制"倒是给现实存在的"集权专制"提供了借口,国情不同、公民素质太低等等,一直是统治者不给公民以自由并拒绝实行民主政治的理由。如果说英国的民主警惕人性的缺点而致力于改革制度,那么严复寄望的中国民主却主要是政府和少数精英对公民进行包括知识与道德在内的人格改良,以至于尽管严复本人反对激进选择,但他强调的民众教育却不自觉地为后来的思想改造、灵魂革命等最激进的政治实验作了铺垫。

这不是严复一个人的命运。同一时代、同样强调"新民"、同样期望渐进改良的梁启超的思想也为反个人自由的专制政治所利用。如果像严、梁这种就现代中国而言比较纯正的自由主义方案不但被放弃,而且遭到扭曲与污染,反映出来的则是传统的道德关怀、整体至上的观念在得到近代中国困境的配合后对自由主义的强大优势。其中的教训,至少就严复来说,可能是在以西方新的工具来开发传统宝藏时,过于热心地把中国传统思想投射到弥尔思想中,"严复并不就个体来谈自由,而是把自由放在与群己密切相关的架构之中来思索其意义,这一方面是对弥尔思想的误解,另一方面则包含了对弥尔思想的批判"(214页),从而在"统新故而视其通,苞中外而计其全"时,为了"通"和"全"的共通性在客观上否定了弥尔思想的独特性,遗漏了英国自由主义的精髓。

(原载《中国图书商报》2000年8月22日)

辛辣的现实感

一、富人议政

无论如何,我们总得承认富人有其过人之处。君不见,从穷小子到富家翁,从乡村少年到业界巨子,有的人只花了生命几分之一的时间。同样的环境同样的政策,有人迅速致富,有人终身尔尔,怨不得天怨不得地,主要的还得从自身找原因。贫富不是生命价值和人生意义的绝对衡量标准,但无论是就社会还是就个人来说,富裕至少不是坏事。而现在,一些富有起来的人,不但商海纵横畅游,而且政坛宏论迭出,谁能说这不是争取有更大的贡献?无须什么长远的眼光就可以看到,未来的中国将会有越来越多的富人,并自觉或不自觉地影响着社会政治生活的许多方面。

两千多年前的亚里士多德发现,由太穷的人或太富的人掌权的政体是不稳定的,其间的种种理由和原因学者们多有讨论。明显的事实是,近代西方有不少国家在相当一个时期内是由中产阶级的人掌权的,因为他们不但已经富了还想再富,所以求稳定、要繁荣,这也符合大多数国民的利益要求;因为他们处在贵族和穷人之间,所以两头兼顾,凡事力求中庸,而中庸,长期被西方人认为是社会管理与国家治理的理想状态。可以补充的是,富人们有时间来搜集信息、学习社会、掌握国情;富人们利益关系广泛,容易形成较为开阔的视野和较为普遍的关怀;富人们习惯自我修饰注意公共形象,如此等等,富人参政,理有固然,势有必至。

读过一些富人的时评政论之后,我们愿意相信他们在富起来后没有忘记家国纷纭,愿意相信他们在尽力代民建言议政。经济发展使得富人辈出,社会因此而推陈出新,然而,这是一个过程。毕竟我们的富人只有一个短暂的历史,出生的胎记还没有褪尽,我们不会怀疑他们的动机和热情,但我们不能肯定他们掌握多少管理社会、论证国是的能力和知识,不能肯定他们是否有严格的政治思维和自觉的政治标准,不能肯定从大班台到代表席,富人们一定会很好地完成角色转换、不辱使命。

现代社会是分工的社会,一个成熟的经济人还不是成熟的政治人。物质利益、经济成功极其重要,但毕竟不是政治的最高目标;诚实守信、繁荣地方、先富带动后富、见义忘利等有益于国计民生,但所有这些并不是政治品格;一个企业的发展规划决不能伸展为国家战略,消费心理学更不是政治心理学。以经济人而兼政治人,必须摆脱纯粹的经济思维和效益原则,把握国家整体的长远的政治经济文化利益,并能够在任何情况下把这一利益置于其他考虑之上。仅仅靠经商之能和致富之才,显然不足以论国之大事。经商至多关系到一家一姓一个企业,政治却事关国家大政、民生大事,事涉社会公正和政治共同体的生存强大,需要的不只是超越个人一己的得失,还要有真正充沛的政治热情和国家意识,并通过政治行动唤醒全体国民的政治意识,克服社会歧异,强化共同意志。这需要政治理想,也需要政治技术。

中国地大人多,政繁事多,再高明的政治人物都有犯错误的可能。多年以来,我们权力结构开放不够,国民文化性格基本上是非政治的,甚至不同程度地患有"政治厌倦症",无论是表现为夸夸其谈、人云亦云,还是牢骚怨言、批评指摘,在政治文化上,我们有太多语言的巨人和行动的矮子。即使是专业思维和职业道德,也还是这二十多年才有所自觉开始培养的,以至于"不贪"对于一些官员来说成为一个相当高的标准。如果富人们的"利益思维"很好地支持了他们迅速致富的话,那么他们也会习惯穿越经济把利益追求转化为"利益政治",把政治的目标设置于财富分配,把政治原则理解为发展原则。这不是没有意义,但远远不够。经济大国不是政治强国,民族整体力量的强大需要我们及时补上政治教育一课。

这方面不是没有教训的。针对19世纪下半叶富起来的德意志中产阶级对参政的高度自期,对经济与政治有深切洞察的韦伯1895年在弗赖堡大学讲演中就特别警告:"在整个人类历史上,每当一个阶级获得经济权力时也就开始相信自己应该掌握政治权力。不消说,由一个经济上没落的阶级实行政治统治是危险的,而且从长远的观点看是有悖于民族利益的。但更危险的是,那些已经开始掌握经济权力从而跃跃欲试期待接管政治统治权的阶级,却远未达到足够的政治成熟以掌握国家的航向。"① 韦伯因此严厉批评德国富人们的目光短浅,毫无政治意识,不能追求民族的伟大和国家的权力——经济上的巨人注定只能成为"政治侏儒"。

无疑地,中国不是德国,21世纪不是19世纪,富人们在政治生活中的积极作用还只是幼芽初露,他们目前的政治角色主要还只是以各种代表的身份发议论、交提案,但以普通一民而走上政治讲坛,以经济成功而致力于地方和国家事务,我们为之欢欣。毕竟这是政治理性化、民主化的重要进展,是中国特色的政治学习。我们不应当向他们提出太多太高的要求,只是基于对他们的殷望之高和期待之忱,在欢欣的同时,也有必要以富人们参政的热情来向富人们建言,愿他们多一份警觉和自重,在政治上像在经济上一样能够更好更快地成长,真正地为民为国。

二、学人从政

学优而仕,曾为传统。如果不把它理解为"读书做官"论,本无什么不妥。合理有效的社会安排原应让有学问的人成为政治精英,没有任何理

---

① 马克斯·韦伯:《民族国家与经济政策》,99页,三联书店,1997。

由出现学不优却仕的现象。所以在近二十年的政治生活中,一批批专业学术人才纷纷走上领导岗位,很大程度上改变了官员的结构,对社会生活的理性化、民主化发挥了有益的作用。但此一潮流的另一面是,官道上的人才济济,学术队伍流失严重,毕竟反映出人才使用机制的不健全、知识文化没有获得恰当的评价和位置的现实。一个科长、处长可以权势熏人,埋头学海数十年的学者却只能寂寂困顿,体面和尊严甚至腐败的机会和能力成正比,有多少人能动心忍性、巍然自立?社会生活的各方面都需要学优的人才,不要说现代高新技术,就是古文字学、考古学这些看似与国计民生没有直接关联的领域,也需要有一批人专心致志、不求闻达,泱泱中华,理应在科学文化上有真正的名人和杰作,大家都往官道上挤,客观上耽误了中国科学文化的发展。

其实,人才有别,学有专工,绝不是所有教授、学者都可以从政做官的。在现代条件下,一位研究莎士比亚的专家不一定能当好文化局长,一位建筑学教授也不一定能当好建设厅长。特别是由于政治学、社会学等与公共事务特别相关的专业在中国停顿了几十年,现在学优而仕的多为技术专家和人文学者,他们的知识结构和专业能力本来就与公共事务有相当距离,所以很好的专家与合格的官员是两回事。事实上也确有一些优秀的学者并不能称职地担负领导工作,既荒废了专业,又妨碍了工作,实际上是人才浪费。检查一下他们的工作,不过是把学术文换为公务文,把寒窗苦读变成官场应酬。与此相应,既然做官几乎是唯一的人才认证标志,学优是做官的"终南捷径",那么就会有人以此为目的不择手段地使自己拥有高学历、高职称,然后坦然地把学位帽换成乌纱帽,以学者官员自居从而满足个人的权势欲望。君不见,多少官员不但拥有博士学位且还是教授、研究员?用纳税人的钱交学费、让部下代写论文的事绝非罕见。学优而仕的选择实际上促成了学不优而仕,一心问学的学者并无承担公职的机会。其结果,又使公众议论更看轻了学术和学者,混淆了学术标准,污染了社会空间,危害甚大。

于今之计,第一,建立与现代社会结构相适应的人才使用机制,不以学优则仕为重视知识、尊重科学的主要方式,不以行政级别为判断个人价值和贡献的唯一标准,让学者们感到自己的专业研究是有价值、有意义、有回报的,从而安心自己的本职工作,而不是天天想着弃笔从政。第二,严格选拔官员,充分考虑到学者的专业性质、行政能力、政治品格,彻底堵上伪学者、假学者的升迁之路,既净化官场,也净化学界。第三,也是最重要的,是要剥除权力的神圣之光,还官员以公务员的本来面目。显然,只要"做官"可以没有成本或较少成本地捞到"好处",只要官员总是"人上人"的良好感觉,从政就有可能成为全体社会成员最为向往的选择,就有可能淹没其他社会角色的价值,一种本来合理的人生选择也就可能妨害各种社会人才的自由发展。自然,"祛魅"官员不是公众舆论、学者良知所能做到,也不是靠从政者的自觉可以实现的,只有从政治结构、权力系统的改革开始,权责明确,监督严密、公私分明,使官员无法越界支配公共资源,使"做官"成为一种压力性责任,使"衙门"只是为公民服务的一个机构。这是一句老话,却至今仍需我们努力。

三、"夹着尾巴做官"

套用托尔斯泰的话,清官是相似的,贪官之贪各有不同。不过在种种不可尽数的贪法之中,确乎有一个相似的现象,这就是民间语义中有些夸张的说法:"每个贪官的背后都有一个美女。"(当然有些还不止一个)上有党纪国法,下有人间伦理,但就是有人为博美人欢心、为度风流时光而顶风作案,肆无忌惮,损害国家和公民利益,践踏文明行为准则。我们在愤怒之余,同时也会惊讶于美的力量。

没有人不希望与美女终生厮守,无数人愿意为此而劳瘁终生、而委屈忍耐、而铤而走险。甚至温莎公爵弃江山而取美人,也并不难以理解。读到一些关于贪官的报道,我们看到,在长期以实用理性为价值原则的中国人当中,也有一些官员在原则和刻板之外另具一腔温情和柔性,学会根据美女需求而调整自己的行为,其间有权色交易,有势力压迫,但也不乏互爱真情、不乏动人之处。如果不以原则立论,不从道德论人,一个男性为美女而愿意付出严重代价,至少从审美的意义上,不能说是完全荒唐的,仅仅用道德沦丧、意志衰退不能完全解释这些行为。古往今来,男女情爱原有其残酷的一面,《圣经》故事中的莎乐美爱上先知约翰,爱而不得就要国王砍掉约翰的头。英国作家王尔德据此改编的话剧中,莎乐美捧着约翰的头兴奋地喃喃自语:"约翰,我亲了你的嘴了。你的嘴唇上有一种苦味,这是血的味吧?不然这或者是恋爱的滋味。听说恋爱的味是苦的。但是有什么要紧?有什么要紧?我亲了你的嘴了。"我们该怎样评说这样的事呢?

　　普通人牺牲自己成全爱人的行为,从来是令人传诵的美好故事,就像电影《泰坦尼克号》感动了无数心灵一样。普通人在婚姻生活之外另有感情生活,虽不高尚却可以允许,不过,对于一个负有公共责任的官员来说,问题显然复杂得多。因为他掌握着调控社会资源的权力,以一身而负众生之责,在感情生活方面就必须高度自律。从政治上看,官员有能力转化公共资源,容易以公共权力追求个人欲望。周幽王为博褒姒一笑而误国,唐玄宗挚爱杨贵妃而致乱,历来都是治国之鉴。如果他们只是子民百姓而不是天下至尊,流传下来的形象很可能就是奇情男子而不是荒唐之君。所以同样的行为,发生在官员与平民身上后果是不一样的。从心理上说,爱是无私的,用情越专就越要把属于自己的一切奉献给对方,由此而来的思维定势就是模糊甚至取消人己界限,把公共物品看做个人所有,顺手转送给眼前的美人。从而,在普通人那里发生的浪漫故事,在官员这里就成为腐败的逻辑基础。所有这些,均为常识,但成功使人狂妄,权力使人腐败,特别是一些出身低微奋力拼搏而位居高位的官员,在自豪于自己的奋斗成长的同时萌生出无所不能的感觉,把自己超人化,把公共权力私有化,动辄口出狂言,气吞万里,超越一切规矩约束,放纵自己的欲望,一方面是从来不懂得尊重他人特别是尊重比自己地位低的人,另一方面是尽情满足自己的一切要求,权力、金钱、学位、名誉一样不能少,美女更是一刻不能缺。当普通人经常性地感到生活不易、不断涌上无力感时,一些贪官却总是春风得意挥洒自如,界限永不存在,生活永远随意。无论是党纪国法还是生活逻辑,都不能允许这种现象的存在。当一个个贪官在囚禁中低头忏悔时,不知他们是如何忆及当初的?

无论是在文艺的审美世界中,还是在诸如"狂欢节"这样的真实时空中,人类一直在寻求摆脱种种制约、自由释放人性需要的可能。很显然,文明的成果还不足以满足生命的全部欲望,社会还未掌握既让每个人都充分自由又能保障群体和谐的管理技术,这就不得不牺牲许多源自人性深处的根本需要,以求稳定和有序。这就是心理分析所要提醒的:文明的进步以抑制本能为代价。这不是理想,但无可奈何,没有人可以逃避这个法则之外,除非他生活在"无法无天"的国家和社会之中。如果有人不满足,想凭借权力把有限的世界变成无限的世界,他就很容易有"早知今日悔不当初"的一天。没有理由要求一个官员放弃做人的权利,从心理上说,我们也为那些因美女而腐败的官员而惋惜,也愿意把他的深情款款、难舍难分的男女之爱与他们的罪恶、无耻区分开来。一个罪不容赦的贪官,很可能是一个合格的父亲、负责的丈夫,甚至理想的情人,生活是全面的,人是多面的,作为一个人,贪官并不一定毫无是处,但没有人可以游离于社会约束和法律制度之外。正像我们除了骂一句"贪官"外还会对其人其事有其他的评论一样,我们也不会因为一个官员有过正常的家庭生活或丰富的情感经验就予以宽容。腐败的动机非常复杂,腐败的效果应当全面分析,但是腐败就得严惩。生活意味着要为许多事情负责,某一要求的合理性不能覆盖到其他要求上;官员可以摆脱许多限制,穿越很多栅栏,但不能无视全部约束。一个拥有权力的荣耀的人,必须在其他方面有所放弃,生活和世界不容许一个人风光占尽,有所选择必有所放弃,否则就得全部放弃。迄今为止,人的全面发展还只是努力的目标,现实需要我们节制,需要我们忍耐,哪一天放松了这根弦,哪一天就是危险,从而"夹着尾巴做人"的古训仍是一句有意义的箴言。

四、"原罪"云云应当休矣

牟其中一度是中国民营企业家中"偶像式人物",但在我看来,却不是令人喜欢的人物。虽然他在狱中声称"政治民主化、经济自由化、道德宗教化,这就是中国社会发展的前景"(这句话中除"道德宗教化"实为荒唐外,其他的都是正确的),但其思维和行为却与自由民主无缘,甚至理性化程度很低,比如"世界上没有办不到的事,只有想不到的事"的豪言,比如习惯给自己不满意的员工戴上政治帽子等等。如果当年报道属实,那么曾经受过政治迫害的牟其中并没有摆脱迫害人的文化传统,他仍然是他声称要改变的环境的儿子。

世上新人接旧人。无论狱中的牟其中如何争取翻案,但他毕竟已经从公众视野中淡出。牟案重审,使得这个公众正在忘却的人物又一度成为新闻热点。纷纭议论似乎都围绕着"原罪"二字。我不知道这个"概念"是如何、为了什么目的用到中国民营企业上的,但从现在的情况看,这个概念客观上是给民营企业老板的一切都罩上了一层神圣的光环。牟其中说得对:"我国的法制环境、法制精神和法制文化还有待大大的改进;民营企业的生存环境太恶劣、社会地位太低,不能受到法律的保护。"近年来有无数的社会性事件可以证明,我们的社会心理还不能完全合理、公平地对待富豪们拥有的财富;而且宪法也才刚刚写上"合法的私有财产不受侵犯",全面落实还有一个过程。然而,少数富豪的神话不也是被他自己和他刻意地扭曲或夸大,变成窃取社会其他财富的道具吗?从牟其中到瞿兆玉,从刘晓庆到杨斌,从史玉柱到褚时健,他们都是上个世纪80年代初期，抓住时代赋予的机遇，在短短十数年之内，迅速积聚财富；有的甚至还名列福布斯内地富豪榜，他们的暴富难道通通都是合法合理合情的吗？现实世界没有原罪，但现实世界确实有罪恶和罪犯，没有诚信、欺骗、违反劳动法、虐待员工、破坏环境等等几乎成为少数富豪的习惯行为，对于这些，无论在哪个国家都要受到法律的追究。富贵不是罪恶，但也不是"正确"，更不是"标准"的代名词；"仇富"既已成为"国民心理"，我想不出有什么理由可以轻易指责它。所以，"原罪"论不能凌驾于法律之上，"发展民营企业"也不能凌驾于法律之上，在依法治国的今天，任何富豪都不应当以"没有原罪"为自己的现实罪恶辩护。"罪行法定"是庄严的宪法原则，有罪无罪，只能以事实为依据、以法律为准绳。谈论牟案，不能把政策偏向与实在的违法乱纪行为混同起来。这样说，并不是认定牟其中就一定有罪，真正的问题是要区分政策性问题和法律问题。民营经济确实受到国有经济的挤压，发展起来很不容易，但大力发展民营经济的时代要求绝不应当成为少数富豪为所欲为的借口，已经受到法律制裁的罪犯也没有理由要求计划体制为其罪行负责。如果牟其中确犯有当初判定的罪恶，那么他的入狱就与当时的民营企业政策无关；如果这次能够证明当初的指控没有根据，那么他的出狱乃至平反，也与落实"三个代表"重要思想以来国家大力发展民营企业无关，尽管牟其中在狱中写了学习"三个代表"体会的文章。

紧紧抓住"原罪"二字谈论牟案，说明我们的思维还过多地纠缠到政治上了。这不是偶然的。翻读旧报，我们不难发现，一些富豪早就过分地热心政治，且活学活用，他们的暴富有时是权力系统提供种种方便的结果。一段时期以来，市场与权力分得并不很清楚，当少数富豪凭借权力纵横市场时，他们对权力之手没有任何怨言，权钱交易少了任何一方都不可能成功；当他们受到法律制裁时，他们却归之于计划经济加诸民营经济的"原罪"。政治已经渗透到一些企业家的血液之中，家庭纽带加上独裁管理，使一些民营企业甚少民主气息、科学气息，我们能在多大程度上相信这些人会成为发展民营企业的中坚和先锋呢？中国社会的进步能在多大程度上依靠这样的企业家？所以，围绕牟其中的种种议论，不应当也不必要过多地纠缠在"原罪"之上，而应该实事求是地调查、了解牟其中究竟是否违法、犯法，有罪就要依法惩处，无罪就要还他一个清白。离开了这一点而宏论滔滔，无论是辩护还是指责，都离题甚远。希望此次"原罪"的热论，能促使民营企业家们完成从自发到自觉的觉醒，也促进社会舆论就事论事，走向健康化、理性化。

（本文分别发表于《亚太经济时报》2004年3月6日、3月16日、4月9日等）

从常识的观点看

一、"第三只眼"与第一只眼

20世纪90年代中期,署名王山著的《第三只眼睛看中国》一书,受到广泛注意和尖锐批评。作为一本策论,它对"大跃进"和"文化大革命"的辩护,它对改革的反感,它为农民和知识分子定罪,为晚年毛泽东叫屈等等,显然与当代多数国人的体验和认识相背。四年后,"第三只眼睛"的拥有者王山又公开出场,继续声调铿锵地宣传他的治国纲领,令他寂寞的也许是,这一回知识界大概不会有多少人和他进行思想交锋,正如黑格尔说的,第一次是悲剧,第二次是喜剧。

中国人的心理和人格是多种矛盾的集合,国泰民丰的时期是静享农家乐的顺民,灾变时又变成揭竿而起的暴民;同样,知识分子既惯于"两耳不闻窗外事",又热中于"心忧天下"、"事事关心"。90年代以来,学术文化领域的知识分子更多地致力于中国学术的规范化、"科学化",他们自觉与经济行为、政治活动保持距离,无论这是幸还是不幸,知识分子毕竟是在给定的环境中塑造自己的角色。与此同时也有一类知识分子以不同方式沟通自己与权力系统的联系,或奔走效命为王前驱,或批评现政另谋出路,有的直接介入权威结构,有的仍是一介布衣。至少在北京,就不时有类似"政纲"、"国政论衡"的东西传出。

一些不在其位的知识分子、民间人士也在操心国家命运应当说是件好事,王山的基本立场和所有结论都不太可能获得响应和支持,但即使对知识界来讲,他的刺耳声音也是有意义的,他再度提醒人们注意像"反右"、"文化大革命"这类重大事件的复杂性,正视过于饱和的人口可能酝酿着的危机等等,即使对这种似乎是"胡说八道"的议论,我们不能仅仅靠"文化大革命"是"人间黑暗"、"改革形势大好"这类流行口号来一笑置之,如果我们以理性的宽容来面对"第三只眼睛",那么我们得承认它确实看到了中国社会和公众的一些症结,看到了"形势大好"下面的严峻危机。全能天才、伟大领袖已经消逝,在公众都可以对国是发表意见的今天,一个人、一本书,其实也只能贡献一点点有价值的见解。所以假如王山不是那样自视甚高语近独断,他的议论可能会多获得一些同情。第三只眼不是不可能成为第一只眼的。

从来就没有什么救世主,当代就更是如此,中国问题之复杂,绝非一个药方就万事大吉。所有关心国是的人都应当把自己放在正确的位置上,先把第一只眼用足用好,再睁第三只眼。

二、生活就是实验

我一直希望把我们的时代命名为"学习时代",这固然是受到歌德同名巨著的启发,更主要的还是基于对我们所处的社会状态和生活感受的认知。"不是我不明白,这世界变化快。"任何一个中年以上的人,哪怕是困居在物质经济仍不发达的小村庄,都会遭遇生活基础的改变,曾经支持了我们祖祖辈辈的社会结构、经济关系、行为方式、生活风格都已经渐行渐远了,而一套新的制度和观念、物品和工具却日益提示着我们新时代的来临。以文化生活而言,一个二十年前的工农作家可能完全读不懂今天的诗歌和小说,今天的一个老人很可能无法与自己的中学生孙女对话。至少在沿海地区和大中城市,生活越来越成为一场实验,生存越来越具有历险性质。我们已不能再靠传统和经验来维持与世界的关系,只要不想成为边缘人和多余人,我们就需要不断地学习和适应。

应当感到高兴。生命属于人只有一次,世界无限广阔。"天不变道亦不变"式的安详稳定只是一种理想,它与"渡口只宜寂寂,行人须是疏疏"的情境相互配合。现代性的轰然节奏由远而近之后,生命价值的实现和人生意义的探索经常是在变动、新奇、困顿中完成的。我是谁、为什么活着等其实不是什么形而上学的主题或意识形态的规范,而是现代社会向每一个认真生活的人时时提问的,是需要日常实践来确认、来显示的,直到生命终结它才会消失。苏格拉底说得好,没有反省过的生活是不值得过的。什么事也不做的人就什么也不是,未做一事之前我们不知道自己能够做什么,"我"是种种可能的聚合,"活着"是种种行为的积累。所谓"学习时代"是指,生活不是自然行程,也不是无意识的惯性运动,而是满怀希望地自觉选择和主动设计,是需要用心去完成的"作品"。"学习"不意味着成功和满足,而代表着努力和尝试,胜固欣然,败亦可喜,重要的是把生活置于"学习"之中。自然,喜成厌败,人之恒情,绝大多数人不可能也没有必要把"学习"作为一个单独的过程,为着节约社会成本,文学艺术家们以探索人生为职志,向我们描述了无数想象的人生画卷;哲学家、宗教家殚精竭虑解释着人生的究竟,提出了种种理想的境界。中国文化的永恒之处在于,它提供了极为丰富的生活的艺术,且不说那些诗酒流边、徜徉山水的文人雅士,也不说亲切自然、含蓄蕴藉的明清小品文,就是孔孟老庄、程朱陆王等老师宿儒,谁又没有一套生活的讲究?没有他们的引导,我们的生活可能更糟,但即使如此,他们拿出的也不是答案,而只能是参考。

既是实验,失败就如影随形。我们怀着希望降生,付出努力追求幸福,但不如意者十之八九,理想常常抛空,幸福总难达到。这不是悲观,而是现实。在不完满中追求完满,在残缺中追求实现,这才是人之所以为人的所在。不过这样说略嫌抽象。具体到每一个人而言,落实到每一个行为而言，人生的遗憾常由主观的过失、客观的困境、主客观的悖逆等造成。所以在承认世界不是十全十美、人生不可能事事如意的同时，如何正视人自身的局限和弱点，在客观可能的情势下达到最完美的结局，仍然是社会进步的基本目标，也是学习生活的主要内容。

减少悲剧、避免遗憾需要条件，比如良好的社会秩序、丰裕的经济基础、相当的文化教养等等。应当说，改革以来，中国已经在这些外在方面有所好转，日常生活中由人为的政治运动所造成的遗憾、悲剧、厄运总的来说已大为减少。但任何一个不怀偏见的人都会发现，消极的、破坏性的、阴暗性的一面并没有随风飘去，希望的土地上也有不和谐音，在少数地方，还有贪官恶霸在横行，还有贫困在妨碍着奔小康，还有愚昧无知在导演着灾难。翻开报纸，不断可以读到诸如一个村干部可以逼得善良百姓难以为生，一个并不高明的骗子可以使人家破人亡，一个偶然的、意外的过失可能造成终生的不幸等等真实事件。这些现象不是当代社会的主流，但绝不能以形势大好而闭目不视或忽略不计。艾青诗云：为什么我的眼睛常含泪水，因为我对这土地爱得深沉。爱得深沉为什么要流泪而不是狂笑，就是因为这块土地上的公民还有许多遗憾、痛惜、后悔、愤懑的事。

我们应当拥有新生活。从社会政治环境上说，一方面要加大改革力度和范围，把权力严格限制在它应该起作用的范围内，以法律维护人的基本权利，在客观上为人的幸福生活创造环境；从公民个人来说，要提高公民的自我保护能力和必要的文化意识，掌握必要的生活艺术，减少日常生活中随时可能出现的不愉快、不顺利；当遗憾、麻烦甚至灾难到来的时候，也能以一种澹定的心情和理性的态度来从容应对。要创造人类的幸福生活，全靠我们自己，但这个"自己"只能是能够设计自己生活的人。

三、公开性与隐秘性

羞谈、怕谈、不谈性的时代早已过去,我们现在所遭遇的,是一个性意识空前自觉、性行为可以讨论、性文化甚为流行的世界。尽管在一些地摊读物、通俗杂志中,有关性的种种语言和文字还相当浅陋、粗糙,甚至"下流"、"黄色",尽管认真说来,就全国范围而论,性知识还远远没有普及,但至少在文化生活和社会气氛中,性毕竟已经拥有了与其在人类生活的重要性大体相当的位置。

实在没有必要为与生俱来的性需要惭愧抱歉。人类学早已发现,社会集体之所以在文明发展的一定阶段建立了强有力的性禁忌,正是考虑到(或者害怕)性能量的奔放浩大,驾驭不好,很可能妨碍更基本的需要(如吃饭或群居)的满足。如果说现代社会是人性解放的社会,那么破除各种性禁忌就是现代性的内在职能之一,公开化是最好的办法。所谓公开化,不但是对一个基本事实的确认,而且是把它作为一个与人道尊严、人性价值相关的议题来讨论。就中国目前的现状来看,这一点已经达到了。现在的问题是如何把它引申一下,使之与当代中国人重建生活方式、提高生活质量联系起来。何谓幸福?可能永远没有确定的答案,但有一点是肯定的,那就是人的基本欲望和潜能不但能够得到自由伸张,而且成为生命快乐的源泉。性需要与其他需要一样,先须求解放、要满足,然后求美化、要艺术。在一个理想的意义上,自由的人是不为需要所控制的人,而是驾驭需要(如种种本能和冲动)、塑造需要的人。从而有关性的问题,就远远不是自然人的问题,而是社会人、文化人的问题,性的满足应当与个性风格、行为方式、生活目标等等联系起来。我们不但要笼统、抽象地说性心理、性行为、性关系如何如何,而且应当把它展示在具体生活场景中,使之成为设计幸福理想、追求自我实现、提高人生境界的一部分,总之是人生艺术的一部分。

据《人之初》杂志的编辑见告,在该刊发表的文章中,绝大多数还是以第三人称的方式写他(她)的性心理和性行为,还极少有人以"我"的亲历体验为题材。就此而言,我们的性文化还很不发达,围绕着性,我们还有很大一片处女地需要开发和深入,性启蒙仍须进行。然而,此处我更愿顺着人生艺术的话题说到性的另一个方面。这就是除了公开化的一方面外,性还有隐秘化的一方面。床笫之私没有见不得人的地方,但因为它通常处于私密之所,所以才增加了魅力和美感。我相信,无论怎么解放的时代和社会,性行为总不会像吃饭一样以"群众"的方式进行。距离、阻隔、挫折、困难以及由此激活的向往、渴望、紧张、焦虑等等,都是性满足的必要过程。人生的很多事情,说白了往往就会索然无味,太公开了就丧失兴趣。高尔基写过一本小说,主人公苦苦思慕一个女子,但在终于春风一夜之后,他反而感到纳闷:罗密欧、朱丽叶付出生命追求的就是这样的片刻?有意识地保持一点秘密,维持一段距离,常常是善于生活的人的秘诀。古往今来,人类拥有多少性学文献?近二十年来的中国杂志,又发表了多少有关性的或真实或虚构的文章?但谁又能说,迄今为止,我们已经穷尽了性的话题?而且,即使有再多的性学专家,有再多的性学书刊,恐怕也才碰着了性现象的一点表面。这不是学者和作家的低能,更不是普通作者的无知和懒惰,而是因为性本身就是说不尽道不完的。与人生观一样,性一半是事实,另一半是体验;一半是科学,另一半是艺术。事实可以用科学来解释,体验却只有靠艺术来传达。如果说在传统社会,性的话题因为不允许公开化而只能以神秘的方式(如在一些宗教活动中)和艺术的形式(如无数色情文艺)来表述的话,那么在性公开化的今日,我们又不能仅仅把性问题作为一个简单的事实、一个自明的活动来打发。留一半清醒留一半神秘,如此则性行为才始终具有光景常新,性需要才生生不已,而我们也才可能永不厌倦、永不习以为常。

又是公开性,又是隐秘性,其实并不矛盾。没有公开性只有隐秘性必然是压抑的,而没有隐秘性只有公开性肯定是平淡的。单单一个方面,都不能使我们的性文化发达完备,都不能使人类的性行为多彩多姿。因此我提议,以公开的方式讨论隐秘性,以隐秘的心态体验公开性,使人人少不得、个个都需要的性活动成为公开的秘密,成为熟悉的陌生地。这就要求有关性的文章既有实事叙写又有文心美感,既明白畅达又具暗示深微,使有关性的一切能令人心动神驰、想入非非,成为日常生活的激活剂,成为使人觉得生活真有意思的诱导。

(本文分别发表于《岭南文化时报》1998年6月20日、《人之初》2002年第12期等)

既简单又复杂的文化问题

一、"重视文化"的方法

可以预期,建设"文化大省"的决策将极大地推动广东文化建设,而各级党政领导也肯定会对文化建设予以重视。目前文化建设的主体还是党和政府掌管的事业单位,有关文化的任何事情,领导是"重视"还是"不重视",差别实在太大。然而,谁都不能说,此前各级领导就不重视文化。翻翻报纸,看看电视,听听会议,我们不难发现各级领导从来都是"重视"文化的,而且绝大多数领导确实是想抓出成效做出政绩的,但广东文化的现状不能说令人满意。这就提示我们,为了真正把文化"重视"起来,有必要反省一下"重视"的具体方式。"重视"也是一个需要探索、需要努力的行为。

"重视"的通常标志是领导"亲自抓"。"亲自抓"非常有效,比如修一条公路,"亲自抓"的领导可以亲临工地,与工人同吃同住同劳动,洒一身汗滚一身泥,因此给工人以极大鼓舞,使工程早日完工剪彩。但文化与一般工程不同,一方面,无论怎样"亲自抓",领导也不可能亲自唱歌跳舞或写书搞研究,而只能在文化之外以各种有利于文化建设的具体行动来表示"重视",如在政策、环境、资金上的支持,而绝非直接介入,"亲自抓"不是"亲自搞"。另一方面,目前的领导干部,特别是文化部门的领导,一般都是有学历有文凭的"内行",对文化观点和如何抓文化都有自己的习惯,带着自己的倾向"亲自抓",固然可以抓出效果和成绩,也可能使文化建设过多地带有个人色彩,恶劣的情况下可能是在上者自我中心、在下者投其所好,领导者的个人意志成了标准和规范,以形成文化发展所必需的多样化。从而领导既要"亲自抓"又要约束自己的个性和习惯,"亲自抓"的含义不过是以领导的权威破除观念上、体制上、行为上的种种束缚,尊重文化生产的特性和规律,尊重文化人多种多样的创造活动及其产品,"让"文化繁荣起来。

"重视"有时表现为潮流式、运动式的方式。中国地广人多,社会整合程度较低,以潮流式、运动式方式在某一时期内突出某一主题,有其必要性和合理性,但文化创造本身是缓慢的、累积性的,像文艺、学术之类的文化创造通常都要有相当长的酝酿和准备才能有所成就,即所谓十年磨一剑。年增长率、快速发展之类一般不宜随意用到文化上。过分强烈的功利考虑可以收获一些直接配合现实需要的产品,一时的热闹也有其广泛动员性功能,但仅仅这些,不可能产生可以支撑"文化大省"的文化产品,昨天的"杰作"今天看来不过是泡沫,今天还轰轰烈烈的主题明天可能就无人问津,运动过后往往是淡漠和忽视。从文化史的经验来看,"重视"的意义不是短促突击、立竿见影,而是坚持不懈地培养环境、转移风气、保护人才等等。在广东,目前迫切需要创办一份文化理论刊物,全面研究文化理论、文化史和文化实践。

"重视"往往伴随着奖励。从事文化工作的人,大都有过十年寒窗的经历;即使在经济增长期间文化人的待遇也有待改善。因此对一些文化人才、文化产品进行奖励甚或重奖,通常被当做重视文化的举措,事实也是如此。但如何评奖、奖谁、奖什么,其中大有讲究,特别重要的是谁来评"评委"? 要求所有的评奖绝对公正是荒唐的,但从组织评奖来说,出以公心、坚持标准,尽可能地使评奖公平公正则是绝对应当的。不能说目前的评奖不好或不对,但确有一些该奖的没奖、不该奖的奖了。与此相关的课题立项、资金分配等等,也不能说已完全远离成见、偏见甚至不正之风,因此可能导致文化标准的混乱和价值是非的颠倒,不利于调动甘于寂寞、甚少"活动"

能力和社会关系的文化人,倒是鼓励了文化上的轻浮和应景。领导确实是"重视"的,钱也花了,但有限的资源不一定最有效地转化为文化生产力。

说了这些,中心意思是说领导重视为建设"文化大省"所必需,但如何重视,如何使国家人民的财富和领导同志的心血真正成为文化建设的资源和动力,其间还有许多具体问题。如何"重视"文化是一门需要认真研究的学问。把这门学问研究好了,"文化大省"的目标才不会遥遥无期。

二、谁是"大众"

北京是多数中国人喜爱的城市,但除了"人艺"的话剧,其他文艺形式中过分的"老北京味"我并不喜欢。正因此,2001年央视隆重推出的电视连续剧《大宅门》,我只看了不到十集。即使身边不断有人津津有味地评头论足,即使一些在传媒工作的友人向我说起它的收视率是如何高,也没令我再坐回电视机前——我惭愧自己自绝于大众。

文化生活是较能实现个性的空间,一个人喜欢什么不喜欢什么,完全有他(她)的自由,哪怕是成见、偏见、陋习和怪癖,也纯属个人之事,不会有什么社会影响。但是一些文化领域的领导部门、权威机构,应当也必须不让自己的趣味、爱好、倾向影响对一部作品的判断,特别是在涉及有关评奖的时候。我不知道2002年"金鹰奖"的候选剧目是如何弄出来的,但其中的大部分,似乎并没有像《大宅门》那样受到较为热烈的欢迎,这至少可以说明推选者未能充分尊重观众。"金鹰奖"是大众奖,它应当由大众来推选。大众的趣味未必高明,人人叫好也不见得就真的好,但那是另外一个问题。既然是大众奖,我想不出有什么理由故意与大众叫板,也想不出有什么机构一定比全国数亿观众更有鉴别力、更有原则性。在文艺上,大众标准不一定是最佳标准,但与大众相悖的标准肯定是可疑的。

相当一个时期以来,文艺奖项日益增多,名作到处有,大师满天飞,几乎模糊了是非好坏的界限。在此背景下,公众特别希望一些由政府主管部门组织的评奖活动,能够尽可能地客观公正,既严肃文化纪律,也能代表公众的欣赏标准。然而,就一些重大评奖活动结果来看,公众的期待并没有得到满足,一些领导部门的权力意志、一些文化领域的权势人物仍在左右着评奖活动。不是说这些部门和人物没有资格,而是它们没有权力把自己的标准说成是大众的标准,没有权力包办理应由大众参与的事,尤其在它们没有把大众的愿望表达出来的时候。"金鹰"已经有无数选票,大众意愿可以充分表达,没有任何必要以长官意志、部门标准来为大众立法,没有任何必要或暗箱操作或一言堂取代公共媒体上的大众之音。"大众"原是无数个人的群体,虽无名却实在,某一机构、某一部门原则上都不具有充分的"大众性"。任何假大众之名、行少数人之私的习惯,任何把自己的倾向、观点、意志、标准强加于大众头上,让"大众"替自己说话的做法,都是错误的。

最近从上到下都在议论政府管理体制的改革问题,在文化领域是不是也有这个问题呢？各种评奖工作是不是也要改革呢？领导部门要"代表人民群众的根本利益",一个以大众为名的电视奖,难道不应当真正听取群众的呼声,以群众的是为是、以群众的非为非吗？对于任何评奖工作来说,要做的第一件事就是要明确:究竟谁是大众？这本来是常识,却不是每一个人都清楚地明白的。

三、从外面剥开旧茧

在我的记忆中,文化体制改革问题早在上世纪80年代中后期就有很多议论和种种尝试,有关管与办、事业与产业、自上而下与自下而上等等,但迄今为止似乎仍停留在表皮和枝节上,实质性的改革尚未进行。这与经济体制改革形成极大反差。确实,文化在当代中国与政治有更复杂更紧密的关联,虽然我们有过极端重视文化的实践,但正如毛泽东所说的,文化服务于政治。由于政治改革的相对滞后,文化体制的改革也不能切实进行。

现在从上到下都在呼吁"一切妨碍发展的思想观念都要坚决冲破,一切束缚发展的做法和规定都要坚决改变,一切影响发展的体制弊端都要坚决革除"。冲破、改变、革除,坚决有力,好得很,问题是由谁,怎样来冲破、改变、革除?普通的、个别的文化从业人员做不到,一般的文化团体或生产单位做不到,某一地方或局部领域做不到,冲破、改变、革除云云只有掌管文化权力的人和部门才能做到,而改革的后果之一肯定是减弱甚至放弃这些人和部门现有的权力。即使他们能够基于发展中国文化的良好动机而愿意这样做,这些长期以来习惯于既有"观念"、"做法"、"体制"的人和部门又能改到哪儿去?想想柏拉图的"洞穴"的隐喻,我们就能明白现在的状态实在是有理有据的。

改革不能没有现存的文化权力系统的主导,但改革的全部希望又不能仅仅寄托在现有的权力系统之上。怎么办?我们没有理由悲观。稍一留心便不难发现,当代文化生产、接受和消费的现状实际上早已与二十年前大为不同,当体制文化仍然作为意识形态和权力话语生产和再生产一个部门的同时,文化作为消费品的观念已深入人心,从权力系统认可文化产业化到日常文化生活的非政治化,从大量民营文化企业的涌现到文化市场至少表面上的繁荣,我们都深深地感到当代中国文化正在发生深刻的变化,公众的日常文化消费品已有相当一部分不是由亟待改革的体制内文化部门提供了的。当我们说"文化体制改革"时,实际上只是指"体制内文化"的体制改革,比如事业性的文艺团体等等,当代中国已经出现了一批体制相当灵活、效率甚高的文化企业。由此提示我们的是,在推进体制文化的变革的同时,更要从建设文化的民间社会做起,以大量的社会资本和生产力量进入文化领域,改变文化生产由官方一手包办的格局,形成多元化的、市场化的文化生产/消费空间,一步一步地在政策许可的范围内,以新的生产方式、管理体制和强大的市场份额和竞争力,形成社会性要求和压力,为体制文化提供改革的动力和范式,最终重组中国文化系统。

这与经济领域其实并无不同。改革后的中国经济成就,首先也主要是由民营企业、外资企业、合资企业等创造的,因此造成竞争态势,使一度甚感举步维艰的国有企业或主动或被动地选择转轨改制。无论我们有多大程度的自觉,当代改革无疑已经到了制度建设的攻坚阶段。上世纪50年代在"一边倒"的背景下模仿创设的政治/经济/文化一体化制度已经在实践中证明必须有一个大的改变,在经济领域已经迈出了一大步的条件下,文化领域也应当认真汲取经济改革的经验和过程,不要把眼睛只盯着政治体制,跟在后面爬行,而是主动地从我做起,在现有的空间内和给定的条件下致力于自我发展。毕竟,日益开放的国际环境、越来越多的社会资本、众多人口的文化需求等等,已经在体制内外为我们提供了争取多种可能的机遇。

四、走向文化研究

至少在19世纪以前,文化,特别是它的核心部分,总是被理解为社会生活的一个特殊部门,其价值与标准由伟大的、杰出的人物和作品来规定:它是精神的形式,是真善美的结晶,等等。即使像建筑这样的生活必需品,要使之成为文化,也非得具有与一般民居不同的特质,如科隆大教堂、巴黎圣母院等一直都具有"脱俗"、"超越"、"精神贵族"这些令人向往的特征,也引来"脱离生活"、"孤芳自赏"之类的批评。

俱往矣,20世纪社会进步、经济增长、技术革命的后果之一,是大众消费社会的形成。这时人类可以生产和消费巨量的商品与物,它们不但用之不尽地填着港口灌着我们越来越多的欲望,还完成了对生活世界的包围。于是,从英国伯明翰学派开始,时装、流行音乐、肥皂剧、广告、畅销书、新闻广播、室内装修以及种种休闲方式等都是文化研究,与我们现在所谓"文化普及"、"文化下乡"之类毫不相干。

在中国的中心城市及沿海地区,"大众文化"或"文化工业"渐趋发达。如果不论那些仍墨守成规把大众文化置于边缘的"文化研究",那么更为重要的问题是,即使在日益发达的大众文化置于技术/经济系统之中,面对日益强大的"物的体系",我们的文化研究实际处于失语状态,相当一部分所谓"文化研究"根本就无法处理当代事态。在这种背景中,中央编译出版社出版的《时装的面貌》、《午后的爱情与意识形态:肥皂剧、女性与电视剧种》两书就大有示范意义。时装不是现代混乱的表象,也不是当代西方多变性的突出表现,而是一种以服装为社会行为标记的"身体技术",是给身体赋予意义的过程,一种身体的"符号"现象。对于肥皂剧,作者提醒我们不能有效运用电影、戏剧、文学概念来讨论电视,它的叙事由错综的情节线索组成,聚集于某个特定社群中多个角色之间的关系。以此为中心,作者详尽研究了肥皂剧的特征:曝光隐私、没有结局、纷乱的亲族关系。这两本书给我们提供了一直缺少的有关大众文化的概念范畴、操作程序、分析策略。

大众文化首先是物,但不是自然物,社会的意识形态和权力控制也透过它来完成。所以,对大众文化的研究不是每个大众都能进行的,对这些"通俗"的文化研究不能作"通俗"的处理。福柯、女性主义、解构主义等等都没有权力谈论时装、肥皂剧。时装表现的是"社会身体",是一种文化移入的普遍措施。如果承认对身体的打扮和遮盖以社会与文化标准为准绳,服装是以性别区别为基点的行为规范的关键部分,那么对时装的研究就既不能是美学/风格学的,更不只是材料/技术学的。透过这种身体技术,一系列个人及社会的观点得到表达。肥皂剧是极度家居的现象,却把隐私的范围引入公共视界,用家庭这类常规的私人场合重新定义公共空间,它或隐或显地具有政治议程,它表达了、维持了或者争议着、抵制着所属文化中复杂的权力关系。像时装、肥皂剧之类的日常消费行为也是意识形态的一种实践,大众文化是"物",又不只是"物";是"文化",又与传统理解的"文化"不同,较之经典文化,大众文化研究向我们既有的文化研究提出挑战。没有更充分的理论装备、更深入的文化敏感、更开阔的文化视野,就不能对它有所发言。从而,当代中国的文化研究必须回答两个问题:第一,文化研究的对象是什么? 第二,怎样进行文化研究? 一种没有认真思考过这两个问题的文化研究是不会有什么价值的。

五、公司化的忧虑

在我们这个拥有辉煌的文化传统而又遭遇近代非常之局的国家,有无数的人在关心中国文化的未来是理所当然的。一百多年来有过多少种假说、构想,又有过多少创造和实验! 所以看到《中国文化的方向》的书名,我已毫无惊喜之感。毕竟,百年中国已有过十来种类似书名的名篇大作了。

但读者现在读到的这本书确实有些新见解、新体会。由于袁友新先生不是专业研究者,所以无论是历史过程的重建还是理论系统的论证方面,都有一些可以从容讨论之处。本书值得一读之处在于,相对传统中国文化的家庭起源,它第一次在较为宽广的视野上认真地提出了"公司文化"的概念,并对此作了初步的然而是重要的分析,其中一些敏锐观察,如"时间成为生活的编码"、"公司成为社会结构的基本单元"等等,即使在中国也可以部分地得到经验的证实;而另外一些预测,如"中国的公司文化将构成社会文化的主体"等等显然也有着充分的根据。

好书不用推荐,有根据的推论也自然会有它的接受者。所以我不想表彰这本书的优点,而想结合本书的思路和内容,就有关"公司文化"的认识略微申说一下。

首先想说的是有关文化研究的问题。近几年来,文化研究很热,这既有国外学术新潮(如英国的"伯明翰学派")的影响和示范的因素,更是基于社会转型之际"大众文化"兴起这一现实动因。古今中外,与文化相关的研究太多了,但我们并不能把它们与今天的"文化研究"混同起来。"文化"之成为一种研究对象在学理上是基于对文化的一种新理解,它不是体现在传统文献和伟大作品中的价值、理想、趣味和标准,而是如英国文化研究者威廉斯所说的:"文化是对一种特殊生活方式的描述,这种描述不仅表现艺术和学问中的某些价值和意义,而且也表现制度和日常行为中的某些意义和价值。从这样一种定义出发,文化分析就是阐明一种特殊的生活方式、一种特殊文化隐含或外显的意义和价值。"①作为整体的生活方式的文化,包括"生产组织、家庭结构、表现或制约社会关系的制度的结构、社会成员借以交流的独特方式等等"文化的其他定义的追随者根本不承认的因素。从而,"文化研究"不是传统的文艺、哲学、历史的研究,而是与社会组织结构、人际交往行为等等联系在一起的社会理论式的研究。因此,"文化研究"的内容是对社会关系、主体间性、意义脉络的研究,它与经济、政治紧密关联,属于一种"社会理论"。我觉得本书作者对此的认识是比较自觉的,他与一般文化论著不同,不再关注传统或现代的具体作品,而是从文化的社会/历史根源入手,对中国文化作了一番新的整理归纳。其中一些问题如帝王术、特别统治、推崇国家经济等等,看似与"文化"无关,实即内在规定了中国文化的基本内涵。当然,牵涉到这么多的问题,如何把握其中的内在关系及其演变过程是相当困难的,本书也还不能说已处理得很好,但确实捕捉到一般文化研究所发现不了的问题,打开了研究中国文化的新视界。

"文化"之所以在当代被理解为生活方式、社会建制,其前提之一是文化行为及其产品已经成为社会生活中结构性要素,它已经从少数人的垄断中走向世俗日常。这不是"旧时王谢堂前燕,飞入寻常百姓家"的人世沦亡,而是工业革命的具体成果。由于市场巨大的扩张性和种种复制及

---

① 雷蒙·威廉斯:《文化分析》,罗钢、刘象愚主编:《文化研究读本》,125~126 页,中国社会科学出版社,2000。

传播技术的发明，也由于社会的民主化和大众化，当代文化已成为与其他商品一样的普通物和消费品。正像一些后现代理论家发现的，在发达的西方国家，人们生活的世界已变成一个经验的领域，从个人风格、都市规划、经济到理论都经历了一个"审美化"，也即将非审美的东西变成或理解为美的过程，越来越多的东西都在披上美学的外衣，审美泛滥无边，艺术饱和过剩，审美因此无法成为一个独立领域。韦尔施的"审美"其实就是文化。从"体验经济"到"文化工业"，当代文化已很难说是分工的一个特殊领域，它已经渗透、贯注、落实到全部人类生活世界，文化不再是人类的表现性行为，而是包围着人的一张巨网，我们是透过"文化"来理解、接触"自然"的。说到此，"公司文化"的概念也就呼之欲出了：文化之成为产业不就是由"公司"来实现的吗？这一点，本书有比较详细的分析。

然而，说"公司文化"的降临，还不是因为当代或者未来的文化主要由"公司"来生活，另一个更重要的理由是，"公司化"是现代社会的主要特征之一。这就是本书的三个主要观点——"公司改变国家的权力基础"、"公司成为社会结构的基本单元"、"公司出现万能的趋势"所要论述的内容。20世纪中叶以后，"公司国家"、"公司意识"之类的概念在西方甚为流行，它描述的是这样一种事态：发达资本主义国家进入以公司制或组织化和管理化为特征的第二阶段后，大公司吞并小公司，若干小公司合并成垄断公司，西方的国家体制逐步完成了"公司化"体制。具体的过程此处不能详论，但大公司势力之大，国家经济命脉的控制力之强，当代中国人已不难获得具体感受。现在所说的经济全球化，其先锋和主要内容之一，就是跨公司的迅速发展，它们通过在海外设立子公司，不仅可以绕过许多壁垒，直接掌握当地的市场需求，有效利用当地资源，也可以通过内部贸易降低生产和交易成本，提高经济效益。这便促成了生产、流通和消费的非国家化，企业的经济行为具有实际意义上的全球化。据统计，至21世纪初，跨国公司的产值占世界总产值的40%、国际贸易的60%、国际技术贸易的60%~70%、对外直接投资的90%。"例如，通用汽车与俄国，戴姆勒－克莱斯勒汽车与中国香港,蚬壳石油和以色列都在伯仲之间;以中国之大,英、法之富,只不过相当于这类公司前十名左右的联合力量;甚至富甲天下的美国、日本和德国,亦只不过分别与前250、60、20家公司的联合力量大体匹敌而已。"①传统的"国家"没有消失,但"公司"已经主导了经济生活的许多方面,它们以其"富可敌国"的整体经济实力、高度整合的组织、严密的财务控制、雄厚的科技和商贸力量而成为当代的"大王"和"皇帝"。"控制市场的,也许仍然是'无形之手',但这只手所代表的,已非复名为私利筹划打算的许多个人,而是能够影响政府、左右舆论、在无形之中操纵千百万人命运的数百家跨国财团了。"②严格地说,西方国家有两个政府,一个是受宪法控制的名义上的政府,另一个是不受宪法控制的实际的"政府"。

这是不是夸张了?一点也不。从个人到组织,发达国家已基本上被"公司化"了:国家权力分流到各个公司,所有的公民原则上都是公司的雇员或公司型组织的雇员或潜在的雇员,每一个雇员都受制于一种经济和技术的管理系统,臣服于一种非人格的"主人"。其后果之一,是公司部分取代了国家而掌握着个人命运,它调控信息传播,规范雇员生活,确立以技术/组织/效率/发展/进步为唯一价值标准,在极端的意义上,公司拥有的权力已经摧毁了雇员的自由、民主权利。比如,政府不能干涉法律允许的言论自由,但公司组织完全可以因为某些雇员的自由言论而将之开除。事实上,没有任何一个老板喜欢言论自由者。公司的组织是理性的、高效率的,雇员是高薪的"白领""小资",但一些基本的人的价值和权利却在其中丧失殆尽了。其后果之二是"只有一种单一的思想和价值"的"公司意识"。这是一种用组织的和理性的力量取代个人或非理性的力量的意识。在"公司化"时代,"理性"就是有效率的、可以管理的,"非理性"则是自然的和主观的个人,有效的竞争必然以"超越个人"为前提,其基调当然是个人不能信任,必须由公司来为个人设计出能够最大限度地改造、使用个人

---

① 陈方正:《自由主义在新世纪所面临的挑战》,载《二十一世纪》,2001(12)。
② 同上。

的体制,把个人整合到公司的组织结构、意识结构中去。"公司人"意味着"自然人"的脱胎换骨、洗心革面,它只有一个标准:你能为公司做什么,你就会得到什么位置。如此的民主化没有使人感到安全,因为他必须不断地证明自己,不断地认同公司的组织原则,以公司的力量取代个人的力量意识。正是在这个意义上,人们把现代人称为"组织人"、"单向度的人"、"没有面孔的人"、"孤独的人"、"他人引导的人"等等。

如此则"公司文化"的形象并不美好。当然是这样。但公司的权力不是从国家那里取而代之的,或从公民手里攫取的,而是技术和市场内在潜能的充分实现;而公司代表的也不只是某个人的力量,而是组织和功效、技术和计划、现代理性和科学管理的力量,一言以蔽之,它是我们苦苦追求的"进步"和"现代性"的必然后果之一,因此也是中国文化的宿命。中国的现代化必然导致"公司化",无论我们如何深感其非人性,无论我们如何一相情愿地期待以包含着浓郁人伦亲情的中国传统文化补充并平衡冷漠竞争的"公司文化",我们都只能先通过"公司化"这一关。不过,历史早已证明,道高一尺,魔高一丈,"公司化"的"异化"绝不真的意味着公司化时代"人的死亡",西方20世纪60年代的"文化反叛"和审美文化的兴起,说明人类有能力或者正在努力克服"公司化"的痼疾,在"公司化"时代建立一种对抗公司的"属人"的文化。

因此,中国文化面临着一种复杂的情境:"公司化"既无可避免也有其正面价值,就像本书所昭示的;但同时也要清醒地正视"公司文化"非人的一面,及时地发展出应对方略,在此过程中,中国传统是我们既要批判、拒绝又要承续、发扬的一项遗产。基于这些认识,我认为《中国文化的方向》提出了一个真正重要的问题,它应当成为中国文化研究的一个新的出发点。

(本文由发表于《南方日报》2003年1月22日、《社会科学报》2004年3月11日、《新周刊》2000年第2期上的文章及2003年春为袁友新《中国文化的未来》写的序言整理而成)

故事中的模式

作为当代社会日常生活的构成部分，电视剧肯定是目前观众最多的文艺/娱乐形式之一。虽然严格地说，电视剧只是近二十年来才为中国观众所熟悉，但较之社会结构、经济方式、科技文明，人性从来是顽固的，趣味从来是保守的。我们至今仍在倾听两千多年的孔子、苏格拉底的教诲这一事实，说明漫长的岁月并没有使人的需要发生多大变化。因此，无论当今的电视剧如何在内容和形式上翻新，但其故事模式、寓意教训却并不陌生。当我们为故事中争奇斗艳的情节和善恶邪正的人物心悸神动甚至撕心裂肺时，我们其实是重复着古老的人类心理活动。对此需要深入的理论/历史的分析，我这里只从三部相当一般的电视剧入手，看看缤纷的色彩和喧闹的故事下，是如何包裹着三个古老的情感模式。

一、恶有恶报

二十集电视剧《紫荆勋章》是广东珠江电影制片公司的部分电视人为纪念香港回归制作的，说的是几个中国企业家在香港创业的故事。给我留下较深印象的是邪恶的温妮，她比男一号李修龙的个性张扬，比男二号张天伟严密精细，比最有身份、最为端庄的女二号冯家慧生动有力。她属于中国文学传统中潘金莲、王熙凤一系的人物，虽然电视剧对她的表现还有一些不太清晰之处。

无论是传统的小说戏曲还是现代的电视剧，善恶有报都是其基本主题之一。中国传统的人伦道德的要义之一就是遏止恶的行为和念头；现代社会更有一整套法律设施来惩处犯罪性的恶，但谁都不否认，从古到今，恶始终不绝，而善却从来没有像恶那样趾高气扬、横行无忌，暴力、邪恶、犯罪差不多成为种种大众音像制品的主要诉求点。对于这个令人气闷沮丧的现象，《紫》剧通过温妮给我们一些新的启示。

温妮是个不幸而又制造不幸的人。她原是与李修龙同车到香港去接受父亲遗产的大陆少女，但在东方之珠，洒向温妮的都是怨。先是她姑母侵吞了属于她的财产，使她无家可归；然后是在选美差不多折桂时遭人暗算；再后是被富家子欺侮。这些创伤性经历塑造了她的性格和思想。一方面，这就是踏上生命之途的基本经验，世界与人生显示给她的就是这样无情而冷酷；另一方面，在她的主观上，可以合理地从这些遭遇中滋生起怨恨与报复的情绪。绝大多数恶人与恶行都不是天生的，而是种种社会不义造成的。现代社会是以伸张个人欲望为动力的，但每个人的起点、机会、能力等等大不一样，再加上严重的不公正，这就很容易引发对比自己富有的人、比自己有能力、对自己好的人产生怨恨心理与报复行为。这有时并不是完全不合理的，比如一个普通劳动者的一生的辛苦所得不够某一个贪官的一餐饭，平庸居上位而英俊为布衣等等。如果这个受损害与受压迫的人能力很强，野心勃勃，又没有或缺少自我规范，那么由此怨恨而引发的报复和抗议就可能采取非常的形式。温妮一开始就比较自私，但如果不是由于她的这些遭遇，她很可能有另一种发展方式。现代社会的难题之一就是减少社会不义、化解怨恨心理。《紫》剧中的另一个老板冯天源，太平洋公司的毁约几乎使他失去一切，但在一段时间的敌视和怨恨之后，冯天源又与对手相逢一笑。我疑心，这是故意设计来与温妮对照的。

本来，现代社会、特别是都市社会向人们许诺了富裕和幸福，但这一切都是靠钱来支撑的，有钱没钱是成功与否、有身份与否的主要标准。李修龙和张天伟去参加太平洋的庆典时被侍者阻拦，但冯家慧带他们换了一身"行头"后,侍者的笑脸就迎面而来。平等、自由是现代价值观的根本,而在日常生活中,不同个人之间的价值和位置是截然不同的,经济发展了,金钱的魔力没有降低,而是受到社会分层的配合而更加明朗。现代中国发展的社会空间,经过了几十年革命意识的洗涤,一些本来属于做人规矩的道德律令被当做封建主义彻底否定了,无法无天曾经是一个得到提倡的口号,我们的行为较少受到内在良知与外在伦理的约束;与此同时,我们的物质产品、生活资源又极其贫乏,生命之欲因压抑而高亢激越,我们的需要日益单一而且直接。这就是温妮之类的人物从不择手段骗钱到为谋取钱财而违法犯罪的心理动力。从而,温妮的毁灭,启示着我们重新审查自己的生活环境,对经济主导型的社会文化系统有一种清醒的认识,避免像一些文艺作品中宣传的那样,把市场经济塑造成一个通体光明的乌托邦,把竞争视为包医百病的万应良方。

恶人恶行得以生长的另一个社会心理,是在实际生活中善恶并没有全部报应。通常我们只有在善恶有报时才会觉得天网恢恢疏而不漏,但历史的教训一再告诉我们,善恶相报不是常态。像温妮这样理性的作恶者有她的成本核算:如果通过劳动致富,她终生都不可能成立什么属于自己的公司;出卖长凯和太平洋的标底也可能会付出代价,但概率比较小,值得冒这个险。温妮的行为为舆论和法纪所不许,但她知道得很清楚,毕竟不是每个违法犯罪的人都会落入法网,以至于她在被通缉前夕还在期望中标。这不是她的幼稚,而是现实情状的反映:谁能说那些所谓成功人士、富翁巨贾们都有一个遵纪守法、一干二净的历史?无论法制化程度有多高,不甘平庸而又希望走捷径的人总能发现缝隙,总能趁虚而入,并且其中总有一些人不被追究,总有一些罪犯逍遥法外。就像关汉卿说的"为善的受贫穷更短命,造恶的享富贵又寿延"。在这个意义上,温妮这种性格既是对那些与其相近的人和性格的一个教训,也是对普通观众的一个安慰。

二、儿女奇情

  生命苦短,譬如朝露,但几乎任何人都感到,灾难会降到我们头上,疾病会困扰我们,竞争的压力甚至使我们累垮,所有这些都使本来短促的生命也漫长难挨了,由此也滋生着悲观厌世的情绪。当然我们完全可以乐观,因为生命的价值与生活的充实恰恰是从克服、战胜这些危害生命的东西中诞生的。至少按现代人的观念,幸福绝不是平安无事、得享天年的同义词。

  人生观的问题总是复杂的,悲观、乐观都不难找到自己的论据,也永远能找到自己的拥护者。从文艺看,它不但要从丰富的人生遭际中觅取素材,它的效果部分地也是要使受种种局限的普通人能够分享他人的经验,想象更广大、更繁复的世界。在这个意义上,文艺的空间不应当是和谐幸福、通体光明的,悲剧才是文艺的最高境界。我们幸运地没有遭遇1976年的唐山地震和1999年的台湾地震,但我们喜欢坐在安全舒适的家中观看两次灾难中的人生,何况《无情海峡有情天》的主人公二十三年中两次在死亡的边缘线上动摇呢?我们不是研究地震现象的科学家,也无意探讨有关地震的一系列社会问题,我们只想看看当时当地的不幸的人们,为他们的死亡受伤而流泪,为他们的得救而欢喜。可能的话,还进入那些受难者的心灵,感同身受地了解他人的所感所思。

  每个人都以艰苦卓绝的行动建立自己的生活世界和秩序,稳定发展是生命的自然目标,但生活有它的规则和逻辑,重复的流逝、琐碎的细节、保守的风习、日常的纠缠等等,都常常使人生灰色而平庸。我们每每期待突然的变化和巨大的转折,希望借此能改变生活的现状,获得新的可能性。灾难不期而来,令人扼腕痛惜,但它逼使幸存者在瞬间面对新的情境,重新设计自己的生活。正是在这样的过程中,人的创造性、主动性可能得到发挥,生命的光辉可能从中焕发。当英嘉杰和康小风第一次在唐山地震的废墟中相互支撑终于获救时,我们不只为顽强的求生本能而赞叹,也为生命价值的提升而感佩。灾难既毁灭了人,也成就了人,我们完全有理由设想,自然终将屈服于人,他们必将获得非凡的爱情。英嘉杰和康小风是不幸中的幸运者。看完这部电视剧,我想到的是《魂断蓝桥》、《泰坦尼克号》这类作品,战争和灾难毁灭了爱情,但爱也正是在战争和灾难中得到永生。虽然谁都不想有灾难,但哪一次灾难不是一次人性的闪光?可怕的有时不是灾难,而是不敢面对灾难的人心和人性。

当年天崩地裂的地震造成的伤害及其成就的人格其实远远没有在文艺中得到充分展现,渲染灾难从来不是文艺的目的,灾难中的众生相和刻骨情却永远是文艺的主题之一。事实上,当英嘉杰和康小风二十三年后再一次躺在台湾地震的废墟中回首往事、安排未来时,我们顿时发现,塑造了他们生活的不是两次地震,而是生活在两次地震中的人以及这个时期的中国社会。康小风的后母的偏见以及台湾与祖国大陆的分离,才是他们爱情悲剧中的真正"地震"。千秋万代,青年男女总是把美好的爱情当做人生的主要追求之一,但为什么,有情人总难成眷属,文艺总有写不完的爱情悲剧?其中有说不尽的偶然、巧合、误会与偏差,但抽象地说,人生的幸福要有自然与环境的配合,也需要人的心态和行为的调整,自私和偏执心理应矫正,邪恶行为必须克服,国家民族必须统一,如此,生活在这个环境中的青年男女才能避免遗憾和痛惜。如果我们无法避免自然的破坏的话,那么我们至少要把人为的破坏降到最低限度,使短促的生命尽可能地少有遗憾、少有悲剧。

无情海峡有情天,爱的情感(包括对恋人的爱和对他人的爱)总是强有力的。人间之爱可以克服自然灾难和人为干扰。英嘉杰和小风的生死恋没有终成正果,但这部电视剧不是悲剧。康小风遭受了几乎是人间最大的委屈,但好在没有丧失爱的信念,对孩子、对家乡、对事业,她付出了全部的爱。再度重逢时,恍若梦幻的人事错位没有消磨她的热忱和关爱,她仍然把亲人的幸福放在首位。因为她有自己的人生信念并以爱创造自己的生活,她不是悲剧人物。爱着康小风的云亮、爱着英嘉杰的素心都没有因为没有回应而走向反面,他们都能调整好自己的心态和双方的关系;康小雨冒名顶替过上好日子,但她的动机和行为都没有任何可以非议的地方。相对而言,英嘉杰的处境比较复杂,电视剧对他的处理也最为机巧,成功的不是他两度在废墟中的行为的对照,而是他错把小雨当小风的深沉的爱,是他在小风与小雨之间的矛盾感情和艰难选择中,显示了爱与破坏爱的种种因素的较量并最终建立了新的和谐。霍炳光是剧中唯一的反面人物,他的行为加剧了自然的破坏性,但他最后由他的妻子宣告了他的彻底失败,显示出报复、仇恨终将被爱所征服。电视剧最终结束在一片完满之中,没有遗憾,没有怨恨。

也是在两次地震期间,中国改革场面壮观。自然灾害还会发生,但国人的日常生活确实好过多了;国家还未完全统一,但滔滔海峡已不能阻隔英嘉杰和康小风的联系。然而,我们的生活实在还谈不上美好,私欲膨胀和复仇动机实际上在销蚀着人间真情,实用主义、交换原则扩张到非经济领域,恋人之间、夫妻之间有时也难以真情相待。《无情海峡有情天》是根据香港"财经作家"梁凤仪的小说改编的,它的制作也属于梁凤仪文化产业的一部分。完全不能说它在艺术上有什么特异之处,但它能以如此夸张的巧合来表现一种非凡的情感际遇,不能不说明在理性化的现代社会,人们是多么地渴望人间真情。看完这部电视剧,我们是多么渴望像康小风、云亮、素心这样美的心灵和爱的化身!沧海月明珠有泪,不是痛苦之泪,而是喜悦之泪、幸福之泪。虚构的剧作不是真实,但蕴涵着我们与生俱来的希求:现实的人事多么令人气馁,我们就多么需要虚构的纯净;人间是多么的无情,荧屏就多么需要深情。

三、尚方宝剑

权力是诱人的，权力是害人的。无论社会政治如何公开，普通公众都无法看到权力的运作，难以捕捉当权者的真实动机。这就是文艺的用武之地。最近几年来，清初几位雄才大略的君王被搬上荧屏，极大地满足了公众探知权力中枢的隐秘的期待。它们"不是历史"，却让观众部分地理解了权力，虽然这是经由当代解释、翻译过的权力。

权力无所不在。而在当代中国，权力的突显与腐败有关。腐败因其对国家与公民利益的巨大损害而成为过街老鼠，但这只老鼠不但生命力极强，而且有时不是在阴暗角落而是在光天化日之下恣意横行。在广东电视台最近完成的反腐电视剧《雷霆出击》中，面对骇人听闻的腐败恶行，一方面是底层民众以及各界人士的极大义愤和无可奈何；另一方面是腐败分子"理直气壮"的自我辩护：市委书记崔大同担心自己难耐退休以后的清贫寂寞；海关关长黄诗扬要尽到父亲的责任，要回报美貌的女走私犯的真爱；崔大同的儿子、走私分子崔小庆则口口声声以全社会人人都在忙赚钱为根据；开发区主任胡思清根本就不认为参与走私是什么罪过……所有这一切，当然经不起一驳。崔大同做过教师，他想过一个普通教师退休后的生活吗？黄诗扬为自己没有钱送女儿赴美留学而愧为父亲，他没有看到绝大部分的中国女儿终生厮守在黄土地上艰难而贫困地度日；崔小庆本人没有权力，但他不会想象平民们是如何赚钱的；胡思清的"清晰的思想"根本就没有投向他那些悲苦无告的"子民"。总之，他们不愿把自己混同于普通平民，以自己拥有的权力安排自己沉醉放纵、富贵温柔的终生享受，并由此豁免自己的罪恶。

问题不在于这些"自我辩护"毫无合理性，而在于这些动机和"理由"修饰了他们的行为，减轻了他们凭借合法的权力从事非法活动的负疚感、罪孽感,放手大干,为所欲为,终于把他们主政的城市变成腐败分子的乐园和走私分子的天堂。在市委机关,正气很难得到伸张,坚决主张打击走私的纪委书记彭绍元因为不与"市委"保持一致而在党代会上"落选";在南港海关,等待那些严格执法、查禁走私物品官员的不是鲜花和掌声,而是被"上面"调离和压制,被腐败分子唆使的黑社会追打和伤害。好人挨整,清官难做,试看南港之大地,竟是谁家之天下?

天下是共产党的、是人民的,但在南港,无论是市委还是海关,主要领导人都不再是党章上说的共产党人,都不再是人民推举的公仆,而是走私犯罪的保护网,是直接从走私犯罪中获取巨额财富的硕鼠和恶狼。在领导人周围,聚集了一大批党政公安的官员,他们相互援引,分工配合,或弹冠相庆,或恣意享受。当南港海关两年中偷逃关税达到六十多亿元时,南港市也差不多成了"黑暗王国"。近年来国家查处的湛江海关不是充分证明了这一点吗?

既要正视腐败的猖獗,又要"政治正确",这是所有以反腐败为主题的文艺作品的难点。长期以来,文艺作品反映的正反冲突、善恶交锋无论多么激烈,但作品中的"坏人"或反面人物至多是二把手,以此形成邪不压正的格局,关键时刻,只要一把手发一句话,整个形势就全面改观。近年来反腐败题材的影视佳作如《生死抉择》、《大雪无痕》等等就是如此。《雷霆出击》因其写实性而不得不另出新招,把两个第一把手设为腐败之源,一方面固然是反映了现实的真实,真正显示了反腐败斗争的严峻;另一方面又使该剧面临一个挑战:当代中国的反腐败作品绝不允许把任何一个地区、一个部门写成"黑云压城城欲摧",不允许任何作品丧失反腐败的信念。从而,如何在"黑暗王国"中显示一线光明,如何在滔天罪恶中升腾起克服战胜罪恶的力量,是这个电视剧能否通过的关键。为了解决这个难题所作的努力也形成了这部电视剧的两个特点。第一,在人物设置上,崔大同、黄诗扬虽是地方一霸,左右南港,但在他们之上,是作为光明力量的中央纪委工作组和省领导,即使在立案侦查之前,他们也始终关注着南港,南港从来就不只是崔大同、黄诗扬的天下,脓疮毕竟不敢见天日。第二,在结构安排上,十八集电视剧只有前三集概括性地表现犯罪分子的嚣张及其行为的危害性,此后十五集全部是侦查过程的再现,是正义对恶的惩处,包括崔大同在内的腐败官员、走私分子只能是被审查和打击的对象。以这两点为基准,电视剧根据中国的政治原则,较好地处理了正与反、政治与艺术、纪实性与创造性的关系,突出了几片乌云终遮不住清明丽日的政治原则,抒发了广大公民的期待和想象。

相对而言,这个电视剧对普遍公民在反腐败斗争中的作用表现不多。无论如何,对腐败最痛恨的还是直接身受其害的公民大众。不过我不认为这是这个电视剧的缺点,原因很简单,在南港几百万人口中,没有人拥有制约崔大同的权力,从工农市民到党政干部,他们可以咬牙切齿议论纷纷,可以举报揭发集中上访,但在南港,仍得接受崔大同"市委"的领导。如果说工作组动用国家机器的力量来搜集腐败犯罪分子的证据都要付出代价,还牺牲了林汝秋、小孙两个成员,那么底层平民和小人物除了饱受贪官腐败之苦又能奈他们何?这一点,其实也正是反腐败的难题:高度集中的权力如果得不到有效的监督,腐败就很难消失。如何建立有效的监督机制是一个长期任务,就目前的现状来看,铲除腐败,特别是铲除像南港这样"第一把手"参与的腐败,主要还是要靠"尚方宝剑",只有上级党和政府拥有合法权力和力量来剥夺腐败分子的权力和力量。崔大同可以把彭绍元"选"下去,黄诗扬可以把拒绝放私的官员调离,胡思清可以不理石化厂工人的抗议,但工作组一来,他们就得向工作组"讲清楚"并最终束手就擒。腐败要有权,反腐败也要有权,要有更大的权。离开这一点来说反腐败,至少在目前的中国,不是大话就是空话。

(本文根据发表于《南方日报》2001年3月21日、《党风》2001年第10期的三篇电视剧评论整理而成)

话语的力量

我们有理由感到高兴,仅仅二十多年的时间,中国电视文化就从无到有,从贫乏到丰富,蔚为大观,极大地影响了中国公众的社会生活,很难设想,如果没有电视,我们的生活会是怎样。在电视越来越丰富的栏目、节目中,专题谈话节目后来居上,以其强烈的社会关切和鲜明的价值立场成为观众最关注的节目。

按通常理解,通过直接摄制的连续性画面构成的形象性是电视不同于其他传播手段的主要特征,但是专题节目却是以议论性、谈话性为主的,它所集中的主题,也主要是相当具有分析性、探讨性的公共事务,具有一定的社会理论的成分,这样的节目在中国广受欢迎,显然是因为我们生活在一个需要改变的状况中。首先,尽管在中国,电视被当做一种文艺性、娱乐性的媒体,但相对于其他经典文艺形式,电视却主要执行一种资讯功能,一种信息传播的中介,较之广播,它更有一种现场感、直接性,所以成为现代社会不可缺少的媒体。因为有了电视及其他手段,地球上的各个地区再也不是遥远难及的,而是由四通八达的通信网构成的村落。欣赏艺术,尽可以到剧院、博物馆、音乐厅去,电视并不主要是传播艺术的手段,它是一种广告媒体、一套图像拼贴、一种话语方式,正因此,谈话性不但是电视节目的主体内容之一,甚至也优先于图像而成为电视制作的基本动力。其次,在急剧变革的当代中国,旧体制、旧观念正逐步为新体制、新观念取代,公众需要了解变化中的一切;而且以中国之大、人口之多、发展之不平衡,从技术进步到官员腐败,从政策改革到风俗人情,即使在世界范围内,中国也属于新闻较多的国家。从而,不是文艺晚会,不是电视剧场,而是《焦点访谈》、《新闻调查》、《经济半小时》之类,成为中央电视台最受欢迎的节目,它们是我们了解自身和世界的重要渠道。

广东电视台的《社会纵横》、《新世纪论坛》等栏目由于报道重大事件,对一些公众关心的问题作了深入采访而受到欢迎。但在各地电视台加大专题节目的分量,改革的深化又开拓了新的社会空间和言论自由,观众也因此对我们有新的期待的背景下,这样的栏目就需要有新的突破了。我认为,这里有三个问题需要明晰。

第一,不要过于自觉地追求通俗。因为电视是一种大众媒体,因为我们的观众大多数所受教育不高,所以在电视节目的制作中,我们往往比较强调通俗性,这在一定时期内当然是正确的。然而,我们先不论观众理解力、欣赏力在提高,对电视话语和图像的熟悉性也在提高,仅从电视特性上说,图像较文字更具有可接受性,这就是说,同样程度的探索性、思辨性,在图像上比在文字上更能为人理解。海德格尔、萨特的理论著作很少有人懂,但表现存在哲学的凡·高的画、萨特的戏剧,观众甚多。80年代中期开始,中国文化的各个领域都出现了一股突破原有形式规范、探索新的方法和语言的潮流,但是朦胧诗、荒诞剧、先锋小说,迄今也没有得到公众的广泛认可,而差不多同时的第五代电影、美术却甚受欢迎,观众显然不会觉得张艺谋、陈凯歌的电影有多么难懂;图像的构图和色彩,不仅诉之于观众的理智,也冲击他的感官和本能。同样程度的抽象性,表现在文字上与表现在图像上,有不同的意义。这几年许多引进的外国电影具有很强的非形象性,一般观众照样可以接受。

这就提示我们,要相信观众的理解能力。专题节目不能只是一般新闻的放大延长,而应当是对一些突发事件或常态现象进行还原性、分析性的采访调查;这个节目不是要告诉观众发生了什么,而是要引导他们应当怎样看发生了的事件。因此,在取材上,一不要局限于重大事件,以为只有重大事件才是观众关心的;社会生活中的一切问题可以成为我们捕捉的对象;对于一个正常的社会而言,恰恰是一些日常事态更能暴露其本质和流向；二不应局限于日常生活中的衣食住行，而应当更多地集中于类似于人口压力、生态危机、体制混乱等可能长时间纠缠着中国的问题上，通过我们的节目，不断唤醒公民的参与意识。总之，我们不能做观众的尾巴，不能只给观众提供土豆而不提供牛肉。

第二，不要满足于浅尝辄止。现在的专题节目大多不停留在一般性报道和介绍上，至少在主观上，也是力图作出分析、追踪的，但是，大多节目只是就事论事地解释一下前因后果，较少对所涉及的问题和现象提供别开生面的理解。社会事件的复杂性、中国人搞关系的天赋，使得当代任何一种现象和事件都可能牵涉到许多方面。作家王蒙曾说过，几十个字可以报道一个重大事件，一本书不一定能把一件小事说清楚，这就是中国的现实。几年前，《社会纵横》报道过一个叫杜润芝的妇女，用各种方式杀死了几十人，司法机关审讯完毕可以把她处死了事，但作为电视报道，她在临死前的一番话语却值得我们好好沉思，比如她说到中国人口太多造成很多问题，她说到社会不平等、不公正等等，对此绝不能仅仅把这些话当做痴人说梦来打发。从她的话里，完全可以发现许多必须解决的危机，并为我们理解现代犯罪提供了特别重要的信息。电视节目要想有人看，不能只是重复有关部门已经做出的结论或大多数公众都可以说出的话，一定要向深处开掘。这里关键的是不要简单理解"以小观大"，不要轻易地把一些具体的问题抽象为一些大道理、大原则，而就是要在"小"上下工夫。

那么，到底怎样向深处开掘？我觉得关键是两条。一是向生活还原。任何事态都不是凭空而来的，在它的背后，常常有复杂的来龙去脉，但多数公众不可能对任何事件都了解得那么清楚，这就是我们专题节目的工作了。比如前一段广州市做出决定，要清理一些重要街道的防盗网，以美化市容，这一决定遭到市民的反对。这里的两难是：市政府的决定肯定是有道理的，市民应当服从；但如果这样做了，谁能保证这些家庭的安全？由于近年来防盗设备安装已成为一种行业，取消了防盗网，就可能导致很多人失业；而且市民为什么不花其实比安装防盗网要少的钱去买保险？所以小事不小，古人说"一叶知秋"，西方人说"一沙一世界"都是强调这一点。二是要善于提问，就是在公众常识、标准结论之外进行推论，从一些习见的现象中提炼出有新意的问题。比如，一个流氓欺负一个妇女，围观者无一人挺身而出。对此一般都是批评围观者缺乏公德和正义感，并由此批评现实中的道德滑坡。所有这些都是正确的，但类似这样的事经常发生，我们就应反过来问一下：为什么没有见义勇为的英雄？我们不能要求一个普通人不怕死，公民纳税之后本应当享受由公安机关保障的公共秩序和生命的安全，我们也不能要求所有的人都来维护社会治安。从而，这样的事件所能提示我们的，更多的是如何强化公共安全，而不是一般地指责社会道德水平的下降。就此而言，所谓"深"就是"新"，就是"差异"。

第三，重要的是提高采编人员的素质，除通常所说的知识结构、分析能力之外，最重要的是要有一颗爱心。所谓"爱心"，主要是指对社会进步的关切，对国民生活的爱护。有了爱，就有了"恨"，这就是对一切违背人情、压迫国民生活的恶劣行为和贪官奸商的揭发和批判。有了爱恨两种感情，我们才能赋予我们的职业工作以一种严肃的意义，我们才能在小小的荧屏上参与生活和世界的好转。这样，我们就不会仅仅在工作中追求名利，就不会把电视节目仅仅当做某些领导的传声筒。赞歌是要唱的，那是赞扬维护公民利益、推动社会进步的人和事；"曝光"必须坚持，那是因为现状还并不尽如人意，媒体有责任勇敢地表达公民的意愿。只是在这个前提下，知性能力才是重要的。电视专题节目的采编人员大多是新闻和文艺专业出身，对社会学、政治学、经济学、伦理学等知之甚少，而专题节目所涉及的恰恰与这些学科密切相关，我们需要补课。更重要的是，我们正在进入的是一个崭新的世界，现代化进程把许多我们以前不熟悉的东西带到生活之中，对许多现象和问题我们必须要有新的视角和标准，老调重弹已不可能适应新的现实。马克思早就说过，对象对于我们的意义，不仅取决于对象，也取决于我们主体，一个没有相应的感知图式和理解背景的人,怎么能对我们这极为复杂的生活环境有所知解。目前中国发生的一切与现代化运动有关,但对现代化、现代性,我们又了解多少呢?

电视是由图像构成的,但图像是按照话语的逻辑构成的;话语是叙述,但更是一种能够影响他人的力量,专题节目是最具力量的一种,我们要好好抓住这一力量,用它来参与社会的变革和进步。

(本文为1999年10月一次座谈会的发言记录)

让人为难的希望

深圳是一个年轻的城市,它的精神、它的文艺界似乎也是青春气十足。前几年,深圳以打工为题材的作品在地方文学界受到关注;1998年,一部《花季雨季》在无数青春少年的心灵中洒下花雨。1999年的盛夏,深圳戏剧人又向成人世界奉献了一台儿童剧《窗外有片红树林》。我们当然心怀期待:这个新鲜的世界会在舞台上提供给我们什么?

中国有数千万的中学生,但我们到底有多少关于他们的优秀文艺作品?经济发展和社会进步已经为这些花朵保证了良好的物质生活条件,以至于我们这些在严酷的社会控制和匮乏的生存环境中艰难跋涉过来的成年人,无不以羡慕甚至嫉妒的心理看待他们。然而,使我们不安乃至吃惊的是,眼下的青少年似乎把一切良好的条件视为当然而不知珍惜,就像《窗》剧中母亲说的:"整天有吃有穿,还老是'没意思'。"确实,我们似乎有理由对他们不满,生活要求高,读书不刻苦,有时一个成年人的工资收入都难以满足一个学生的消费需要。《窗》剧中黄毛毛的父亲其实代表着大多数家长的心态。但另一方面,当我们指责孩子们沉迷于游戏机和通俗读物时,我们却较少检讨自己到底对孩子理解多少,给孩子们提供了多少像样的精神产品。在社会风习普遍衰颓的今天,在知识的尊严并未得到必要尊重的今天,我们能抽象地要求孩子们一心向学、纯而又纯吗?

这就需要我们有一大批少年题材、中学生题材的作品,一方面准确把握他们的心理状态和性格特征,成为他们喜欢的欣赏对象,丰富他们的课外生活,提供他们想象的空间;另一方面也使成年人从中了解我们其实并不了解的下一代,缩小代际距离,达成社会沟通。《窗》剧不是什么名作巨制,但给我们讨论孩子的教育总是提供了一个视角。

该剧的具体内容是如何教育孩子。黄毛毛是一个可爱的却又令父母头痛的中学生,考试成绩差,父母难以管束,但通过参加深圳"义工"活动,他在帮助他人中发现了自己存在的意义和价值,改造、提高了自己。这个戏在发掘少年心理、表达社会教育方面有很好的经验,但它受观众特别是中学生们欢迎的主要原因,我想应该是它以一连串既散又连的生动故事表明:要成才自成才,青少年的成长,要靠他自己完成。青春期的心理躁动必然具有反权威的造反特质,学校、家庭和社会对少年教育本质上具有管束的性质,如果说这在小学和初中阶段还比较容易奏效的话,那么到了高中阶段,学生们已经不再满足、不再服从父辈的管理性教导。黄毛毛的父亲是学校的教导主任,但在教育儿子方面却依然与许多家长一样犯了简单急躁的毛病,用心虽好却手段欠佳,不但不能教子成才,而且不能维持一种正常的家庭关系。原因即在于他不能引发、培养毛毛自身具有的向上的力量,把被教育的对象放在一边,企图以单纯的"外铄"来完成本来需要主体自身参与和觉悟的目标,它必然会引起反弹和抗拒。虽然剧中黄毛毛的父亲还有一些脸谱化、概念化的痕迹,但确实反映了当前中学教育的关键问题。

这种仅仅把孩子当做受教育的对象,以一般原则和考试成绩要求孩子的做法,不只是教学方法的僵化,也表现出一种滞后文化意识。当代中国正处于急剧变动之中,按常规说二十年为一代,但从 70 年代末至今的二十年,我们生活的世界所发生的深刻变化远远不是正常的一代人所能概括的。变化需要适应,适应需要学习,成年人也总是处于不断调整、不断学习之中,教育者也需要受教育。我们的下一代是与时代同步成长的,代际差异不只是自然的,也是社会的,对下一代的理解,也是对新时代的理解,两代人之间有一个互动的过程。在《窗》剧中,与黄毛毛的父亲简单生硬的教子方法相伴相生的,是黄毛毛的反抗和拒绝;而当毛毛通过义工活动得到改进和自我更新时,毛毛的父亲也发现了一个他从未认识的另一个毛毛。黄毛毛只是一个,但他在父亲的眼中是怎样一个儿子,却要取决于他的父亲怎样看待他。一个成功的教育者,必须有一种全新的人的观念。剧中的佳佳是高分获得者,但其人格却有着严重的缺陷。这不仅说明现行教育体制的观念的局限,也向我们通常接受的"人才"标准提出质疑:学校应当培养怎样的学生?

然而,我们不能因此就要走向另一个极端,即仅仅以青少年自身的是非为是非。新的历史条件造成新的人格结构,对青少年的教育必须通过他们自身完成。但我们也要看到,教育之为教育,就在于其含有规范和限制的意义,人性的成长需要雕塑和修理,仅仅由着自己的性子通常是不能成就人才的。最近从上到下都发出了素质教育的呼声,按照我的理解,素质教育是对应试教育的纠偏而不是对应试教育的取代,且不说在中国目前的语境中考试仍然是弊端相对较少的选拔人才的方式。更重要的是,生命中有一段时间专心于学习是文明社会的共识,尤其是在科技竞争激烈的时代,学习期将变得越来越长,传统中国所说的"秀才"已不能应付未来世界。我们绝不能以"适应社会"为由在必需的学习阶段稍有懈怠。青少年要全面发展,要参与可能参与的社会活动,但在这一阶段,主要还是从事强制性的知识学习,父母师长的规劝仍是必要的。[①] 我们绝不能把黄毛毛的父亲理解为一个漫画的人物,更不是一个反面人物。《窗》剧虽然对此没有着意强调,因为其主题不在于此,但毕竟在最后让黄毛毛表达了好好学习的意向。暑假结束了,毛毛还必须在学习上有一个大的飞跃,佳佳在这一方面仍是他的榜样。有了这样一个结局,《窗》剧就相当完整了。

间接意义在于如何认识经济主导时代文艺的功能。经济增长、物质建设是人类走向文明的必由之路,但历史的进程一再昭示人们,进步不可能两全,人与自然的和谐、人与人之间的一体关爱等渴望,常常会在现代化进程中有所失落。近年来,广东相当一部分文艺作品开始表现这方面

[①] 参见单世联:《再次上路》,见《岭外风铃》,325~328页,广州出版社,1999。

的内容,《窗》剧则就此一主题作了新的发掘。"义工"作为一种新型的社会组织,体现的是一种新型的人际关系。它在深圳的问世绝非偶然,这里的人们率先告别贫困走向富裕,他们在拼力创业享受生活之余已不满足于物质享乐式的消遣和欢娱,不满足于小范围的亲友会聚这类私人交往方式。事实上,作为一个移民城市,这里的大多数市民都是来自五湖四海的"新客家",较少家庭亲情意义上的社会关系,如何营建一种良好的、充满友爱的社会交往行为是它面临的问题之一。"福田区义务工作者(志愿者)联合会"不只是"星期六义务劳动"式的奉献,也不只是学雷锋式的为做好事而做好事,它是以"服务社会、传播文明"为宗旨,倡导"参与、互助、奉献、进步"的义工精神,超越那种传统的单方面"施予"的观念,强调"助人自助"。个人当然有自私的一面,中国改革的动力之一,就是个体权利和欲望的满足,但个人又总是离不开他人,即使是以获利为目的的经济行为,也需要在一种正常和谐的社会网络中才能得以实现,助人与自助是可以在一种理想的社会情境中统一的。

《窗》剧把这一抽象理论形象化,黄毛毛拥有良好的家庭和学校环境,但他学习成绩差,同一心想让他"出息"(自然是以父母的立场)的父母严重对立。在现行的教育体制下,毛毛被毫不犹豫地视为"差生"。然而他的性格和资质并不像其父母所认为的是单维的,而是自有其丰富的内涵。毛毛是一个自然人,好动、热情、单纯、乐于助人,完全凭借本心面对这个充满竞争和压力的社群。一个偶然的机会,他得以加入"义工联",接触了一些义工联的同龄人,结识了一些需要别人帮助的人和一些既需要别人帮助却又时时刻刻在助人的人。一向好动不好静的毛毛开始是带着"好玩"的动机参加义工联活动的。他到戒毒所帮助香妹、为潘明开店义卖筹款、帮助佳佳排除心理障碍等等,由于他不是以帮教者形象出现,而是以一种发自天性的朋友的姿态做工作,一下子就和帮教的对象拉得很近,所以他的工作极有成效,成为"义工联"的优秀一员。他没有做到让父母放心满意,却得到了另一群人的肯定和欣赏,这对于建立他的自信和尊严已经足够了。

　　一个一向被父母和学校认为是差生的学生,一个一向不为他人看重的学生,一旦发现自己对他人和社会的意义,唤起的必然是一种新的自我意识,助人者必自助。黄毛毛不是刻意地、被动地约束自己充当帮者,而是在一种合乎自己天性的自由活动中帮助了他人。他因为能和吸毒的香妹"玩"到一起,而赢得了拒绝其他义工帮教的香妹的信任。为了属于自己人的这份难得的信任及他们之间达成的君子协定,本来视读书为畏途的毛毛自觉地拿起了书和笔,用名人名言和百科知识写信给香妹,客观上成了他的写作训练课,达到了课堂教学所达不到的效果。蔡爷爷身患绝症却留下把角膜送给盲人的遗嘱;盲女潘明把"义工联"为她筹来用以开店的款项转而用来办一个"盲人按摩所",为更多的盲人提供了自食其力的可能。在两个本来需要别人帮助却反过来帮助别人的人感动下,毛毛在帮助他们的同时升华了自己的境界,逐步从非自觉的助人转变为自觉地帮助别人,再用帮助别人的角色要求自己,实现了人格的转换。在此过程中,他发现了自己的价值、自己的尊严,而不只是在教室里、在家庭里被动地接受老师、父母的耳提面命。

　　而剧中一再出现的"一个孩子,如果生活在耻辱之中,他就学会了自卑感;如果生活在认可之中,他就学会了自尊;如果生活在接受之中,他就学会爱别人"这段话,再度提醒我们中学生的主体意识。世界上没有孤立的人,一个人的价值和意义取决于他在所处的生存空间中被认可的程度。毛毛在学校是差生,在家里令父母"恨其不争",他的爱好、他的才能不能为原来的环境所认识、所发现,他自己也不能从中建立自信。只有在"义工联"的活动中,他才看到了自己并不是一无所长的人,而是一个对他人有益的人。佳佳不仅学习成绩好,而且获得了全市中学生辩论赛最佳辩手奖和中学生形象大赛的第一名,可谓校园里的佼佼者,然而与毛毛比起来,佳佳言行不一、爱慕虚荣的弱点似乎更令人痛心和慨叹。在学校,毛毛不如佳佳;但在义工联的活动中,是毛毛让佳佳得到了提高。这一情节的意义,不是价值相对主义,而是人的潜能如何得以实现,是人与环境的互动。"义工联"之所以不只是"施予",就在于它提供了重新认识自己、发现自己的机会。

看完《窗》剧之后,我在剧院的宣传栏中看到不少中学生看完这出戏后给剧组写来的信,其中最大的赞扬是说该剧对青少年的理解和信任,对他们处境和心理的掌握,有一封信说这个戏改变了他对文学(准确地说应该是戏剧)的认识。孩子们对戏剧的好评并不是唯一的标准,但一部青少年题材的戏剧能够为中学生真心喜爱,这并不是一件容易的事。这几年,各地都有一些儿童戏剧,但老实说,真正为孩子们喜闻乐见的还不多,这说明我们的戏剧还缺少一大块。为了希望成真,我们应当不断拿出越来越好的儿童戏剧。

(原载《儿童剧》1999 年第 3 期)

文学的里面和外面

一、为何写作

文学在当代中国显现的危机可能是多方面的,但我以为最重要的是文学存在的理由再也不是自明的、现成的,当今的文学写作需要重新寻找自身的根据。

现代文学写作的理由是"五四"时期确定的,面对民族苦难和社会不义,"五四"前驱们以鲁迅为代表选择了以写实主义为主轴作呐喊彷徨式的反应,他们实际承继的是欧洲传统的"保守"风格。但实际上,我们的写作本有更多的路可走。当代研究已经表明,晚清文学推陈出新、千奇百怪、多声复义的实验冲动,较之"五四"之后日趋窄化的"感时忧国"正统,晚清提示了更复杂的可能性。只是在中国现实情势与革命诉求的支持下,"五四型"写作基本摒除了其他已经形成的实验,暴露黑暗、批判现实、呼吁变革成为文学写作的主导理由,抑制了从科幻到侠邪、从鸳鸯蝴蝶派到新感觉派、从沈从文到张爱玲。1949年以后,作家成为体制内的国家干部,写作是为阶级斗争、政治路线服务的手段之一。尽管80年代以后文学界先是反省为政治服务的狭隘,进而追溯到"文学革命"向"革命文学"的内在关联,但一个无疑的事实是,以"革命"为中心的文学观提供了文学写作的价值和理由,它确实简单、确实实用,但至少使作家们在数十年间不需要为"为何写作"操心,可以目标明确以"服务"为职业自豪、以写作为理所当然。

正像文学是探索生活的可能性一样,文学自身也有多种可能。80年代后的境况使"五四"正统受到"改革"的质疑。观念更新、文体自觉、语言实验使新时期的文学写作具有明确的审美导向,拓展了文学的功能与表现力,强化了感觉和语言风格,表达了多元主义的价值立场,丰富了文学的视界和内涵。审美可以与政治不悖,但不会以政治为中心,审美化的写作主要诉诸个体身心。于是不可避免地,文学的解放意味着文学的失重,种种"新"、"后"的命名行为不过是对文学的无奈状况的自觉遮掩和不自觉的坦承。特别是个人化的、"身体"性的写作行为,干脆否定了任何从外部规定文学理由和目的的可能。文学是文明人类审美行为的主要形式,当代文学有太多的理由回归个人和身体,但问题仍然在于,作者有权利以写作为游戏、调侃和自我暴露,但读者如果仍有意于从文学中寻找普遍性的审美,当下的文学写作可能是难以提供的。在此意义上,当代文学的危机可能主要不表现在作者(写什么和怎么写是他的自由),而表现在读者:如果无意于打探个人隐私,是否有必要安排时间阅读当代文学?因为我们可以很容易地读到几乎是终生都读不完的古今中外的文学艺术作品,完全可以说,一个当代人可以不读中国文学而享有较丰富的审美文化生活。

政治功能日益淡化,审美价值日益稀薄,文学还有一重能事是提供知识资讯。确实,李白、杜甫再好也不能全部表达我们的心意情绪,巴尔扎克、狄更斯对市场体制的种种描述也不能代替当代中国的文学写照。总之,无论我们有多么丰厚的文学遗产,读者仍然要求有属于自己时代的作家。遗憾的是,当代写作也不能在这方面一展身手。文明史上,文学及艺术曾经是传授知识的主要媒介之一,但在现代社会,文学已不再拥有解释现实、表现社会的优先性。况且如今种种纪实性的文字、图片可以给我们提供更准确、更清晰的知识;电脑互联网可以使我们随意探访世界;图书市场的空前扩张,使得文学降格为种种类型的印刷品之一。我们曾经有过从文学去感受中国农村的社会主义高潮、从文学去了解中国社会改革的趋势的习惯,但在今天,只一台电视机,就可以建立人与现实之间的必要联系,越来越多的文化行为已不必再借助文学来实现。

如此说来虽不好听,却绝不悲观。我相信人类存在一天,文学就会存在一天。问题只是在于,文学的存在不是因为有人在写,而是因为有人在读、在看。读者无权也无法要求作者如何如何,但他可以自我设问:我为什么要读诗歌、看小说?如果曾经有过的理由已被放弃,那就得有新的理由来填空。这并不是强加给写作者的多余话题,一个具体的作家可以有任何一种写作动机,但文学的特点之一,就是它既是最个人化的又是最公共化的,只要写作不都是个人日记和私人通信,读者的设问就完全可以转化为作者的设问,这或许是文学生命力的源泉。寻找写作的理由,绝不是妨碍写作的自主自律,而是为了使之成为真正自主自律的现代文化生产行为:正因为文学写作有自己的理由,它才不是心灵世界中的一缕情丝或一朵浮云。

二、假如没有来路

> 他将帐篷支好,他们于是有了一个小家,
> 它立刻将他们漂浮在外的灵魂收了回来。

都市生活多么令人向往,都市生活多么令人厌烦。

19世纪以降,无数用水泥、石头和钢筋堆积起来的建筑成为文明世界的主要景观,四乡八壤的农人们舍弃了家园和祖坟,把梦想和生命一齐托付给这庞然大物。自由,富庶,生机,体面,只有城里人才是现代人!可是,从卢梭到波德莱尔的法国作家,从浪漫主义到表现主义的德国艺术,从华兹华斯到艾略特的英国诗人,几乎没有一位作家对都市稍微客气一

些,虚伪、势利、堕落而又欲壑难填,都市是人性的深渊。于是,当一代又一代的农村人充满信心地走向都市时,也有一代又一代的文艺家一腔失望地把他们的终点当做起点,把他们的起点描绘成审美的胜境。

都市化是现代化的经典之路,反都市是现代审美的基本主题。

正在进行现代转换的中国人无法回避这一现代难题。西篱在《东方极限主义或皮鞋尖尖》(花城出版社,2002)中成功地表现了这一点。一个男人与两个女人:小看名利追求自我和永恒的"减少主义"画家罗滋,放纵并努力满足色欲的Shily(郑丽),理性而梦幻、总是等待爱来拯救的琼。一个南国都市,夜色和情欲、美丽和成功、酒吧和小资、男人的欲望和女人的虚伪,少不了还有毒品,混合着忙碌而空虚、颓废而强烈。是严肃的生命、少数人的艺术、自我的坚持这些品格使得罗滋和琼成为小说的"理想人物",特别令人惊讶的是,他们还经常在一起讨论"爱"和纯粹的艺术!环境没有太为难他们,罗滋是个警察也认得的名人,琼在大学校园有一份安静的日子。罗滋的周围美女如云,琼的身上也凝聚着一个成熟男人真诚的目光。市井小民的种种麻烦和艰难与他们无缘。但他们就是无法忍受这由名利欲聚合起来的城市,最后确实也远离了"皮鞋尖尖"的都市,把"东方极限主义"从画布落实到生活,真实地回到他们的家乡,试图在巴蜀古文化中,在神秘的"三星堆"重建他们的生活。假如说小说的主题与结构没有特别"创新"的意义的话,那么它对都市隐秘的高度敏感和细腻叙述,对日常气氛的紧张捕捉和热烈渲染,却老实而新鲜,具有充分的都市性。正是在后一方面,西篱充分展现了她的语言能力、个性偏好和价值观念,使自己成为一个城市作家。

谈论这部小说是困难的。西篱有本领传达出自己的感觉,读者却不能通过几句概括性的评论领略它的妙处。只是罗滋和琼的归去毕竟太扎眼了,指出其不现实性也许更能突出小说的成功之处。不是每个都市人都从那里来,他们也有厌倦乏味的时日,哪怕只是很少;他们也有逃避的渴望,虽然难以实行。但罗滋和琼做到了,因为第一,他们原不是都市人,甚至不是汉人（罗是羌族后裔,琼是彝人嫡传）。都市浮华不但没有解开他们的故园和山野情结,反而激活了他们"不如归去"的心理。第二,罗滋是意欲把美变成现实的空想家,是个向往远方的怅惘者;而对于琼来说,"18世纪和19世纪的意义是一样的"(第195页)。常常,都市浪漫惯与矫情相连,乡野温暖易染幻想,但西篱为这对无法分离的男女所作的设计却有其可信性。而且它没有把"归去"的理想一直美化下去,琼在"三星堆"的死亡,似乎是个明确的暗示:这不是都市人普遍可行的方案。事实上,在人生选择上,艺术家是有特权的,漂亮女性的选择也比一般人为多。问题只是,有更大规模的都市人就没有都市以外的家园,没有来处当然也就没有归处,他们注定了只能在非理想、非本真的境遇中活下去;何况他们本没有以艺术取代现实的执拗和热诚。所以尽管充满激情而且智性不泯,西篱并没有为都市人确认一条出路,她只是以罗滋和琼美丽而失败的故事提供了一个都市情状,它单调无聊而又五光十色,令人想入非非而又严厉无情。生活在别处是生活在都市的必要心理准备。

无疑地,反都市的文学没有阻止通向都市的脚步,但现代文艺的卓越批判确实有助于都市生活的调校和完善。对于当代中国都市人来说,与其指望一顶可以把我们漂浮在外的灵魂收回来的帐篷,不如像小说第十八章引用的《圣经·雅歌》中说的:

我说,我要起来
游行城中
在街头市上
在宽阔处
寻找我心所爱

然而,这要困难得多。

三、不做诗人也写诗

新的社会空间给予我们越来越多的选择,但至少对于有些人来说,这不一定是幸事,因为种种原因,我们并不拥有选择所必要的条件;我们不能事先了然于选择的后果;我们也不可能在脱离了原来的状态之后"回归"。人生与世界机会很多,个人的生存方式仍然单调而逼仄。

> 归去何方?
> 所有的空隙
> 都长满喧哗
> 天地凝固

绝不能说空隙不再,绝不能说天地凝固。但经历过某种重在人生变异之后所获得的这种感受是真确的,如此则剩下的,只是我们对于过去的追念,是我们对其他可能的设想。"雨滴荷声碎,山风摇故林。""恨不手提三尺剑,离愁斩断抱春归。"如此则诗就成为必要的。无论我们如何评说诗在现代生活中的位置,也无论有多少人嘲讽写诗的比读诗的多,可以肯定的是,尽管现代诗还相当缺少众口传诵的惊世名作,但诗确实成为越来越多的人的日常需要和生活内容。

从18世纪末始,诗人和哲学家们就充满预见性地指出:现代社会是与诗歌相敌对的。如果说诗歌诞生于人与自然、个体与总体的和谐的古典时代,那么主要以工业社会、技术文明、民主体制为特征的现代环境当然需要不同的表达方式,它与古典理想是如此对立,使得人们可以认为诗歌在现代社会已经死亡。然而,诗歌毕竟没有成为过去,从总量上说,诗人与诗作的数量远远超过古代。对此景观的通盘解释,需要深入的研究。但就我读到的一些诗,比如最近出版的叶青的《草木之王》(中国文联出版社,2002)来说,这个重要的文化/诗学问题可以获得部分的理解。

我们都有读写的能力。教育的普及、文化知识的提高使越来越多的公民可以成为诗人。在传统文化格局中,诗是其中比较精微、比较雅致的部分,即使是断文识字的读书人,也不是人人都能作诗,所以古诗人一直有着比较崇高的地位(包括象征性的地位)。时代不同了,赖先人的积累,目前中学生都可以读到无数诗歌杰作,只要稍稍下一点工夫,原则上,大学生都可以掌握写诗的技术。从而诗言志、诗缘情都不再是难事,无数青春少年都在大学校园里把他们的心灵和意志融入到诗行之中。看看我们的周围,不要说文化人、知识人,就是老板、官员,不也常有诗集面世吗?多的不一定是好的,现在确实有很多印刷垃圾、文化泡沫,但既然是诗,总要有一些基本的规范和过得去的趣味,所以诗多了原则上总不是坏事。而且,几乎是批量生产的诗中,总有少部分的可读之作。比如叶青诗集中就有这样的句子:

风闪着寒光
道路连成一片
没有方向

要说这三行诗有什么深意、新意可能是夸张,但这种流利畅达的文辞确实比日常语言、散文小品更耐听、更耐读;对于非诗人来说,也能唤醒、凝聚人人都有所感却不一定人人都能说的焦虑和紧张。叶青属于无名的业余写作者,他之能诗,而且甚可一读,说明潜在的诗人还多得很。

有必要写诗吗?当代中国正在进行的变革使得个人经常遭遇非常,敏感的心灵在动荡之中总有一种倾诉、交流的冲动,诗情油然而生,成为生活中的一种特殊的工具。人生代代无穷已,江月年年只相似。假如,人生真的有命运,生活无法选择,那么,我们固然会惊讶于世道沧桑、人际遇合、穷通得失,却不会有很多人需要读诗或写诗,因为我们能够坦然接受。但现在不同了,娜拉可以出走,世界确实很大,八千里路云和月,岁岁年年人不同。于是,平凡的世界涌动起无数巨澜大波,生活再也不是活着,幸福不再以平静为标志。而这,就是诗的酵母,就是诗的源泉。叶青自承:"我想传达出一种不宁的宁静,寻找已被刺激、猎奇的油彩覆盖掉的美和令人心灵颤动的力量。"这里有哀伤、痛楚,有绝望、恐惧。重要的不是追溯那些极度的情感的起源。

> 我不知道
> 如何放牧自己的日子
> 不知道我在哪儿
> 我想把燃烧的心
> 深入深深的海底

显然,叶青有比多数人更深的身世飘摇和细致经验,世俗寰宇没有提供给他宁静,青灯古佛、萧疏道观招引着他。据友人介绍说,叶青现已经出家。

> 悠悠尘海事,
> 霜月葬前生。
>
> 风熏绿了视野
> 把今生隔断

非有大悲欢者不及此。不是每一个人,甚至不是每一个遭遇非常的人,都要走向世外清寂。但类似的忆念、追悔以及其中透露的寒意冷气却从不自外于人间。"且裁夜色做新衣",有此感却不一定有此诗,这种诗情、诗境仍然是属于此世人间的,"槛内"人的诗是"槛外"人想读也应该读的。出家从来不是普通人的正常选择,但在家人读读出家人的诗,却可以增加对世俗人间的认识,使我们多一种眼光看待这个世界。

叶青在诗艺上说不上炉火纯青,比如旧体诗的境界还少突破窠臼,新体诗自由不够等等。但由上述两点可知,像叶青这样的诗作的意义,我想并不在于诗艺上的成功;像叶青这样写诗的人也不大可能成为诗人。不是的,写出名作是纯粹诗人的事,更多的人写诗,只是为了自己,为了和自己有相同人生观的人,他们不大可能成为今天的李白杜甫,但一方面,他们造就了我们生活中的诗意诗情,另一方面,对于不想成为职业("以诗为业"这本来就是个矛盾的概念)却对生活有感有思、有抒发的欲望和沟通的期待的人来说,叶青这样的诗可能更有特别意义:他和我们大家一样,他的诗写的其实是我们每个人都可能经历和体验的内容。假如说得夸大一点,文化生活的丰富主要不在于大家名作,而在于有许多普通的人都能把自己的生活转化为诗。

四、地方文艺

柯可新著《岭南影视艺术史》(中国电影出版社,2000)以三十九万字的篇幅记叙了1986年以来岭南电影和1985年以来岭南电视的发展过程,分析、评论了岭南影视领域的主要人物及重要作品。当代史离我们太近,还没有写史所必需的时间距离,因而柯著实际上是编年性的影视文学/艺术评论集,其在结构安排、作品分析、历史评论诸方面是否合理精当,肯定还有可以讨论之处。但本文的重心,则是以此为由头,简要地讨论地方文艺史写作的可能性及其限度问题。

文艺作品是人类美感意识的表达和创造,也是一种社会/历史现象。

在古代，由于人类认识能力与生产能力都很有限，加以地域阻隔交通不便，各种文化产品较易受自然条件的限制，地域色彩非常明确，骏马秋风塞北，杏花春雨江南，很多艺术流派就是根据地域来划分的。在这个意义上，艺术史可以部分地按地域来写。但也只是"部分"，对于许多大艺术家而言，恐怕只有冠之以"中国"方为恰当。近代以来，民族国家内部的一体化进程加快，文化整合力度加大，人际交往方便，信息传播迅捷，进而至于跨国联系也不再显得困难。显然在这种背景下，地域环境已较少直接影响文艺创作。所以现代美学的主题是文艺的普遍性、全人类性，地理环境等因素已不再是研究文艺的首要问题。

那么，是不是我们就不能够撰写地方文艺史呢？

1949年以后，中国发生了规模浩大的社会改造运动，集体化和组织化是其主要目的，以自由流动为生活特征之一的文艺家也被编组到一个个单位之中。比如，广东所有电影人都进入珠江电影公司，所有的电视人都进入广东省和广州市电视台，即使不进去的，也要与这些单位建立密切的联系。香港当然不会有大陆意义上的"单位"，但它长期与大陆分离，殖民色彩很浓，是整个中国最具特殊性的地区之一，所以其文艺生产也就有确定的地域约束，也可以独立叙述。这样，以"岭南"为范围撰写出影视艺术史，就有其合理性了。虽然改革以后，人员流动比较频繁，岭南出产的一些作品，借用了非岭南的导演、演员，但这些以个人身份参与的作品仍然属于"岭南"。严格地说，地方艺术史成立的基础，主要是文艺生产的"单位化"，所谓"岭南影视"，其实就是由岭南影视单位或部门制作的影视作品，虽然可以用"百越风情"和"开放性格"来概括"岭南特色"，但它基本上不能算艺术分析的有效概念。

问题还有另一方面。当代中国社会高度一体化，无论塞北江南，还是西部东土，中国文艺总是受控于统一的政治结构和意识形态，有一段时期，"写什么"和"怎么写"都由国家宣传文化机构做了明确规定，留给"地方"的只剩下风俗人情、语言服饰等艺术的"外形式"方面的自由，从而地方艺术史的写作就必然要以全国为背景,既要集中评述又要有比较的眼光,刻意发挥艺术中的"地方性"。这一点也是柯著较为着力之处。它坚持纵横交贯的原则,将岭南影视艺术置于岭南自然环境与人文传统的语境中,紧紧把握岭南影视艺术的地方特色,但又不画地为牢,对岭南影视的每一个重要环节都注意到它的全国因由。一卷读罢,我们确实感到,即使在"大一统"的格局下,"地方性"也绝非消极被动,它会像空气一样渗透到被先验规定了的主题、题材、程式之中,顽强地表现自己。当代中国影视必然是"普通知识"与"地方知识"的统一。

在整个艺术家族中,影视特别电视剧是新兴门类,它对技术的依赖性、它与市场的亲和力,都使得它们比其他艺术更少依赖"地方性",但因为电视剧是在一个相对开放的背景下崛起的,因而在认同地域文化方面就会有更强的自觉性。事实上,20世纪90年代中期广东几部反应较好的电视剧就确实较为鲜明地打上了岭南烙印。柯著对此有仔细的总结。现在全球性普世文化滚滚而来,"地方性"能否保持,影视艺术如何在"全球化"与"本土化"之间寻找到恰当的位置,都是一个严峻的问题。在这个意义上,柯著可以成为岭南影视进一步探索的起点。

五、"组织"创作

中国自魏晋之后,西方自文艺复兴以降,文学艺术作品或被视为个人的非凡独创,或被理解为非凡个人(天才)的自然流露,晚至19世纪的古典时期,组织创作、集体创作之类还是不可想象的观念和实践。突破发生在苏俄"十月革命"那改变一切的日子里,一些激情洋溢的青年才俊在文学上响应已经发生的政治革命,要在文学上开辟新纪元。他们拒绝非无产阶级出身的知识分子,拒绝过去"资产阶级"的艺术遗产,尝试创造纯粹的无产阶级文艺。他们的一个重要观点是,文学不再像19世纪美学家们所假定的那样是天才的独创、审美的静观,而是可以像物质产品那样工业化地大规模地生产。未来派诗人马雅可夫斯基就认为:"诗是一种产品,属于非常难以生产、非常复杂的类别,但仍是一种产品。"他们还提出"社会订货"的概念,即根据公众需要而不是艺术家的灵感有组织地进行创作。① 这种在政治上排斥"同路人"、在文化上的虚无主义,理所当然地受到正在进行文化建设的苏共特别是列宁的严厉批评,其取消文学的审美特性的实践也受到"正统"文学家的坚决反对,他们在喧闹一阵之后很快就销声匿迹:文艺服务于政治的位置被确定了,但它仍然是个人的创造。

革命文化有其普适性。20世纪中叶,中国也曾发生过大规模的组织创作行为,产生了一大批配合政治宣传和中心工作的作品,并因此总结出一套"领导出思想、群众出生活、作家出技巧"的"三结合"的创作模式。从"八大样板戏"到《牛田洋》、《虹南作战史》等无数作品,都是"三结合"的产物。即使一些基本上是个人的作品,也经历了无数领导审议、群众参与的过程。作为一种满足特定政治需要的创作方法,它在"文化大革命"结束后受到清算,被称之为"阴谋文学"、"影射文学"等等。但积习难改,20世纪80年代中期,我在一个文艺单位工作,仍然发现,一旦某一作品让领导同志或领导部门感到不错,下一步的提高就是无休无止地修改讨论,其结果经常或是个性全无成为领导人的传声筒,或是越改越差直至报废。作家陆文夫写过一篇小说,叙述的就是一个很有基础的剧本夭折在领导信任的"会痞子"的七嘴八舌之中。

历史从来不会白白过去。事后看来,这些实验,所提供的都不只是一场闹剧。在剔除其与特定政治形势的关联之后,它在两个方面留下了自己的印痕。其一是为20世纪中叶兴起的文化工业化提供了理论预期。众所周知,目前的文化产品很大一块是由"公司"根据市场需要而作为商

---

① 参见戴维·莱恩:《马克思主义的艺术理论》,第2章,湖南人民出版社,1987。

品巨量生产出来的，文化工业在"社会订货"之外更加上商业促销，文艺家只是其生产过程的一个要素。其二是为文艺的社会/政治功能率先进行了探索。至少在当代中国，文艺有时还被指定为宣传之一，承担着意识形态、政治宣传、社会动员的使命，作为个体的文艺家完全有追求个性的创作自由，但宣传文化部门甚至政治机构，在一些特定时刻，要求文艺配合某项任务、达到某一特定目的，也是职责所在。所以，在当代中国文艺实践，特别是文化主管部门的工作方法中，围绕某一主题，根据某一目的，借助行政手段和经验杠杆组织创作从来就不少见。多年以来，每一个重大事件、党和政府的每一个重大决策，通常都得到文艺家们的有效传播和宣传。显然，这不是较为纯粹的审美行为，也不是个体创作，但它的三个优势，一是真正符合领导部门的需要，体现某种集体意志，配合其他工作进行广泛的社会动员；二是在短时间内迅速生产出符合需要的产品，跟上形势；三是在理想的意义上，可以为某一个特定的事件留下较为真切的记录，具有现场感。

当然，文化工业因其标准化、模式化的生产方式和控制文化消费行为的意识形态性质而受到严厉批判。期待甚至要求所有的文化，特别是文艺生产都可以通过工业化的方式生产出来是不行的。同样，由领导部门组织的生产也有一个如何反映公民利益和需要，并尽可能地具有起码的文学/审美价值而不只是宣传工具的问题，苏俄和中国都曾在这方面有严重的教训。事实上，组织性的集体创作通常以通讯、报告文学、故事、短诗、散文、小品、活报剧等较为简单且能够在短期内完成的文艺样式为主，长篇小说、戏剧等需要较长时间构思、需要作家个性创造的文艺形式基本上不能通过临时组织来完成。因此，组织创作作为一种特殊的文艺生产方式，不可能成为文艺生产的主要方式。是否可以设想把整个文化生产分成两类，一是在政治宣传、大众消费的层面，以组织化的（可以是政治性的组织，也可以是商业性的组织）方式生产出通俗性、时尚性的产品，满足全体公民的文化权利和文艺需要；二是在文化提升的层次，仍然保护精英化的个体创造,不但提供提高性的文化产品,也矫正文化工业的种种弊端。如此相互平衡,共同推动文艺的发展。

(本文由发表于《作品》2003年第5期、《广东艺术》2000年第6期的文章及三次座谈会发言记录整理而成)

作为生活的写作

一、用生命作文

在大量报刊的副刊上,"专栏"文章已是不可或缺的主体。令读者稍感遗憾的是,一些专栏文章写得过于随意,社会方面的文章其实是通俗化的社论,生活方面的文章实在无异于闲聊,文艺方面则没有任何创造性和想象力,更有少数文章以个人琐闻和牢骚意见为主。当然,专栏文章究竟怎么写,并无一定之规,"应当这样写"的提出者只能是具体的读者,但每个读者的要求和期待又不一样,这就很令专栏文章的作者们为难了。在这个问题上,我时时想到两个人,这就是法国的圣伯甫和德国的莱辛。稍微熟悉西方文学史的人都知道,他们都是大师级的人物,而他们的大师地位,原来都建立在为报纸写的"专栏"文章上。

报章杂志从其诞生的那一天起就以新闻为重,只是从19世纪初期开始,法国报刊才特别重视文艺。圣伯甫就是推动这一转向的人。这位大批评家是一个有趣的人,一件传为美谈的事情是,他因为政见不同而与老师决斗,其时正值下雨,他一手持枪,一手执伞,老师反对打伞,他却说:"死我不怕,可是我怕被雨淋湿了。"他认识了作家雨果后,钟爱于雨果夫人,因爱而不得其果,他不但终结了这段感情,而且告别了以雨果为代表的浪漫主义转向古典主义。这样一来,他写文章就比较苦了。对所批评的作品他都要从四个方面研究,一是作者与时代的关系,二是作者所得的遗传,三是作者的个性,四是作品与同一作者其他作品的关系。这种实证批评意在避免古典法官式的判断和浪漫派的逞才使性,把批评建立在科学的基础上。1849年,圣伯甫开始为《宪报》作专栏文章,每周一篇,介绍古今文学名著,后来这些文章不断结集成书,取名《星期一谈话》,共有二十八册,成为他的主要著作,他因此被公认为自古希腊亚里士多德之后最伟大的批评家。在这些专栏文章中,他评论了十九个16世纪的作家、七十四个17世纪的作家、七十三个18世纪的作家、一百零五个19世纪的作家,还不包括古代的和理论性的文章。每年五十二篇,持续几十年,他自己说:"我没有一天休假,只在星期一中午时,抬头呼吸一小时,然后门再闭起,在牢房里住上七天。"大师并不潇洒。

莱辛是个在贫困中也不失信念的斗士,他之所以写专栏文章是很偶然的。在他穷困潦倒之际,汉堡一家戏院请他去做艺术顾问,具体工作是编一份一周两期的小报,对上演的剧目和表演艺术发表评论。这个工作对莱辛这样的天才人物当然是极容易的,他完全可以不当回事儿就能办好。而且由于剧院内部矛盾重重,这份小报其实是可有可无的,并没有人对他应当如何写有明确要求。但莱辛没有掉以轻心,而是认真地把它当做一件大事来做。以上演的剧目为由头,他深入探讨戏剧艺术的一些根本性问题,从题材到性格、从亚里士多德到高乃依、从英国到法国。一份小报,几乎汇集了当时戏剧艺术和德国文艺面临的全部重要问题。其凌厉的思想和明快的文风摧陷廓清,推翻了僵化虚伪的新古典主义对德国戏剧的统治,建立了德国民族戏剧的基本理论。从1765年5月1日到1768年4月19日,他一共写了一百零四篇,后来收集为《汉堡剧评》,成为文学理论的经典和德国统一过程中重要的民族文献。

我们肯定成不了圣伯甫和莱辛,绝大多数报刊大概也不大可能出现成为世界名著的专栏文章,但有一点,这就是无论多么小的文章、多么小的报刊,都是公共文化财富,大概没有一篇文章连一个读者都没有,作者必须慎重以待。如果对于这些大师来说,一周写一两篇文章都是极其劳心费力的大事，一些刚刚走出大学校门的普通作者有什么条件认为写专栏文章是一件很简单的事？如果我们承认作者没有浪费读者时间的权利，那么圣伯甫式的刻苦、莱辛式的认真，就是专栏作者必须具备的职业道德。在文章遍地、作者满眼的今天，文章是越来越难写了。只要有人声称报纸文章好对付，一个人可以写几个专栏，我想只凭这一点，读者就应当拒绝他。

二、"借他们的眼睛给我们去看"

我是中文系出身的，离开校门后的十多年也一直从事人文学术工作，思想上自不免有些自以为是，总认为过分的实利精神不是一件好事，总是觉得现代工业社会应当倡导一点人文精神；遇到一些人对文学艺术表示轻视，也总想和他们理论一番。

二十多年前我在报考大学时，文史类学科比现在更不吃香。那年秋天，我拿到入学通知书后到亲戚家里告别，农民们不懂专业、学科的类别，只晓得学技术的人有本事，学文科就是耍嘴皮子。一位有点头脑的表哥还不无遗憾地说：要是能学物理就好了。我自己在这个问题上曾动摇过，一方面我在中学时曾以作文好而知名，那是一个革命气氛很浓的时代，宣传、舆论比数理化等等重要得多，我从小学三年级开始就不断写批判稿和抒情散文，在生产队劳动时也常常是办墙报和宣传栏、写标语而不是下田干活，对写文章比较有兴趣；高中后接触到一点点古代诗词，就以为是天地间之至文，渴望劳动锻炼两年后能被贫下中农推荐上大学中文系，将来能做新闻记者或文学家；但另一方面，1977年前后全民兴起的科学热流也的确令我感到科学的魅力，我的数学成绩一度很好，也曾动过考理工科的念头，但物理、化学因为中学期间没有学好，甚至根本就没有物理课，所以只能报文科。在当时的考生中，只有成绩不太好的人才报文科，似乎文科不需要成绩。

文学自有其迷人之处,即使在70年代末那物质条件极其贫乏、可读的好书甚为难得的情况下,我也很快地走进了文学。当时的环境不像现在这样有多种选择机会,我们毕业后无一例外地去乡下中学任教,这是我大学四年中耿耿于怀的。直到后来考上研究生,再度工作以文艺为业后,才觉得可以圆上少年时的梦想。多年来,我一方面觉得能够没有目的地阅读文学作品是最大的乐事,另一方面又总是为不能全力从事文学鉴赏和研究深感遗憾。世界已经变了,经济中心不但是国策也是每个人关注的全部中心,从80年代中期到现在,人文学术所遭遇的困境和危机已无法回避,从事这项工作,需要有强大的内在信念和力量,它常常是在与外部环境的对峙中才能发现意义。其结果,一方面是从事这项工作的人自甘于社会边缘,以为这是少数人,差不多是患有偏执狂的人的行业,艺术家等于精神病在实际上为人所认可;另一方面,一般公众差不多把文艺从生活世界中排压出去,美和艺术很少与公共生活相关,生活越来越实际,越来越逼仄,想象空间、可能生活、乌托邦的幻念等等不再显现。不过也正因为如此,才使我愈益坚定地体认到文学的特殊意义。

不过现在中文系的学生完全不必为此担忧,因为现在的中文系既非作家的摇篮亦非学者的起点,它更多的是培养各行各业所需要的文秘人员。谁都知道现在大学毕业生找工作不容易,但不久前我遇到一所大学的中文系主任,说到这一现象,他说中文系学生很好分配。确实,任何一个党政部门,任何一家公司企业,都会需要若干中文系的学生做它们的"秀才"和"笔杆子"。纯文学当然为现实所冷遇,但现代社会需要大量的文学往来。事实上,现在中文系的学生大部分已经不再是以文学为业,而是以写出公文为主。假如从毕业后工作着眼,念中文系肯定有它的便利。

也许是职业性的偏见,我还是认为,即使是毕业后去做文秘,在校期间,也还是要养成对纯文学的爱好、对艺术的欣赏。文明人与野蛮人之不同,在于他能摆脱功利和事实,为知识而知识。青年人刚进入实际生活,一无所有,他要有几年时间聚精会神、全神贯注地对付工作、挣钱找房,此后是平淡繁杂的家常营生。一般地说,离开校门后几乎不可能再以一颗赤子之心养成一种无所为的态度。如果在四年中文系的学习都不能形成对文艺的基本修养,不能在实际人生之外别有关怀,那么,这个人注定只能一辈子把生命消磨在"事实"中了。事实当然不能忽略,就是指他只局限于眼前的现实。这样的生活可能是富足的,却绝不是多彩多姿、兴味盎然的。我个人觉得,文学最有吸引力的一面,即在于我们可以在一个想象的、虚构的世界中流连徘徊,为在现实之外安顿我们的不安的心灵打开了一个通道。我们太卑微渺小了,但古往今来,确有人比我们情感真挚、感觉敏锐,也比我们观察深刻、想象丰富,这就是文艺家,他们不但能够见到比我们能见到的更广大的世界,而且通过他们的作品引我们到比较广大的世界中去。这就是英国一位作家说的:文艺家"借他们的眼睛给我们去看"(lend their eyes for us to see)。拒绝文艺家好意的人是愚蠢的。

三、找到自己的方向

不管新批评和接受研究有多大影响,文学研究总是摆脱不了对作者及创作过程的研究,这不仅因为作者固然不是作品意义的唯一源头,但确是源头之一。而且这还有深刻的心理原因,正如弗洛伊德说的:"我们这些外行总是以强烈的好奇心去理解……与众不同的作家从哪处渊源发掘了他的素材,他又如何加工组织这些素材以至于使我们产生了如此深刻的印象,在我们的心中激发起连我们自己都不曾料想的情感。"①像《红楼梦》这样的旷世杰作,作者长期湮没无考,小说本身残缺不全,真是造物主给后人的天大遗憾,那么搞清小说的作者,不就很自然地成为红学研究的

---

① 弗洛伊德:《作家和白日梦》,见《弗洛伊德文集》,第4卷,426页,长春出版社,1998。

任务之一吗？

至少从新红学开始,"作者是谁"的问题一直萦绕不已,在胡适等人确认为是曹雪芹后,虽然像俞平伯、周汝昌、何其芳、王昆仑、冯其庸等大多数红学家和广大读者都接受了这一说法,80年代还曾成立过一个以周扬为名誉会长的曹雪芹学会。但学术界总是有人提出异议,并不时有新说、新材料出现。应当说,确认曹雪芹为《红楼梦》的作者不是没有疑问的,但更重要的是,此后各种新说,如脂砚斋、畸笏叟、史湘云等等,疑点更多,反不如曹雪芹较能让人满意。所以我认为,除非有确实材料可以推翻旧说,否则就不宜随便提出新的作者。

在这个问题的讨论中,比较重要的是80年代初戴不凡提出的所谓"石兄"说,他并未完全否认曹雪芹,但认为曹只有"披阅十载,增删五次"之功,真正的作者却是书中提到的"石兄"。讨论历时三年多,还是不了了之。戴不凡固然坚持己见,红学界及一般读者一般也还是照样认曹雪芹为作者。应当说,由于戴具有探讨问题的严肃心态和忠实严谨的学风,所有尽管其说未足令人信服,但毕竟从一些方面深化了对作者问题的研究。但如果像戴不凡这样的学者也难以重新确定作者,其他一些业余、半业余的论者,又怎么能翻天覆地呢?

在红学研究中,与一些专业学者喜欢烦琐考证,在一些无足轻重的问题上大做文章相对应,一些非专业人士也喜欢徒作大言,经常在一些专业性的问题上发蹈空之言、作新奇之论,每每以向一些大家习以为常的观点宣战来耸人听闻。虽然它们都很快烟消云散,但标新立异之举仍不绝如缕。这是一种不健康的文化心理,我们的学术资源还很有限,不但各种文化教育学术领域,就是《红楼梦》本身,值得研究、需要解决的问题也很多。作者问题不是不能研究,曹雪芹并不就是动弹不得的定论,但需要材料,需要证据,不能仅仅凭一些阅读印象,凭一些前人早已用过的材料,就匆忙立论。须知,并不是任何人都可以就《红楼梦》的作者问题发言的。与其把时间精力放在类似难以解决、差不多不大会有肯定答案的问题上,为什么不去研究有可能获得肯定结论的领域呢？《红楼梦》写的是作者自身的经验，认真阅读《红楼梦》肯定可以增强我们的自我意识，因此也肯定可以在红学中找到属于自己的研究方向。

四、清音发南国

现代学术文化是一个丰富复杂的系统，大体上可包括学理研究、文化批评、实际应用等层面。比较起来，我们的学理研究虽不能说有相当的深度，但从业人员还是很多的，许多搞文化学术的实际上都是搞纯粹研究的；实际应用方面因为涉及社会生活的方方面面，也是一天不可或缺的；独有文化批评（不是文学批评、艺术评论之类）为我们所缺乏，因为它需要浓厚的社会关怀、自由的批判精神、充分的学理基础，既要一定的社会环境，也需要相当的主观条件。严格地说，当代中国的文化批评，只是在90年代以来才蔚然成风的。广东文化界在这方面做了不少工作，从90年代初的"左岸文丛"（海天出版社出版，收有吴重庆、李公明、陈少明、单世联四人文化批评）到1998年的"南方新学人"（广东人民出版社出版，收有艾晓明、李公明、鄢烈山、单世联等四人的批评文集）等，不但在读书界引起良好的反应，也为广东的文化批评做了初步的也是认真的准备。

20世纪的最后一年，广州出版社以"红豆书系"为名推出一套文化批评丛书。第一辑四本，分别是周翠玲的《驿路心情》、艾晓明的《从文本到彼岸》、单世联的《岭外风铃》、艾云的《南方和北方》。由于书系以广东文化的历史与现状为对象，因此有一定的局限性，似乎不能像上述两套丛书那样容易产生广泛的影响。不过如果把它仅仅看做是一般意义上的岭南文化研究，那又误解了。中国素称地大物博、人口众多，地域文化的研究极其重要。就岭南文化而言，还有一个特殊意义，这就是它在20世纪曾两度引领时代，示范全国。从而80年代以来，岭南文化和广东文化就是广东知识界谈论甚多的话题。"红豆书系"的作者,大多不是广东本地出生,而是80年代以后聚集到广州的中青年学者,他们出版过不少学术著作和评论文集,读者对他们并不陌生。因为他们都不是以地方文化为专业的,所以具有比较开阔的文化视野和明确的人文批判立场;因为他们大多不是广东人,所以发言为文,总是带着比较的视角和新鲜的观察。四本书都是文集,所收文章大多在各种报章杂志上发表过,不但文风清新、议论纵横,可读性甚强,而且经受了舆论的考评。完全可以说这四本书是广东文化评论的又一重要收获。

文史研究者周翠玲是书系作者中唯一的"老广",她的《驿路心情》是抒情性的岭南浮士绘,她以雅写俗,用美丽的笔触、细腻的体验、清淡的幽怀写岭南民俗的今昔,给老广州留下了一幅肖像,给新广州开掘了一眼文化之泉。在我看过的有关岭南文化的若干论著中,这一本给我的印象最深,因为作者不是一些抽象立论、大话无边,也不是搜罗资料、排比历史,而是塑造了一个活的广州。前几年,女作家艾云因她的《男人和女人》而在全国赢得了善写女人的称誉,这几年,她把来广州后的种种沉思默想写成文字,这本《南方和北方》仍然保持了明朗流畅、体察入微的特色,把南北对比与社会演变、人生情调联系起来,借南北对比抒写人生境遇、生存感受。她没有进行通常意义上的岭南文化的研究,但她的分析和铺叙,比很多所谓的岭南文化研究更能让人真切地感受南方。

文学教授艾晓明的《从文本到彼岸》的书名似乎深奥,但她这本书却给我们愉悦和快乐。她感叹:"发现一种文学奥秘以及它的流传,是多么有意思啊!文学的道路已经有很多人在走了,我们有许多作品需要阅读,问题是在当代鲜有人愿意做一个沉默的读者,却都急于做一个呼啸的作者。"于是,她不只写学术著作,而且埋头阅读作品,享受文学,并通过这本书把欣悦传给我们。"红豆"是温婉深情的象征,但本文作者奉献给"书系"的《岭外风铃》却是一本社会文化评论,内中不乏反面之论、批判之音,即使所论是一般性戏剧作品,也明显指向更为广大的空间。我在《后记》

中说,我无心研究岭南文化,但写这些文章却是有意的。这个"意"当然就是局外人的反思和自以为是诚实的批评,意在打破一些广东文化人过于良好的自我感觉,重新考量广东文化的现状。

广东有它的魅力,这几年来不少学者愿意把时间放在并非他们专业的岭南文化评论上,就是一个证明;广东有它的更远大的未来,像"红豆书系"这样的文化批评肯定会像红豆那样香远溢清,引来文化批评更广阔的发展。

(本文由发表于《南方都市报》1999年12月11日、《广州日报》1999年12月27日的文章及两次座谈会发言记录整理而成)

愉快的读与思

一、学在民间

20世纪八九十年代之交的学术景观,主要是由一系列学术刊物代表的,差不多近二十种专业学术丛刊面世,它们不依傍学术机构,不凭借行政系统,而主要是中青年学者借助出版社的力量组织的连续出版物。这些在学术体制之外的学术园地,不但在总体上反映了世纪末中国学术的水准和动向,也在一定程度上表现了当代学人向"学在民间"的传统的回归,启示了中国学术文化应有的方式。岁月流逝,如今它们有的已经凋落,有的锋头正劲。我个人认为,其中以《学人》、《公共论丛》最好,它们不但有自己鲜明的领域划分和学术取向——《学人》是倡导规范研究的学术史园地;《公共论丛》是以自由主义为原则介绍西方法学、政治学和经济学的窃火者——也基本上形成了自己的作者队伍。当然,这些作者本身,仍然是学术体制中的骄子,"民间"性只是指他们这种聚合方式而言。

当《学人》已聚集了国学研究中的最有生气的学者,《公共论丛》也吸引了国内外西学俊彦,在国内已很成气候的1997年,辽宁大学出版社推出了贺照田主编的《学术思想评论》,迄今已出三辑。显然,以学术界目前的知识生产能力,加上众多刊物的竞争,一份新办的学术丛刊要聚合高质量的论文、建立自己的学术品格是相当不易的。从第一辑到第三辑,既可以看出《学术思想评论》编者的努力,也可以看出这一努力的初步实现。

其中"专题"和"学术经验"令人耳目一新,前者包括对当代伦理学、理想的文学批评、现代性问题的最近讨论,使读者领略当代学术前沿的风景;后者包括伦理(何怀宏)、哲学(张志扬)、法律文化(梁治平)领域代表性学者的思想历程和学问体会,既可反映该学科十多年来的发展变化,也使公众了解这些新锐学人的所思所想及其与现实社会的紧密关系。

现代中国学术在20世纪30年代形成了一个迄今也令人回眸的高峰,此后中国学术经历了近半个世纪的低迷,直到90年代才恍然一梦醒来。学术界响起了倡导学术规范的呼声,先行的学人试图通过整理学术史来唤醒当代学人的职业自觉,批评盛行于中国学界各种伪学术、反学术的"学术现实",重建中国的文化纪律和学术秩序。无论因此而引发的知识界关于学术与思想、80年代与90年代的争论如何,但90年代以来的知识学问确实受惠于学术规范的提倡。在此方面,《学术思想评论》不是首创者,但它接过这一不能回避的话题而作深入的研讨。值得注意的是,编者不是一般提"学术规范",而是探讨"学术问题的发现和提出",以"问题"而不是以"规范"作为学术范式的首要成分。如果说形式规范是学术的外壳,那么,值得追问的问题俨然就是学术的内核,思想和学术可以通过这一思路整合起来。确实,任何思想只要不是空穴来风,就必得有学理之依据和逻辑的论证,否则就只能是表达个人一己之见的"意见";而任何学术所研究的问题不仅是一定时期的文化思想现象,而且对此一问题的回应本身也是一种思想的理解。学术的肤浅就在于思想的无问题,而学术的精进与思想的展开是一体两面的事。丛刊取名《学术思想评论》大概就是这个意思。

任何学者、任何学术刊物都可以也必须有自己的特殊的关心领域,《学人》和《公共论丛》成功的原因之一在于其有明确的导向。前者重在学术史考释,增强了中国学术的规范性;后者重于域外思想引介,拓展了中国学人的思想视野。但是,当代学者更需要对置身其中的现代中国进行学术思想的阐释,这就是《学术思想评论》的空间。它没有对中国传统的专门研究,也少有对西方学术的纯粹介绍,而基本集中于传统与现代交锋、对峙中的百年中国。本来,无论是对国学的研究还是对西学的引进,中国学者的解释学视野总是首先为我们所处的历史情境所制约,《学人》被认为是国学刊物,但主要篇幅还是对现代学术史的清理,《公共论丛》所介绍的,也主要是为中国市场体制所迫切需要的宪政/自由思想学说,《学术思想评论》把中国学者的视野和产品当做主要研究的对象,借用第三辑一篇文章的标题,可以说是"20世纪中国知识分子的自觉问题"。这种自觉首先是知识分子对中国问题的重新理解,比如何怀宏根据古代先为"察举"后为"科举"的选举制度,认为它体现了一种进入社会上层的单一的最大机会的平等发展,是中国社会以自己的方式向"现代"发展的趋势;强世功质疑朱苏力关于法律资源的著名观点;程光炜通过对朱光潜《诗论》的表彰批评中国诗学的滞后及其对现代诗的影响等等,都从具体问题入手切入现代思想文化的核心。自觉的另一种意义是对学术思想的创造主体的知识分子的自省,这时有墨子刻对20世纪知识分子的总体考察;陈启伟检讨中国学人对西方两大哲学传统的不同态度及其对学界"假风"的批评;朱学勤对90年代"泛文化史观"的反弹等等,都把当代关于知识分子的讲座引向深入。无论是对社会还是对自身,知识分子的自觉的焦点都是为了现实生存环境的改善和变革,所以像林成琳对技术哲学的评价、曹卫东翻译哈贝马斯、张志扬与刘小枫讨论现代性等等,或是目前中国社会面临的紧迫问题,或是目前知识界追问自己的环境、承担自己使命的自觉,他们开始把当代情境引入学术思想注意的中心,力图以学术思想的方式参与中国的进步。

一个刚出了三辑的学术杂志显然还在成型之中,目前还不可能作出全面评价。但对于这样一个有着良好起点的刊物,读者有权利对之抱以最好的期待。我觉得,《学术思想评论》所载大部分文章都是相当好的。但就一个刊物本身而言,它的面目还不能说很清晰,目前还不能说它像《学人》、《公共论丛》那样有自己明确的论域和独特的风格。这需要编者的努力,更需要中国学术思想界的努力。作为广州的读者,感到遗憾的是,在90年代以来蓬勃兴起的学术书刊中,广州是明显落后了,我们没有一家可与上述三本刊物相比的出版物(定期刊物《开放时代》是一个例外),在它们上面发表论文的广州学者也为数不多。不过,接着临渊羡鱼的便是退而结网,最近广州学者正在筹划出版社会思想的连续出版物《现代评论》,我们期待着它能具有上述诸刊那样的学术水准,南北呼应,推进当代中国学术思想的提高。

二、思想导航的合理性

无论我们怎样抱怨当代文化还受到许多限制,无论我们怎样怀疑现行的经济活动对文化并不全是有利的,但我们确实有理由对文化学术抱有乐观态度,至少就读书成为当代生活中的一种时尚来看,文化的态势是喜人的。我们有过好书奇缺的时候,我们有过地摊读物占领图书市场的时期,不能说现在这些现象已经绝迹,但大量中外名著纷纷出版,众多书店悄然问世,书籍的畅销使得不少经济界人士也进入图书市场。显然读书成为公共行为、出版成为一种产业时,有关读书的一切也就成为必需了,几乎每一家像样的报纸都有一个读书版,几乎每一本重要的书籍都有人谈论。

但多有多的难处。现在的问题不是无人读书,更不是无书可读,而是好书太多不知道该读什么、怎么读了。各种各样的读书类报刊都意在向读者提供这方面的服务,但作为这些报刊主体的,似乎是经济类、生活类图书评论介绍,读书人还是感到少了一些什么。

少了些什么呢?我们可以把"读书人"分为三种,首先是以读书为职业,即从事学术文化工作的人,其阅读以专业为范围,无论图书市场如何,他们总是要读书的,正因为读书是他们的职业,所以他们的读书与特定时期的文化形势没有关系（像"文化大革命"那种连学者也不许读书的是例外）。第二种是与学者相反的另一极，就是在生存温饱之外以读书为休闲的人，他们读书并无目的，有书更好，没有书也会有其他玩意儿，自然也不能代表读书人。第三种是介于上述两种之间的人，他们的职业并不需要他们大量阅读，但也不是把读书当做休闲，而是觉得读书有意思、有趣味，读书成为他们生活中不可缺少的一部分，成为他们了解世界、关心社会、寄托自我的一种方式。显然，他们阅读的主要是人文社会科学类的书籍，他们才是一般意义上的"读书人"。当我们说现在有关读书类的报刊越来越多、越来越好的时候，主要是对第一类和第二类读书人而言，也就是专业类、消遣类的东西发展很快。而对于第三种读书人来说，有关书的好书刊还是太少。在我的印象中，湖南的《书屋》比较好。

近两年来，林贤治先生主编的《读书之旅》以其强烈的思想性和明确的批评立场而见知于读者。作为一份文摘报，它把全国多种报刊的好文章（包括部分海外的）摘为一报，使读者一份在手而眼界大开。其收集范围和选文标准以思想性为主，但这种思想绝不是学者们的专利，而是普通读书人的权利和使命。

最近，为了使《读书之旅》上的好文章能够集中起来，更好地保存，林贤治先生得到广东教育出版社的支持，分辑主编了丛刊性的《读书之旅》。就目前已经看到的第一辑来看，内容比报纸更突出，个性也更突出。如果说报纸是初选，那么丛刊就是再选了，自然珠玉满眼、宏议声声。其中有纪德著名的《从苏联归来》，它让我们看到在罗曼·罗兰的《莫斯科日记》之外，西方对莫斯科的另一种观感；其中有萨义德著名的《知识分子论》，让我们看到这个被中国的"后学家们"渲染过的学人，在知识分子的独立性、批判性、业余性的立场上其实是与启蒙时代的传统高度一致的。这两篇虽是名著，但并非专业性论著，即以今日的教育水平而言，高中以上文化程度的人，大概都能读得懂。这一辑更多的篇幅是中国新锐学者如谢泳、林贤治、李慎之、雷颐、董乐山、索飒、陈家琪、徐友渔等人的社会评论和文化批评,它们大都是针对某一公共现象、某一名著所写的报纸文章,立论明确而文理显豁,值得一读再读。这些文章集于一书,显然比任何一种个人著述都更有质量,一卷在手,大抵可把握到当代思想文化界的脉搏。

对于第三类读书人来说,读书既非一种职业,又不仅仅是消遣,而是一种激活思想的媒体,一个人完全可以不做学问,却不会毫无用心,正如主编林贤治说的:"真正的思想,活在知识与自我的关系之中,是彼此的互动与重塑。"日常的平庸和灰色使人疏于思想,优秀的读物却能把思想之火举起来,"让思想燃烧"既是《读书之旅》的追求,也应当是每个读书人的意愿。

三、千古家国梦何在

90年代以来,全球化趋势越来越引起中国学术界的关注和讨论。全球化是资本主义发展的一个新阶段,它首先是全球经济的一体化,中国主动与国际市场接轨从正面、亚洲金融风暴从反面,都反映了这一趋势。全球化到底是社会发展的必然和人类的福音,还是西方特别是美国出于其意识形态的需要而制造出来的神话,还需要我们充分地研究,但中国经济结构将会更具体地与国际体系整合,中国的社会也会越来越开放,应当是可以看得见的前景。然而在文化上,似乎不可能也不应该一体化、全球化,未来的文化更应当是多元化、民族化的集合体,这也是亨廷顿的文明冲突论、萨义德的后殖民文化论、詹姆逊的后现代文化逻辑和"少数话语"等所要强调的。由此产生的问题是,第三世界国家应当如何对经济社会一体化的现实作文化上的反应,全球化与文化认同究竟是一种什么关系?

这将是中国文化思想界的现实情境和长期课题。站在中国的立场,我想提出的问题是,现代中国人有没有充分的"文化能力"面对处于强势的西方文化?不错,中国文化源远流长、博大精深;中国人有深厚的人文自觉和爱国传统，但现代人到底对中国文化了解多少？中国文化是中国社会结构、生活方式的表现，从蒙学时代起，中国人接受的就是《百家姓》、《三字经》、《千字文》之类的纯中国文化。晚清以降，以学校代科举，以白话代文言，现代西方的诸多学科统治了中国教育，至少在中小学期间，儿童对国学传统的了解其实很少，更不要说我们的社会组织、生活环境、日用技术早已不同于古代了。当电脑成为我们的写作工具后，一个现代文化人完全可以对中国语言文字毫无了解而无须自惭。

所以，如果说中国文化面临挑战或危机，那么这不仅仅是外部的、经济的，而是我们自身难以形成坚定的文化认同，难以汲取传统文化的丰厚资源。在这种背景下，文化建设的基础环节必然是强化我们的自我意识，使现代文化具有显著的传统渊源和民族性格，以便在文化交流中获得一种主动。正像人类学家列维-斯特劳斯说的，每一种文化都是与其他文化交流以自养。但它应当在交流中加以某种抵抗。如果没有这种抵抗，那么它很快就不再有任何属于它自己的东西可以交流。

近年来大量传统典籍和研究论著的出版可以理解为接近传统的有益努力。但更重要的也许是，要用各种方式让古典活起来，把文本还原为生活，把教条转化为感受，使现代人能对传统精神有亲切具体的感知，能够在耳濡目染中体认价值观及其表达方法，使之成为塑造我们今天生活的一种力量。这一设想基于三点考虑，首先从文化的内涵上讲，它一开始就不是几条抽象的教义和原则，而是一种具体的生活方式的表现，中国文化就存活在语言、毛笔字以及风时佳节、民情风俗这些百姓日用之中。讲中国文化仅仅着重分析孔子"仁"的意义、宋明理学的逻辑发展，那就会因流忘源，使人对中国文化的理解越来越抽象，越来越隔膜；其次，文化的实体是民族，对文化的接受与对国家民族的感情是密不可分的，民族也好，国家也好，不是一种体制和权力机构，而是同一种族全体成员的生活总体。我们对中国文化的体认，不能离开对民族的感情，讲中国文化需要一种爱国主义。所以钱穆先生在其《国史大纲》的一开头，就要求他的读者对国史怀有温情与敬意,它的山川地貌、历史变迁,它的饮食和劳作,它的抗争和奋斗等等,本身就是文化的载体,可以唤起我们的故国情思,引发我们对中国文化的传承;其三,文化的生命力,绝不在于有若干学者在解释、研究它,而在于它和国民生活有无具体关联。老实说,假如没有像《三国演义》《水浒传》这样体现了中国文化精神而为普通读者喜闻乐见的作品,中国文化能否像已经呈现的那样普及丰富是大可怀疑的。当然,现代中国不是古典中国,文化也已有了新的变异和拓展,但它的灵魂、它的精义仍然要落实到国人的生活实在之中,否则它就是死的,就是一门纯粹的古典学术。

正是基于这三点,我很关注目前大量出版的各种古诗词通俗读本,其中一些不但编选较精,而且融诗书画于一体,其功能不仅是将诗歌形象化,而更在于将文化传统直观化,使之成为读者可亲可感的形象。文化传统和爱国情感在哪里?就在岳飞"仰天长啸、壮怀激烈"的英姿之中,就在郑板桥从中听到民间疾苦的萧萧竹叶之中,就在谭嗣同"四万万人齐下泪,天涯何处是神州"的泪水中,就在李大钊"壮别天涯"的愁绪中。一般人都不陌生近代志士秋瑾,甚至有人知道她的具体事迹,会背诵她的"秋风秋雨愁煞人","拼将十万头颅血,须把乾坤力挽回"等诗。广东教育出版社2000年出版的《千秋中华魂》中,将她的《鹧鸪天》一词配上书画,沉毅坚强的画像使我们把这首词追溯到一个特定的人物身上;而以清秀的隶书书写的这首沉郁壮烈的词又使我们把她的诗与中国联系在一起。爱国不是抽象的,"金瓯已缺终须补",如果中国灭亡,那么,我们面对的这个人物就会遭到蹂躏,极富美感的书画艺术就会失传。这样来读这首词,我们的感受就是立体化、细致化的,我们对国家的爱就会落实在书画的笔触之中,就会融化在对国人命运的关切之中。爱我中华,中华在何处?在李济深的"绿水青山"之中,在郑成功收复的台湾高山之上,在陈德武描绘的"十里荷花、三秋桂子、四山晴翠"的西湖上。爱国就是爱这些具体的东西。诗有情,画有意,书有韵,这些古典艺术形式是与中华这个实体一体相关的,爱国就是从爱这些物品、这些艺术开始的。这就是黄遵宪说的:"沉沉酣睡我中华,哪知爱国即爱家。"中国文化传统最重要的一条,是深厚的爱国情怀。《千秋中华魂》绝不只是爱国教育的配合,更是对弘扬文化传统的切实努力。

古诗以"沉郁顿挫"为优,民族危机、国难家亡的时期的诗歌特别能够感动今人。"山河破碎风飘絮,身世浮沉雨打萍。"承平的环境会使人欣赏国家美好、生活的安宁,这时的爱国感情多表现为满足与欢愉,文化呈现出美丽的、平静的一面。而国家动荡、版图分崩之际,个人与国家休戚与共的联系就会被激发,这时的爱国感情首先是保卫国家、驱除外敌,表现出抗争性的英雄气。"但使龙城飞将在,不教胡马度阴山。"文化突显出屹立不败的力量和勇气。在今天的和平年代,我们应当真切地感受这跃动不已的文化血脉,在全球化的语境中保持中国文化的独特性,主动地、创造性地与世界文化对话、沟通。

四、活着的古典

中山大学教授冯达文先生,是一位成就卓著的中年学者。80年代以来,他先后出版了《先秦儒家略论》、《回归自然》等书,加上最近问世的《宋明新儒学略论》,基本上构建了从先秦到晚明的中国哲学家体系。体现他研究特点的,一是在严格的学术规范中,着意于思想意义的解释;二是具有真正的现代精神,注意发掘传统思想的泉源活水及其对今人的启发。在目前众多的中国哲学著述中,冯先生的著作独树一帜。

自晚清开始,"宋明理学"在现代中国基本上是挨骂的。但一方面它是传统中国最为严整、最有影响的正统思想;另一方面对它的批判和反叛构成现代思想的起源,因而当代学术的一个重心就是对宋明理学的研究。当冯达文先生的《宋明新儒学略论》1997年由广东人民出版社出版时,国内读者已经可以读到不少这方面的重要研究,比如牟宗三先生经典性的《心体与性体》,陈来的《宋明理学》《有无之境》,杨国荣的《心学之思》等等,无论是从学术研究的进一步扩展来看,还是就帮助阅读来看,都需要对这几本书做出比较性的学术评述。

本文只限于对冯著作一推介。宋明新儒学是一个过去了的思想阶段,却也是塑造中国人心灵、迄今仍有意义的思想资源,所以今天的读解就不应当把它当做死学问来处理。人文学科一般有哲学的、社会科学的、史学的三种方法,它们之间的同异非常复杂,略而言之,哲学的方法是"超时间性"的凭直觉与先验观念来掌握文化精神,社会科学的方法是"没有时间性"的在经验事实中求取一般通则,史学的方法是"注重时间性"的关切某一特定的传统。冯著所选取的是史学的方法,即是把既往的文献、典籍当做产生它的历史时代的记录或表征,当做那个时代精神生命的一部分。这种方法论的自觉,使冯著可以把一大套似乎陈腐不堪的古典复活为一出气韵雄壮的精神戏剧,其中不乏冲突交锋、起承转合。

复活古典思想的生命,关键是不能把丰富的思想抽象化为几条干枯的概念、公式,更要避免以今人的视野曲解古人的意思。在这方面,冯著做了艰巨的努力,对每一个重要人物、关键概念,他都仔细考察其语境与渊源,辨析其主旨与歧义,并评论前人对此的注释与理解。比如周敦颐的"无极而太极"的观念,按朱熹的解释,"无极"是用来形容"太极"的写状词,"太极"是指万物之"理",这就把周敦颐当做朱熹的思想前驱了。台湾学者牟宗三同意"无极"是对"太极"的形容,但他认为"太极"不是外在之理而是主观化、内在化的"诚体",这显然是牟本人奉陆王为宋明儒家正宗理路的投影。冯著认为他们的理解都有违周氏本意,根据周氏思想与道化的《易传》的关系,根据宋初易学家对"太极"的理解,根据周氏本人的行文来看,冯著认为"无极而太极"所展示的是一幅宇宙生成图式,周氏据此而开显出主体的德性论。这一新的解释不只是概念的分辨,而且关系到对宋明儒学演进的理解,因为依"无极而太极"的本源论,本源要具有无所不生的功能与特性,它自身便不能具有任何规定性或确定性。正是这一点,使周氏不同于后来的程朱理学;从周到程朱的儒学发展就不是直线递进。由于本源的性状不是定然的,人对其生成长养之德之善的判定,就是人自身选取、认同的应然性判定,这一方面容纳着人的主体性,但同时也使儒学的价值追求缺少客观必然性。程朱认识到这一点,转而把德性价值提升为"天理"而予以实存化,赋予其客观必然性。如此解释周氏与程朱的关系,既展开了宋明思想发展的内在动因,又避免淹没古典人物的个性,把充满个性经验的学说仅仅视为思想逻辑的必然一环。

在理解古典思想的原意上,时间性原则要求把思想还原到产生它的历史境遇中,复活其生命的发源地。在解释古典思想的意义上,时间性的含义是解释学的,即不以思想家个人的主观动机为唯一标准,而是以解释者的思想与原典思想融合,拓展古典的意义空间。这对于以注经为传承方式的中国思想来说,尤具针对性。冯著以历史方法为主,重在对原典的还原、考释,但在评论上,又能跳开原典的拘囿,从自己的思想视野予以伸展。王阳明在"天泉证道"后对"四句教"有新的阐释,即认为"心体无善无恶"。陈来重复明儒刘宗周的说法,认为"天泉证道,虽未免急于指点向上一机,致出语不能无小偏处"。即是从王阳明的思想整体来看,"无善无恶"之说不够周全。冯则认为"四句教"的意义在于"以无为本,以有为用",应予肯定性评价。"事实上,惟'以无为体',升进'无'之超验境界,回过头来看经验世界,对经验世界之是与非、善与恶才会看得更清楚。"(187页)冯著于此中论王阳明对"心体"已有一种新的感悟,他早先认为的"心体"有"良知"为"至善"只是一种执著,本体其实一如太虚,一无所有。如果说王阳明原先把心分为先验至善的"心"与经验有善有恶的"心",晚年则倾向作超验的无善无恶的"心"与经验的有善有恶的"心",后一种区分提供了的精神境界上的追求较之前一种更容易为中国士大夫认同。其原因在于:"这为中国传统的知识分子提供了可进可退的两途,并于进退之任何一途中都得以确保'心'的自主与自由。"(212页)从对王阳明的解释来看,冯的意见也不一定是定论,但他确实打开了王阳明思想的另一个向度,使王阳明对后人的意义更为丰富。而之所以做到这一点,除了对原文细抠之外,与冯先生自己的倾向有关,他坦承他与陈来的不同的原因是:"在传统文化与现代生活的衔接上,陈来更认允新儒家,而本人却致力于从新儒家中走出并借资于道家,于是有上述不同之诠释。"(187页)冯不是站在正统儒学的立场认为"无善无恶"是王阳明的"小偏处",而是表现了对道家和佛家的自由的向往,冯进而认为,"'天泉证道'显示,从心灵境界的追求来看,立足于道、佛也许更能为人、主体争得自主与自由。"(213页)

也正是基于解释学的时间意识,冯著认为孔、孟的成德学的出发点是人、主体的"情",但他们都不满足于由"情"而来的"仁"仅仅作为个人的存在方式与心灵境界,而是力图使之获得普遍有效的意义,由此引发了由《易传》、《中庸》至周敦颐、张载一系诉诸本源论而体认普遍有效性,《荀子》、《大学》至程颐、朱熹一系诉诸理本论而确立普遍有效性,陆九渊、王阳明一系诉诸"心"本论而承诺普遍有效性的种种努力和纷争。面对这一巨大的思想传统,冯著对陈白沙的"情"本体论独具欣赏,认为从他开始直到泰州学派、徐渭、汤显祖、袁宏道等人的现世性、当下性的追求,表达了个体解放的近代精神,为走出新儒学开辟了道路。

宋明儒学曾经以僵化刻板著称,经过冯达文先生的阐释,它呈现给我们的却是一个个大师探索社会秩序、追讨生命意义的精神努力。今天,中国又一次面临着培养道德整合力、重建社会体系的问题,重温宋明思想家们的得失,无疑是有益的。这和他的另外两本书一样,将会成为学习中国哲学、反省传统文化的重要论著。

(本文分别发表于《粤港信息日报》1998年12月5日、《岭南文化日报》1998年11月10日、《岭南文史》2000年第5期等)

岁月平淡

一、春夜片思

前两年,上海远东出版社出了一套60年代出生的学人文丛,我有幸被邀。其体例要求首先有一段学术思想的自述,我在其中说:"我想我所属的这一代人都很难说有什么知识传统。在一个能读到李商隐的诗集都是相当难得的年代,能有什么选择的余地呢?每一本好书对我们影响都很大,却没有一本书有决定性的影响。"(《寻找反面·关于我们这一代人》)碰到有人问我类似的问题,我所能说出的只是当年读过、背过、抄过的许多远远谈不上名作的书。

但在此静谧的春夜,我却忆起了一本小书,那是60年代初春风文艺出版社的傅庚生先生的《古典文学赏鉴论丛》。80年代初我正醉心于古典文学,偶然看到这本只有两百页、已经发黄的书,展读之后大为兴奋。傅先生说读诗如品酒,要密咏恬吟,他以"沉郁顿挫"概括杜甫的风格,并具体分析了杜甫"一去紫台连溯漠,独留青冢向黄昏"中的双声叠韵的美感效果。此前我只知道古诗的好,却体会不到个中精妙,傅先生此书初步教会我欣赏古诗。后来我偶然看到"文化大革命"中的一篇批判文章,说傅先生在60年代激烈的阶级斗争中,向学生灌输超阶级的文艺思想,就举了这本书中《说唐诗的醇美》一文,从中我知道傅先生是西北大学中文系的教授。不久我又读到傅先生的《中国文学批评欣赏举隅》、《杜诗散绎》

两书,但印象都不如这一本好。80年代,此书由陕西人民出版社再版,我买来后还经常翻翻。写作此文时想再找出来看看,但家中乱糟糟的,未能如愿。

我抱愧没有随着傅先生沉浸到古诗的醇美中。80年代以后,要读到像傅先生这样的好书已是寻常事,但我的粗糙心境却难以在诗境中安顿,转而关心起社会思想问题来。最近因为写一组关于中国革命的文章,正在读有"红色罗莎"或"嗜血的罗莎"之称的波兰女共产党人卢森堡的文集,特别是她的《论俄国革命》。这本小册子以共产党人的立场敏锐地发现了俄国革命专政中的专制主义,率先对共产革命进行反思。此文因受到列宁的批评而在社会主义阵营中长期冰冻,中文版直到1990年才在人民出版社的《卢森堡文选》下卷中面世。苏联、东欧剧变发生后,自我检讨是马克思主义理论界不容回避的责任,但读了大量论著后我发现,还是这位预言家的先见之明足以成为我们今天反思的资源。

当然不是每个读者都关心革命这样的巨型字眼儿,我对此也是业余爱好,因为曾在革命时代生活过。如果要和读者们交流,我愿意推荐奥地利作家茨威格的《昨日的世界》。"昨日"指的是维也纳也即欧洲的19世纪。经历了两次世界大战,茨威格发现文明世界已经面目全非,他要为我们留下一个甜美的生活世界,字里行间,流露出浓郁的今不如昔的伤怀。19世纪的维也纳其实有很多问题,比如性压抑,生于其中的弗洛伊德把这一点转化为他的研究对象,茨威格在这本书中也详细说过。但"昨日"有个人自由,而"今天"的个人却被编组到一个叫做"国家"或"民族"的集体中。文明在进步,经济在发展,技术在更新,可谁能说人类就一定更幸福了呢?如今我们已跨进新千纪,这本书可以引领我们回味一下曾经有过的时辰,在进入新世纪时不被各种"进步"和无穷无尽的"新"弄得头晕目眩。

2000年3月2日

二、冬日记读

虽非荒寒岑寂,风雪载途,但毕竟岁云暮矣,即使是在色彩永远丰富、人群一样拥挤的南国,身心也安宁、迟钝得多。陋室静坐,捡出这一年中读过的书翻翻,从来都是我结束一年的一项工作。恰好在此时,编辑朋友约我推荐几本书,劳生有限而好书太多,以至于与自己写作领域直接相关的好书都读不完。且读者诸君自有眼光,何劳旁人代劳?推荐云云也只能是把自己看过的书记录一下。

罗振玉、王国维:《往来书信》
王庆祥、萧立文校注,罗继祖审订
东方出版社,2000,定价48元

罗、王两位大学者长期过从甚密且又是儿女亲家,但王国维自杀之后却有死于罗振玉逼债之一说。可憾的是王临终前烧掉了一批罗的书信,否则的话后人对两位遗老的微妙复杂的关系以及王的死因会有比较清楚的了解。我读此书,特别神往于两位学人的论学之乐。虽说遭逢"干戈满眼西风凉"的时代,而王一则因为可以看到大量出土材料和家藏秘籍,二则有罗振玉、沈曾植这样一流学人的切磋,在乱世之中拥有一个相当不错的学术环境。当然,从一些书信中不难发现,王国维不但已由早期向往西学一转为亡清遗老,而且也不只是书生一个,至少有一度,他相当积极地参与了逊清朝廷的复辟行为。其政治关怀与参与虽不足以说有"另一个王国维",但可以肯定我们过去对王的了解太单纯了。罗继祖先生是罗振玉之孙,若干年来一直收集整理罗、王书信,有为其祖辩诬的动机。多亏他的努力,有关王国维学术思想的大批书信才得以面世,使今人可以更进一步地使用这些史料重建一个真实的王国维。

冯达文:《宋明新儒学略论》
广东人民出版社,1997,定价18元。

由于鲁迅等人的揭发,"以理杀人"差不多是"五四"以来宋明理学留在国人心目中的基本形象。仅此一点,宋明理学就特别值得研究,侯外庐等主编的《宋明理学史》和牟宗三的《心体与性体》都是大部头的著作。在新儒家的影响下,近年来的研究有表彰理学之势。冯著晚出,别具新解。在相当同情且极为清晰地阐释理学义理的同时,该书对"新儒家"的崇宏义理并不认同:"也许道家更能为现代理念所接受。这不仅因为,它早就撩开了公共管理系统的面纱;尤其是因为,它特许了人在信仰追求上的自由。"研究儒学而趋向道家,这不只是作者个人对生命情调的追求与赏爱,更提出了如何用现代性的思路评论传统思想的论题。

附带地说,冯先生另外一本《早期中国哲学略论》(广东人民出版社,1998)对先秦到魏晋的中国哲学也有精当的阐释。我很希望冯先生能尽早把宋明以降的中国哲学再作一番清理,以成中国哲学史的全璧。

薄一波:《若干重大决策与事件的回顾》(修订本)
人民出版社,1997,定价58元。

对于1949年以后的国史我们有多少了解？作者是"文化大革命"前十七年中国经济的主要领导人之一,这本书也不是个人回忆录,而是想为国史的研究和撰写"提供一些史料和参照"。在权威的国史尚未问世之前,可以把它当做国史一类的书来读。

虽然作者对这些重大决策和事件的分析评价可能与目前的一些更具反思性的研究结论不同,但这本亲历者的研究性回忆录却是任何其他著作无法取代的。我觉得,它的主题可以理解为:长期以革命和战争为业的共产党人是如何治理国家的?权力高度集中的中央政府是如何做出决策的?如何客观地认识和评价十七年的社会改造工程等等。基于这一点,这本书就不是为过去而是为未来而写的。另外,该书提供了不少很有意思的材料和资料,比如"纵观1966年至1970年这五年乃至1966年至1975年这十年的情况,经济还是有所发展的"。(下册第1250页)这至少提醒后人对"文化大革命"的反省不能仅算经济账。

2000年12月18日

三、一条路和一种态度

我在广州生活二十年了,好几次受到报章杂志的邀请,要我谈谈对广州的印象。我实在觉得自己迟钝麻木生活粗糙,从来写不出"广州印象"之类的文章,这既不是对广州喜爱得说不出,也不是厌恶得不想说,而就是无话可说。在羡慕那些有关城市印象的细腻文章的同时,我有时也纳闷:为什么一个人非得对自己的城市有认识、体会、印象,没有就不能生活了,就算不得称职的市民了?即使我今天想强迫自己写这篇文章,也仍然处于"失语"状态。

不过有此机会表示自己的歉意,总是值得兴奋的。兴奋之人喜欢说话,虽然仍然不是什么"广州印象",而是对一条路的感受。1987年11月,我住进农本新村五号楼,它隶属于全市著名的东风路,但它实在不是一条路。在东风路和农林下路交界附近下来,先是从高低不平的乱砖路上北进二十米,接着右转在一栋楼的屋檐下东行十米,然后在一个简陋的小卖部门口左转,从这栋楼的过道穿过,再上一个由没有清走的建筑垃圾堆成的小山似的高坡,这就到了我所住的"五号楼"。但还不能进家门,得从五号楼的东楼梯旁穿过,在过分突出的防盗网和烟筒抽出的油烟的夹击中走到西楼梯,这才上楼看到家门。短短的几十米之所以弯弯曲曲,重要原因之一是两栋高楼之间有不少仍然完好的和已经拆了一半的平房,还有一些违章建筑,垃圾可以随地扔,每当夏日,气味异常丰富。可能是因为拆迁问题没有协商好,我所住的楼的西边大概有十年之久都处于半工地状态,不时可见原住民的抗议书贴在墙上。刚住进这里时我甚感气闷,但久住成习,慢慢也就不以为非了。不过偶尔有朋友特别是外地来的,进进出出很不好找,我不但总要到东风路口迎送,而且为大都市有这样一条路不好意思。为了不使对方因此而对广州产生误解,我通常会挖空心思在这几十米的路上没话找话地闲扯以分散他对路的注意力,最好的办法是不断提问,让对方不得不回答我那些不太好回答的问题。自己倒也罢了,五号楼住了好几位德高望重的文艺老人,其中有两三位是1937年前就参加党领导的革命文艺工作的老红军。年老体弱,不时有病,因为汽车开不进,只能想方设法叫人抬到东风路口再上车到医院。这当然给老人及其家人带来不便,幸好我没有听说因此而耽误了治疗的事。

上世纪90年代中期的一段时间,五号楼附近忽然整洁了不少。不久遇到在广州市委宣传部工作的朋友,告诉市委机关的部分干部在高祀仁书记的带领下,到这栋楼周围搞卫生,乱砖搬掉了一些,窄小的路面也清扫了一下。知道这个情况后,我很高兴,这不但因为市领导已经注意到这一"典型",情形很快可以改观,更说明这一条路在广州是出名的脏乱差,更多的生活区比这里好,我不能以自己的生活环境来判断整个广州。此后我对五号楼的环境就更不再抱怨了。

世事不按人情。我不满五号楼时,环境没有改变;我感到心理平衡之后,这条路却消失了。1997年冬天,据说是延搁了很久的从东风路通向"五号楼"的大路兴建完工了,冬去春来,我竟然可以骑自行车从大路直入五号楼下。楼后的一块乱七八糟的沙砾垃圾地上也修了一个小小的花圃,还有一条碎石路,据说赤脚在上面走动可以活动血脉,下班回来,我也去走过几次。欣喜的心情还没有平静下来,我就搬走了。从此我感到无论有多少不尽如人意之事,生活总会好起来,我们应当耐心等待,尽管本来还可以做得更好一些、更快一些。我怀念在农本新村的十多年岁月,那条路已不路的路按捺了我的急躁,也提示着我对生活的信心。

  我现在住在粤垦路一幢临街的楼,环境比过去好了。但仍然不足,比如楼下有餐馆和菜场,时有污水和烂菜出现,卫生状况不能说是很好。因为有了农本新村的经验,我不再气闷,我相信,总会好起来的,不管是什么方式。只是,因为临街,夜里汽车噪声不小,睡觉不很安宁。车总是越来越多,即使我有可能另找居处,现在的住房还得有人住,所以这个问题恐怕是难以解决的。我等待着奇迹。

2003 年 1 月 17 日

(本文前两节发表于《深圳周刊》总第 314 期、《广州日报》2001 年 1 月 14 日)

后　记

收集在这里的，主要是1998年9月编完《岭外风铃》（广州出版社，1999）后，我在报纸杂志上发表的非学术性评论文章。这几年来，我主要写作《德国思想与中国现代性》、《革命人》、《光明与黑暗》三个系列，本书文章因此也就在思绪和语调上与它们有若干关联。

集子中不少文章的写作具有随机性和被动性，自然也就有一些我原本不一定想说的话，编集时稍有纂辑修整，大体上仍留原貌。其中一些现象与问题，似乎并没有因着写作的时间而消逝，个人的识见与思虑，恐怕还会延续下去。从而这些文章不但记录了自己的所感所论，也部分反映了当代文化生活环境，可望与读者作一对话。虽然我应当说，本来还可以有更好的处理和阐述，但现在只好说，对书中所论的问题还应当有更从容的思索和更周详的分析，而这是在写作的当日和编集的今天所无法做到的。

秋意初来，金风飘香；艳阳温朗，白浪耀金。在残夏的海滨，我借集体写作的空隙编次本书。"落日疏林光炯炯，不辞立尽西楼暝。"（王国维）旧作重睹，纪念子夜时光，犹有未尽；追往待来，并入西风林下，夕阳水际。

单世联
2002年8月15日

本书未能及时出版，因此有机会加进了一些新写的文章。写作多由编辑朋友们促成，发表后得到一些师友的鼓励和好评。傅东流先生帮助打印部分文稿，我向他致谢。

单世联
2004年4月30日校后记

图书在版编目(CIP)数据

因为现状可以改变/单世联著.
南京:江苏教育出版社,2005.11
(今日思想丛书)
ISBN 7-5343-6964-9

Ⅰ.因...
Ⅱ.单...
Ⅲ.社会科学－文集
Ⅳ.C53

中国版本图书馆CIP数据核字(2005)第112084号

出版者	江苏教育出版社
社　　址	南京市马家街31号　邮政编码210009
网　　址	http://www.1088.com.cn
出版人	张胜勇
书　　名	因为现状可以改变
作　　者	单世联
责任编辑	程建农
集团地址	凤凰出版传媒集团有限公司
	(南京市中央路165号　邮政编码210009)
集团网址	凤凰出版传媒网 http://www.ppm.cn
经　　销	全国新华书店
印　　刷	中煤涿州制图印刷厂
厂　　址	河北省涿州市范阳西路21号　电话　0312－3685460
开　　本	787×1092毫米　1/16
印　　张	21　插页2
字　　数	253 000
版　　次	2005年11月第1版
印　　次	2005年11月第1次印刷
印　　数	0001－5000
定　　价	24.80元
发行热线	010－88876731
编辑热线	010－88876730

苏教版图书若有印装错误可向承印厂调换